Ce livre est bien Imprimé et Orné de Jolies Planches. Il a dû coûter cher à son Auteur qui probablement n'en a été dédommagé que par les presents qu'il a pu avoir de ceux à qui il l'a donné, car d'ailleurs les Officiers d'office n'en auront pas beaucoup acheté parceque'il y en a d'autres d'un format plus portatif. Cependant les explications de celui-ci sont assés claires et bonnes.

Il a paru en 1768. une autre édition de cet ouvrage, mais qui n'est qu'une contrefaction de celle-cy et n'offre aucune augmentation

LE
CANNAMELISTE
Français.

LE CANNAMELISTE FRANÇAIS,

OU

NOUVELLE INSTRUCTION

POUR CEUX QUI DESIRENT D'APPRENDRE

L'OFFICE,

Rédigé en forme de Dictionnaire,

CONTENANT

Les noms, les descriptions, les usages, les choix & les principes de tout ce qui se pratique dans l'Office, l'explication de tous les termes dont on se sert; avec la maniére de dessiner, & de former toutes sortes de contours de Tables & de Dormants.

ENRICHI DE PLANCHES EN TAILLE-DOUCE.

Par le Sieur GILLIERS, *Chef d'Office, & Distillateur de Sa Majesté le Roi de Pologne, Duc de Lorraine & de Bar.*

A NANCY,

De l'Imprimerie D'ABEL-DENIS CUSSON, au Nom de JESUS.

Et se vend à Lunéville, Chez l'AUTEUR.

AVEC PRIVILEGE DU ROY.

MDCCLI.

A MONSEIGNEUR
LE DUC DE TENCZIN OSSOLINSKI,
PRINCE DU SAINT EMPIRE,
CHEVALIER DES ORDRES DU ROI DE FRANCE,
ET DE L'AIGLE BLANC,
CHEVALIER D'HONNEUR A LA COUR SOUVERAINE DE LORRAINE,
GRAND-MAITRE, ET PREMIER GRAND-OFFICIER DE LA MAISON DU ROI DE POLOGNE,
DUC DE LORRAINE ET DE BAR,
CHEF DE SON CONSEIL AULIQUE.

ONSEIGNEUR,

La perfection à laquelle les Arts sont parvenus de nos jours, doit principalement son origine à la protection dont les Grands ont honoré ceux qui les cultivent.

*

EPITRE.

C'est de tout tems, MONSEIGNEUR, qu'ils ont trouvé dans votre illustre Maison cet encouragement qui leur est nécessaire. Les Tenczins, devenus les soûtiens de la Pologne dès son commencement même, s'y sont montrés également les Protecteurs des Sçiences & des Arts. Dès l'an 1010. on les voit à la tête de la République, & l'Histoire n'a pû décider encore qui leur a le plus d'obligation, ou la Religion qu'ils ont toujours aimée, ou les Sçiences qu'ils ont toujours favorisées de leur crédit, ou la République elle-même dont ils ont toujours été le plus ferme appui.

Héritier de leurs vertus & de la noblesse de leur ame, autant que de l'éclat de leur Nom, Vous chérissez, MONSEIGNEUR, les Arts & ceux qui s'y appliquent. De-là, ces démarches généreuses, ces attentions prévenantes, ces bienfaits de toutes sortes envers ceux qui ont l'ambition d'aprendre & de savoir. Vous êtes le Mécéne de la Cour d'un nouvel Auguste, digne Vous-même d'être un autre Auguste, dans un Païs où vos Ancêtres ont donné des Couronnes, que la plupart d'entre-eux méritoient de porter.

Touché des grands sentimens que chacun reconnoit en Vous, & que j'ai si souvent éprouvé, pourrai-je, MONSEIGNEUR, ne pas oser prendre la liberté de Vous dédier cet Ouvrage?

Quel bonheur pour moi, si pour fruit de mes travaux, je puis mériter la continuation de vos bontés! une vive reconnoissance les a profondément gravées dans mon cœur, & je ne cherche aujourd'hui qu'à donner à tout l'Univers une marque publique du très-profond respect avec lequel je suis,

MONSEIGNEUR,

Le très-humble & très-obéissant
serviteur GILLIERS.

PREFACE.

JE n'ai pas eu intention en faisant cet Ouvrage, de le donner pour modéle à des Officiers consommés, mais à ceux qui désirent d'apprendre l'Office. L'expérience m'a fait voir que l'Office a été de tout tems recherchée, & que c'est une des principales parties à laquelle les Officiers d'Office doivent s'appliquer. Mon objet a été de travailler pour ceux qui ne l'ont jamais appris par régles, & sur-tout pour les jeunes gens que l'on y destine. Il me semble que la lenteur des progrès qu'ils y font ordinairement, pourroit être attribuée à l'ignorance des principes que j'entreprens de déveloper. C'est sur ce seul plan que j'ai travaillé ; j'ai mis dans tous les principes l'ordre qui m'a paru le plus simple & le plus naturel. Tous les termes dont on se sert sont définis & expliqués. La connoissance générale de tout ce qui s'emploïe dans l'Office, y est marquée avec sa description, son choix & son ouvrage ; j'y enseigne la maniére de confire toutes sortes de fruits, tant secs que liquides, & à l'eau-de-vie ; de faire tous les ouvrages de sucre qui s'y pratiquent, avec la méthode de les servir. J'y ai joint la connoissance générale des cuissons du sucre, la maniére de faire les Liqueurs rafraichissantes, les Pastilles, Pastillages, toutes sortes de Neiges, Mousses & Fruits glacés, avec la méthode de les colorer. J'ai jugé à propos de leur donner la façon de faire les couleurs eux-mêmes, & de connoitre ce qu'elles ſont dans leurs eſpèces, pour éviter l'emploi de bien d'autres qui pourroient être nuiſibles à la ſanté. J'y ai donné par des Planches, une idée générale des deſſeins de ſervice, de table, de moules, jattes, carrées de glaces, gobelets, verres découpés, découpoirs, & de tous les utencilles néceſſaires dans un Office.

Tout le monde convient que l'on n'avance dans quelque ſcience que ce puiſſe être, qu'autant qu'on l'étudie & que l'on aprofondit les véritables principes. C'eſt pourquoi j'ai donné la connoiſſance de tout ce qui s'emploïe dans l'Office, avec l'explication de tous les termes dont on ſe ſert, pour donner plus de facilité aux jeunes gens de concevoir tout ce qu'on leur enſeigne, & même aux Chefs, pour leur éviter tous les jours une infinité de queſtions que leur feroient leurs Apprentifs, & qu'ils ſeroient obligés de réſoudre. Je crois leur faire plaiſir en les inſtruiſant dans cet Ouvrage, de ce qu'il y a de plus nouveau, de meilleur goût, & de plus curieux dans les differentes parties de leur emploi.

En effet, dès qu'un jeune homme poſſéde par raiſonnement, la connoiſſance de tout ce qui s'emploïe dans l'Office, & qu'il ſait expliquer tous les termes, il n'eſt pas douteux qu'il ne faſſe des progrès, & qu'il ne trouve par ce moyen une plus grande facilité de concevoir ce qu'on lui fait faire.

C'eſt ſans doute au défaut de principes que l'on n'a pas bien expliqué, & à la mauvaiſe volonté de travailler, qu'il faut attribuer l'ignorance de tant d'Apprentifs ; auſſi ai-je cherché les explications les plus claires qu'il m'a été poſſible.

Pour prévenir toutes critiques, il eſt à propos d'avertir

le Lecteur, que dans la composition de cet Ouvrage je n'ai pas assez compté sur mes propres lumiéres, pour mépriser celles des autres ; j'avouë au contraire que je me suis servis avec avantage des meilleurs Auteurs & suivi l'usage de nos Praticiens * ausquels je suis redevable de mes travaux. Je ne suis pas assez jaloux de la réputation d'avoir fait ce Volume, pour rougir de cet aveu, & si l'on trouve dans les matiéres que je traite l'explication de chaque chose, avec leur travail & leur emploi, je n'ai rien de plus à souhaiter, c'est au Public à en juger.

* Messieurs Cecile, Travers & Touchard. M. Richard, Controleur des Offices de Sa Majesté le Roi de Pologne. M. Dupuis, Dessinateur des plaisirs de Sa Majesté le Roi de Pologne.

PRIVILEGE DU ROI.

STANISLAS, par la grace de Dieu, Roy de Pologne, Grand Duc de Lithuanie, Russie, Prusse, Mazovie, Samagitie, Kiovie, Volhinie, Podolie, Podlachie, Livonie, Smolensko, Severie, Czernichovie; Duc de Lorraine & de Bar, Marquis de Pont-à-Mousson & de Nommeny, Comte de Vaudémont, de Blamont, de Sarwerden & de Salm. A nos amés & feaux les Présidens, Conseillers & Gens tenans notre Cour Souveraine de Lorraine & Barrois; Baillis, Lieutenans Généraux, Particuliers, Conseillers & Gens tenans nos Bailliages : SALUT. JOSEPH GILLIERS, l'un des Chefs d'Offices de notre Maison, Nous a très-humblement fait representer, qu'ayant conçu le dessein de donner au Public un Manuscrit qu'il a composé, sous le titre de *Cannameliste Français, ou nouvelle instruction pour ceux qui désirent d'aprendre l'Office, rédigé en forme de Dictionnaire par lettres alphabetique*, s'il Nous plaisoit lui accorder la permission de le faire imprimer, avec Privilege exclusif pendant quinze ans, de le faire vendre & débiter dans nos Etats, pour aucunement l'indemniser des frais de compositions & d'impressions, Nous supliant à cet effet de lui accorder les Lettres à ce necessaires; à quoi inclinant favorablement, Nous avons permis & permettons par ces Présentes audit Gilliers de faire imprimer par tel Imprimeur qu'il trouvera à propos de choisir, dans nos Etats, le Manuscrit de sa composition, sous le titre le Cannameliste François, ou nouvelle instruction pour ceux qui désirent d'aprendre l'Office, rédigé en forme de Dictionnaire alphabetique, en tel forme, marge, caracteres & autant de fois que bon lui semblera; de le vendre, faire vendre & débiter pendant l'espace & terme de quinze annés consecutives, qui commenceront à courir du jour & dattes des Présentes. Faisons très expresses défenses à toutes autres Personnes, de quelque qualité & condition qu'elles soient, de l'imprimer, vendre ni débiter dans nos Etats pendant ledit tems, sous quelque prétexte que ce soit, même d'impression étrangere, ou changement de titre, correction, ni augmentation, sans l'exprès consentement de l'Exposant, ou de ceux qui auront son Privilege cédé, a peine de cinq cens livres d'amende contre chacun contrevenant, aplicable un tiers à Nous, un tiers au Dénonciateur, ou à l'Hôpital le plus prochain, à défaut de Dénonciateur, & l'autre a l'Exposant, avec confiscation à son profit des Exemplaires, contrefaits & de tous dépens, dommages & interêts : à condition néanmoins, que les Présentes seront Registrées sur le Livre de la Communauté des Imprimeurs de notre bonne Ville de Nancy; que l'impression se fera dans nosdits Etats & non ailleurs, en bon Papier & beaux Caracteres; & qu'avant de l'exposer en vente, il en sera remis un Exemplaire en notre Biblioteque, & un en celle de notre très-cher & feal Chevalier, Chancelier, Garde de nos Sceaux & Chef de nos Conseils, le Sieur de la Galaiziere; le tout à peine de nullité des Présentes, du contenu esquelles, Nous vous mandons de faire joüir l'Exposant & ceux qui auront son Privilége cédé, pleinement & paisiblement, sans permettre ni souffrir qu'il y soit mis ou aporté aucun trouble ni empêchement. Voulons que la copie des Présentes, qui sera imprimée au commencement ou à la fin de chaque Exemplaire, soit tenuë pour bien & duëment signifiée. MANDONS en outre au premier notre Huissier, ou autre Huissier ou Sergent sur ce requis, de faire pour l'exécution de ce que dessus, tous exploits & significations, saisies & autres actes de Justice nécessaires, dans tous nos Etats, Païs, Terres & Seigneuries de notre obéissance, sans pour ce demander autre permission, Visa ni *Pareatis* : CAR AINSI NOUS PLAIT. En foi dequoi Nous avons aux Présentes signées de notre main, & contre-signées par l'un de nos Conseillers Secretaires d'Etat, Commandemens & Finances, fait mettre & apposer notre Scel secret. DONNÉ en notre Ville de Lunéville le trente uniéme Août mil sept cent cinquante.

STANISLAS Roy.

Par le Roy, GALLOIS.

Registrata, GUIRE.

LE CANNAMELISTE

LE CANNAMELISTE FRANCAIS,

OU NOUVELLE INSTRUCTION POUR CEUX QUI DESIRENT D'APRENDRE L'OFFICE,

Rédigé en forme de Dictionnaire.

AB

ABAISSE, terme d'Office. C'eſt la pâte de Paſtillage que l'on met en Abaiſſe pour imprimer des figures de Paſtillage. Abaiſſe ſe dit encore de la pâte de Maſſepain.

ABRICOT, Abricotier. Cet arbre eſt de médiocre grandeur, il eſt ſemblable au Pêcher ; ſon tronc eſt un peu plus gros, couvert d'une écorce plus noire ; ſes branches plus étenduës ; ſes feüilles qui ſont plus courtes & plus larges, reſſemblent davantage à celles du Poirier ; ſes fleurs ſont de couleur de roſe pâle, auxquelles ſuccédent des fruits charnus ſemblables aux Pêches, ſi ce n'eſt qu'ils ſont rougeâtres d'un côté & jaunâtre de l'autre, d'un goût plus exquis, avec le noyau uni & applati.

AB

L'Abricot participe de la Pêche & de la Prune ; il y a trois espèces d'Abricotiers ; la seconde differe de la premiére que l'on vient de décrire, en ce que la couleur de son fruit est plus blanchâtre, & que l'amande de son noyau est douce ; la troisiéme espèce differe des deux autres, en ce que n'ayant point eu assez de culture, les fruits qui en viennent sont beaucoup plus petits, plus jaunâtres, & d'un goût moins agréable.

ABRICOTS VERDS. Les premiers fruits qui se présentent à confire, sont les Abricots verds, on les prend pour cela, avant que le bois du noyau commence à durcir, & qu'une épingle puisse y entrer par la queuë sans résistance ; il s'en confit avec leur peau, & d'autres parés, qui en paroissent plus beaux & plus clairs.

Maniére de les préparer & de les blanchir.

Ceux que l'on veut confire avec leur peau, doivent premiérement être bien nettoyés de la bourre ou duvet dont ils sont chargés ; cela se fait par le moyen d'une lessive ; pour cela, mettez de l'eau dans une grande poële avec de la cendre de bois neuf, & la mettez sur le feu. Vous écumerez tous les charbons qui viendront au-dessus, & quand, après avoir boüilli quelque tems, vous trouverez en tâtant cette eau douce & grasse, vous l'ôterez de dessus votre feu, & l'ayant laissée reposer, vous en prendrez tout le clair ; vous l'y remettrez ensuite, & quand elle commencera à boüillir, vous y jetterez trois ou quatre Abricots, pour voir s'ils se nettoyent bien ; & en ce cas, vous y metterez les autres, & empêcherez qu'ils ne boüillent, en remuant toujours avec votre écumoire ; vous verrez ensuite si la bourre s'ôte, comme l'essai que vous aurez fait ; alors, vous les tirerez de l'eau, les mettrez dans de la fraiche, & les nettoyerez de leur bourre ; remettez-les ensuite dans une poële d'eau sur le feu, & les faites blanchir ; quand ils le seront, (ce qui se connoit en les piquant avec une épingle ; si elle résiste, c'est une marque qu'ils ne le sont point assez ; si au contraire elle entre aisément, cela prouve qu'ils sont comme il faut) alors vous les mettrez ſur un petit feu, pour reverdir, & les mettrez au ſucre, comme il ſera dit ci-deſſous.

Autre maniére.

Prenez des Abricots verds, auparavant que les noyaux ſoient durs, puis vous prendrez du ſel qui ne ſoit point trop gros, environ deux poignées, plus ou moins, ſelon la quantité de vos abricots : enſuite vous les mettrez dans une ſerviette avec le ſel, & les remuerez bien d'un bout-à-l'autre, en les arroſant d'un peu de vinaigre ; après les avoir bien remué & que vous verrez que la bourre en ſera ôtée, vous les manierez dans vos mains, pour faire tomber le ſel, les jetterez dans l'eau fraiche pour les laver, puis vous les ferez auſſi-tôt blanchir ; quand ils ſeront blanchis, de même maniére qu'à la façon précédente, vous les rejetterez dans l'eau fraiche.

ABRICOTS VERDS au liquide. Les Abricots étant bien nettoyés de leur bourre, blanchis & reverdis comme ci-devant, vous mettrez du ſucre clarifié dans une poële, la quantité qu'il en faudra pour le fruit : vos abricots ayant été paſſés deux fois à l'eau fraiche & égoutés ſur des tamis, vous les coulerez dans le ſucre, & leur donnerez un petit boüillon ; enſuite vous les ôterez du feu pour les écumer, & les mettrez dans une terrine, pour qu'ils nagent un peu dans le ſucre. Il faut obſerver que ce premier ſucre doit être léger en cuiſſon. Le lendemain mettez-les égouter ſur une égoutoire, & donnez une douzaine de boüillons à votre ſucre ; laiſſez-le tiédir & le verſez ſur votre fruit. Il faut continuer cette maniére pendant trois jours, & l'augmenter de ſucre clarifié, à meſure que celui de vos fruits ſe diminuera, parce que le fruit s'en nourrit. Pour les finir, il faut les mettre égouter, & voir s'il y a aſſez de ſucre ; vous mettrez le ſucre ſur le feu & le ferez cuire juſqu'à la groſſe perle ; enſuite vous coulerez votre fruit dedans & lui donnerez cinq ou ſix boüillons couverts ; puis vous l'ôterez de deſſus le feu, l'écumerez bien, & étant à demi-froid, vous l'empoterez.

AB

ABRICOTS VERDS PARE'S. A l'égard des Abricots verds qui se confisent parés, il faut après les avoir paré proprement, les jetter dans de l'eau fraiche; vous ferez boüillir ensuite d'autre eau dans laquelle vous les ferez blanchir, comme à la maniére précédente; vous les mettrez au sucre, & les conduirez de même.

ABRICOTS MEURS PARE'S. Il faut prendre des abricots qui ne soient ni trop meurs ni trop verds; si vous les voulez avoir entiers, il faut avec un couteau, faire une petite entaille à la pointe de l'abricot, & pousser le noyau par la queuë; & quand vous en aurez quatre ou cinq livres, vous les jetterez dans l'eau boüillante pour les blanchir; observez sur-tout qu'ils ne s'y lâchent point; quand ils seront blanchis comme il faut, vous les ôterez bien proprement avec une écumoire & les metterez dans de l'eau fraiche, ensuite vous les ferez égouter sur un tamis; alors, prenez du sucre clarifié que vous ferez cuire à la plume, vous mettrez vos abricots dedans tout doucement, & leur donnerez deux boüillons seulement; vous les retirerez de dessus le feu & les laisserez réfroidir. Vous leur donnerez de jour à autre un boüillon, pour les achever de confire, en faisant comme à la maniére précédente; vous pourrez les garder en pots, ou si vous voulez les avoir secs, qui est ce qu'on apelle à mi-sucre, vous les dresserez sur des feüilles de cuivre que vous poudrerez de sucre; après avoir fait égouter vos abricots, vous les dresserez & poudrerez de même par-dessus, & les mettrez à l'étuve; lorsqu'ils seront secs de ce côté-là, vous les retournerez & arrangerez sur un tamis, en poudrant légérement de la même façon: remettez-les à l'étuve, & lorsqu'ils seront secs tout-à-fait d'une bonne maniére, vous les mettrez dans des coffrets avec du papier. Si au bout de quelque tems ils devenoient humides, vous les changeriez de papier. Observez qu'en les parant, il faut les jetter à mesure dans l'eau fraiche.

ABRICOTS A MI-SUCRE. Prenez quatre livres de sucre que vous ferez cuire à la plume; ensuite prenez autant d'abricots meurs que vous aurez paré, vous les mettrez dans le sucre; vous leur ferez prendre un petit boüillon, pour leur faire jetter leur eau; vous les laisserez réfroidir, puis vous les remettrez sur le feu & les ferez boüillir un moment; ôtez-les ensuite de dessus le feu & les laissez dans leur sucre jusqu'au lendemain. Vous les égouterez alors sur une égoutoire, & ferez cuire votre sucre à perlé; quand il le sera, vous le mettrez dans une terrine, & glisserez vos abricots dedans; vous les écumerez & les mettrez à l'étuve pour les achever. Le lendemain vous les égouterez & les dresserez sur des feüilles de cuivre que vous poudrerez de sucre avant de les y mettre; quand ils seront dressés, vous les poudrerez comme ci-devant & les ferez sécher à l'étuve. Vous les conserverez dans des coffrets, ou vous les laisserez au liquide pour les tirer une autrefois.

ABRICOTS A OREILLE, à l'une & à l'autre de ces deux maniéres précédentes, vous pouvez dresser vos abricots à oreille, & pour cela il n'y a qu'à contourner une des moitiés sans la détacher tout-à-fait de l'autre, ou en joindre deux moitiés ensemble, ensorte qu'elles se débordent mutuellement par les deux bouts, l'une d'un côté & l'autre de l'autre. Les abricots meurs sont sujets à s'engraisser aussi-bien que les verds, parce qu'ils contiennent beaucoup d'huile en eux-mêmes; c'est pourquoi on ne les garde pas long-tems au liquide; attendu qu'ils auroient beaucoup de peine à sécher, & seroient moins agréables au goût.

ABRICOTS PAR MOITIE' sans feu. Prenez des abricots meurs les moitiés que vous aurez bien parées, telle quantité qu'il vous plaira; arrangez-les sur un plat un peu profond, mettez-y par-dessus & dessous du sucre candy en poudre: observez qu'il faut une livre & demie de sucre par livre d'abricot; exposez-les au soleil pendant trois ou quatre jours, en les remuant deux fois le jour. Mettez-les dans des pots & vous les trouverez également confits comme s'ils avoient passé sur le feu, & seront de meilleur goût que ceux qui y auront été mis; c'est ce que j'ai expérimenté. Je trouve que le raisonnement de ceci est, que le soleil raréfiant toutes choses, raréfie la nature aqueuse de l'abricot, & le sucre qui s'en trouve dissous, formant un sirop, conserve sa chair tendre & son goût. Par la même raison l'on confit des cerises, ce que la pratique m'a fait connoitre.

ACHE, il y a en général quatre sortes d'Ache; sçavoir, l'Ache de jardin ou le persil ordinaire, l'Ache de Montagne, l'Ache que l'on apelle persil de Macédoine, qui est celui qu'on emploïe dans les Offices: On s'en sert dans les conserves. *Voyez* CONSERVE. Il y a encore une autre espèce d'Ache dans les jardins potagers que l'on apelle Célery, qui sert pour les salades. Célery est un nom Italien qu'on a rendu français par usage.

AJUSTER, terme d'Office. On dit ajuster une fleur sur un fruit, & ajuster n'est autre chose que d'arranger les feüilles des fleurs artificielles, pour qu'elles ayent plus de grace. Ajuster se dit encore de bien des choses qui se posent avec goût.

ALBERGE, est une espèce de pêche; il y en a de trois sortes; la jaune en dehors & en dedans est d'une grosseur médiocre, un peu platte & d'un goût excellent.

La rouge est plus platte & a la chair blanche, elle n'est pas si bonne que la premiére.

La violette est d'un rouge violet en dedans, elle est plus petite & plus rare que les deux autres.

On s'en sert dans l'Office comme des pêches; & pour les confire on les travaille de même. *Voyez* PESCHE.

ALUN DE GLACE ou de roche. L'Alun de glace est un sel en grosses pierres grandes, claires, transparantes comme du crystal, lequel on aporte d'Angleterre. C'est celui que l'on emploïe dans l'Office. Il sert à maintenir la blancheur des noix & autres petits fruits, lorsqu'on les blanchit. On s'en sert encore quand l'on veut rendre la Cochenille claire, vive & durable. Vous trouverez sa propriété dans chaque chose où il est employé.

AMANDE, AMANDIER, est un arbre qu'on cultive dans

les jardins, ses feüilles & ses fleurs sont semblables à celles du pêcher. Il fleurit avant le Printems ; à sa fleur succéde un fruit dur & ligneux, oblong, couvert d'une peau verdâtre, charnuë, qui contient une amande.

Lorsqu'elles sont vertes on les confit. Il y en a de deux sortes, les Amandes douces, & les Amandes amères ; quand elles sont meures elles ont differens usages dans l'Office, comme vous verrez ci-après.

AMANDES VERTES CONFITES. Le premier emploi que l'on fait des amandes, est lorsqu'elles sont vertes, c'est-à-dire d'une assez bonne maturité, qu'il ne s'y trouve point de bois ; pour cet effet vous ferez une lessive, comme j'ai dit des abricots verds ; vous la mettrez sur le feu, & quand elle commencera à boüillir, vous y jetterez trois ou quatre amandes, sitot qu'elles se nettoyeront bien de leur bourre, vous y jetterez les autres ; lorsque vous en verrez l'effet, ce que vous connoitrez en les tirant avec l'écumoire, & les maniant avec les doigts, vous descendrez la poële de dessus le feu & les retirerez à mesure pour les nettoyer, & les jetterez en même-tems dans de l'eau fraiche ; remettez une poële d'eau sur le feu, & quand elle commencera à boüillir vous y jetterez vos amandes pour les blanchir, & quand elles le seront, (ce qui se connoit par le moyen d'une épingle ; si elle ne résiste point en les piquant, c'est une marque qu'elles sont comme il faut) vous les ôterez de dessus le feu, & les jetterez tout-de-suite dans l'eau fraiche ; ayez du sucre clarifié légérement dans une poële que vous mettrez sur le feu ; égoutez bien votre fruit ; au premier boüillon, coulez-le dedans & lui en donnez cinq ou six pour le reverdir ; du reste, observez la même méthode que pour les abricots verds. Les amandes vertes se mettent encore en marmelade & au candy, à l'eau-de-vie. *Voyez* l'un & l'autre.

AMANDES A LA SIAMOISE. Prenez des Amandes mondées que vous ferez roussir dans un four sur un plafond, faites cuire ensuite du sucre à perlé, jettez-y vos amandes, les remuant bien dans la poële, sans les passer sur le feu ; vous les tirerez sur une grille & les jetterez l'une après l'autre dans de la nompareille, & les remuerez toujours, afin qu'elles la prennent bien de tous les côtés ; puis vous les tirerez & les mettrez sécher à l'étuve. On en fait des assietes, ou on en garnit les services.

AMANDES SOUFFLE'ES. Prenez des amandes que vous aurez bien mondées, jettez-les dans du blanc d'œuf où vous les remuerez ; vous les égouterez & les jetterez dans du sucre en poudre, pour qu'elles en soient bien couvertes ; vous les dresserez alors sur des feüilles de papier que vous mettrez sur celles de cuivre, & les ferez cuire à un four bien moderé.

Autre maniére.

Mondez des amandes douces & les coupez par petits morceaux, mêlez-y de la rapure de citron, mettez le tout dans du blanc d'œuf qui ne soit point foüetté ; mettez-y du sucre en poudre, jusqu'à ce que le tout soit en pâte maniable, & que l'on puisse la rouler dans les mains par petites boules grosses comme une aveline ; arrangez-les sur des feüilles de papier loing-à-loing, parce qu'elles souflent beaucoup ; mettez-les au four & les cuisez de même.

AMANDES GLACE'ES. Prenez des amandes mondées, jettez-les dans de la glace royale un peu forte, mêlez-y du sucre de fleur d'orange ; vous les dresserez sur des feüilles de papier & les ferez cuire à un four bien doux. Pour faire la Glace royale. *Voyez* GLACE ROYALE.

AMANDES A LA PRALINE. *Voyez* PRALINE.

AMANDES FRAICHES. Il n'y a personne qui ne soit amateur des amandes fraiches, c'est pourquoi il est bon de dire la maniére dont il faut les servir ; vous prendrez vos amandes, vous en fendrez le bois pour les ouvrir & les arrangerez proprement sur une assiéte ou compotier, avec des feüilles de vigne ; cela vous tiendra lieu d'une assiete ou compote, lorsqu'il vous en faudra beaucoup.

AMBRE-GRIS, eſt une matiére précieuſe, ſéche, preſque auſſi dure que de la pierre, légére, opaque, griſe, odorante, qui ſe trouve en morceaux de differentes groſſeurs, flottante ſur les eaux en divers endroits de l'Océan.

On doit choiſir l'Ambre-gris bien net, ſec, léger, d'une odeur douce & agréable ; on s'en ſert dans l'Office, pour donner de l'odeur à bien des choſes ; on en met dans les Pavies, & on en fait des Paſtilles. *Voyez* PAVIE & PASTILLE.

AMIDON, tous ceux qui l'emploïent ſavent bien qu'il n'eſt fait qu'avec du beau froment ; c'eſt pourquoi l'on s'en ſert dans l'Office, pour poudrer les moules, dans leſquels l'on imprime la pâte de paſtillage, à cauſe de ſa blancheur qui a raport à celle du ſucre.

ANANAS, eſt un fruit qui nous vient des Indes, & qui eſt beaucoup recherché par les Indiens à cauſe de ſa bonté ; (a) on l'aporte tout confit dans nos païs ; ſa figure eſt à peu-près ſemblable à une pomme de Pin ; ſon ſommet eſt garni d'un paquet de feüilles colorées ; on le confit dans les Indes, comme chez nous l'on confit un Cédra, cependant avec cette difference qu'ils n'emploïent que le ſucre qu'ils purifient, qui ſort des Cannes de ſucre, au lieu de ſucre, pour le pouvoir ſervir ſec. *Voyez* TIRAGE.

ANCHOIS, eſt un petit Poiſſon de Mer, de la longueur d'un doigt, ſans écailles, ayant la tête groſſe, les yeux noirs & larges, la gueule grande & ſans dents, les machoires rudes comme une ſcie, le muſeau pointu, le dos rond, blanc & argentin, la chair rouge en dedans.

On les ſale & on les conſerve dans des barrils ; on nous les envoïe de Provence, où l'on en fait la pêche.

Les plus petits ſont les plus eſtimés ; on s'en ſert pour garnir les ſalades cuites. *Voyez* SALADE.

ANGELIQUE, eſt une plante qui s'éléve à la hauteur d'une coudée ou quelque choſe de plus ; elle forme, dès le bas, deux

(a) *Voyez* l'Hiſtoire naturelle des Iſles Antilles de M. Lonvillers de Poincy, chap. 10. art. 6.

tiges nouées & creuses, avec plusieurs concavités & aîles ; ses feüilles sont attachées à une longue queuë par interval, elles sont dentelées tout-au-tour, d'une couleur brune ou verte obscure ; ses bouquets sont garnis de fleurs blanches ; sa graine est platte comme une lentille, elle a un goût piquant & de très-bonne odeur ; elle croît dans les montagnes, & s'éleve aisément dans les jardins.

Maniére de la confire.

Après avoir ôté les feüilles de la tige, que l'on doit prendre fraiche, de bonne grosseur, & avant qu'elle soit montée en graine, on la coupe d'une longueur convenable, & à mesure, on la met dans l'eau fraiche ; on la fait blanchir à gros boüillons ; quand elle s'écrase sous la main, c'est une marque qu'elle est blanchie ; ôtez-la du feu & jettez-la dans l'eau fraiche ; après quoi vous la parerez & lui enleverez la peau, comme aux cardons d'Espagne ; vous la rejetterez de même dans l'eau fraiche ; alors, vous l'égouterez & la mettrez dans une terrine, & vous jetterez par-dessus du sucre clarifié, en suffisante quantité, pour qu'elle y nage ; laissez-la ainsi pendant vingt-quatre heures, ensuite égoutez-la, & donnez dix ou douze boüillons à votre sucre, que vous verserez dessus, lorsqu'il sera tiéde : conduisez-la de même pendant quatre ou cinq jours, alors vous l'égouterez, & ferez cuire votre sucre à gros perlé, en l'augmentant de sucre, s'il le faut ; vous y jetterez votre Angelique & lui donnerez cinq ou six boüillons couverts, puis vous la retirerez du feu, vous l'écumerez & la garderez dans des pots. On peut la mettre au candy & au tirage. *Voyez* l'un & l'autre.

ANIS, est une graine de couleur grise, verdâtre, d'une odeur & d'un goût doux, elle croît d'une plante à ombelle, qui pousse une tige creuse, à la hauteur d'environ trois pieds ; ses feüilles ont de l'odeur, & sont découpées profondément, semblables à celles du persil ; elle sert dans l'Office à plusieurs usages, soit pour du biscuit ou des dragées. *Voyez* BISCUIT & DRAGE'E.

ARGENTERIE. L'argenterie étant, dans beaucoup de grosſes Maiſons, un des principaux ſoins que les Officiers doivent avoir, & qu'ils doivent principalement inſinuer à leurs garçons & à leurs laveurs; j'ai jugé à propos d'enſeigner ici une méthode facile pour la blanchir & la tenir propre.

Maniére.

Prenez quatre onces de ſavon blanc coupé dans un plat, avec une chopine d'eau chaude; dans un autre plat, un peu de pain, & pour un ſol de lie de vin, avec autant d'eau chaude que dans l'autre; & dans un troiſiéme plat, pour un ſol de cendres gravelées, avec pareille quantité d'eau que dans les autres; puis vous prendrez une broſſe de poil que vous tremperez premiérement dans votre lie de vin; ſecondement dans la cendre gravelée; troiſiémement dans le ſavon; enſuite vous en frotterez votre Argenterie, la laverez dans l'eau chaude, & l'eſſuyerez avec un linge.

ASSIETE, terme d'Office; tout le monde ſait ce que c'eſt qu'une aſſiete; mais dans l'Office on apelle aſſiete, tout ce qui ſe met ſur une aſſiete, & que l'on ſubſtituë en place de compote, comme une aſſiete de ſec, aſſiete de four, aſſiete de fruits crus, aſſiete de fromage, aſſiete de marons, &c. On dit communément faire une aſſiete de ſec, &c.

ATRE, terme d'Office. On apelle atre, le bas d'une cheminée, le bas d'un four, d'un fourneau. On dit communément (en parlant du biſcuit) ce four n'a point d'atre, c'eſt-à-dire, qu'il n'eſt point aſſez cuit en deſſous.

AVACHIR, terme d'Office, ſe dit de pluſieurs eſpèces de four qui tombent lorſqu'on les en ſort.

AVACHIR, ſe dit d'une figure de caramel que l'on tire trop chaude du moule & qui tombe.

AVACHIR, ſe dit auſſi des branches ou feüilles, qui, au lieu de ſe ſoutenir droites, panchent par leur extrémité.

AVELINE, eſt une eſpèce de noiſette fort groſſe, qui eſt la meilleure & la plus eſtimée ; elle croît dans le Lyonnois & dans l'Eſpagne, ſur un noiſetier qui forme l'arbriſſeau, il pouſſe beaucoup de tiges ou rameaux longs, plians, ſans nœuds, couverts d'une écorce mince ; ſon bois eſt tendre, blanc ; ſes feüilles ſont larges, plus grandes & plus ridées que celles de l'aune, dentelées ſur les bords, pointuës, de couleur verte en-deſſus, & blanchâtre en-deſſous ; ſes fleurs ſont de petits chatons à pluſieurs feüilles, jaunâtres, écailleuſes, elles ne laiſſent après elles aucun fruit ; les fruits naiſſent ſur les mêmes pieds, mais en des endroits ſéparés ; ce ſont les Noiſettes ou Avelines que tout le monde connoît ; elles ſont envelopées d'une écoſſe membraneuſe, & ordinairement frangées par les bords ; leur figure eſt preſque ronde ou ovale ; leur écorce eſt dure, ligneuſe, blanchâtre ou rougeâtre ; elle renferme une amande preſque ronde, rougeâtre & d'un goût excellent ; elle ſert dans l'Office à pluſieurs uſages, ſoit dans des biſcuits, macarons, ou dragées. *Voyez* l'un & l'autre.

Lorſqu'elles ſont fraiches, on les ſert ſur des aſſietes, avec des feüilles de vigne, en leur caſſant leur écorce ligneuſe, & leur laiſſant leur coëffe.

AZEROLE, eſt le fruit d'une eſpèce de Neflier (*a*) ou d'un arbre qui porte des feüilles ſemblables à celles de l'Aubepin, mais plus grandes, rougiſſantes un peu avant qu'elles ne tombent ; ſes fleurs ſont en grappes de couleur herbeuſe ; chacune d'elles eſt à pluſieurs feüilles diſpoſées en roſe, & ſoutenuës par un calice découpé en pluſieurs parties. Lorſque la fleur eſt paſſée, ce calice devient un fruit preſque rond, charnu, beaucoup plus petit que la Nefle ordinaire, ayant une maniére de couronne, qui a été formée par les pointes du calice. Ce fruit eſt au commencement verd & dur ; mais en meuriſſant il devient rouge, aigrelet & doux, fort agréable au goût ; il renferme dans ſa chair trois oſſelets fort durs. On cultive l'Azerolier en Italie, en Languedoc,

(*a*) *Voyez* M. Piton Tournefort, dans ſon Hiſtoire des Plantes.

où son fruit se nomme Pommette : l'Azerole se confit de toute maniére comme la Cerise.

BAIN BAN BAT

BAIN-MARIE. L'on apelle Bain-Marie dans l'Office, une poële d'eau que l'on fait boüillir, dans laquelle on met une marmite d'argent ou un pot de terre vernisé, pour y faire des sirops de toutes espèces, & leur donner tel dégré de chaleur que l'on souhaite. Vous en trouverez l'emploi. *Voyez* SIROP.

BANDE, ce nom a differentes significations; on apelle bande, une bande de papier découpé, une bande de verre, ou de glace qui servent à monter un fruit.

BATONAGE, est une abaisse de pâte de pastillage, de l'épaisseur d'une ligne, que l'on coupe de même largeur en petits bâtons, & que l'on fait sécher à l'étuve, sur des feüilles de cuivre que l'on poudre auparavant d'amidon : beaucoup d'Officiers les font plus larges, plus étroits, plus minces, suivant l'emploi qu'ils en veulent faire.

On s'en sert ordinairement pour dresser des pyramides, & pour faire du piquage. *Voyez* PYRAMIDE & PIQUAGE.

Le bâtonage est fait de la même pâte que celle du Pastillage, pour en trouver la méthode, *Voyez* PASTILLAGE.

Pour lui donner telle couleur qu'il vous plaira, *Voyez* COULEUR.

Observez que le bâtonage ne doit point être gercé, & qu'il doit être le plus uni & poly que faire se pourra : pour en connoitre le défaut, *Voyez* GERCER.

On fait encore du bâtonage avec des pâtes de coins, de pommes, que l'on étend sur des feüilles de cuivre, de l'épaisseur de trois écus de six francs, & que l'on fait sécher à l'étuve ; alors on les coupe de telle longueur & largeur que l'on veut, en les faisant sécher de nouveau à l'étuve, jusqu'à ce que les bâtons soient fermes ; on les met au candy, & on en dresse des pyramides.

On en fait encore avec de l'angélique confite, que l'on coupe

& que l'on séche de même, après l'avoir passée dans une eau plus que tiéde, pour lui enlever son trop de sucre : On en fait de canelle que l'on laisse tremper pendant une demi-heure, dans de l'eau chaude, pour avoir plus de facilité de la couper en bâtons, ensuite on la met au candy. Observez qu'il la faut couper la plus égale que vous pourrez. *Voyez* CANDY.

BAVAROISE, est un thé fait, que l'on jette sur du sirop de capillaire, au lieu de sucre. On la sert ordinairement dans de grands gobelets.

BERGAMOTTE, est un fruit d'odeur, qui est tiré d'un poirier Bergamotte : on dit que l'origine vient, de ce qu'un certain Italien s'avisa d'enter une branche de citronier sur le tronc d'un poirier Bergamotte ; on les confit de même que les citrons ; on peut les confire par quartiers, par zestes, ou entiers, cela dépend de la beauté des fruits, & de la volonté des Officiers.

BETE-RAVE, sa feüille est grande & rouge ; sa racine qui est très-grosse, a la figure d'une rave, & contient un suc aussi rouge que du sang ; son usage n'est que pour les garnitures de salade. La Bete-Rave se cuit, soit dans l'eau, soit au four, ou dans les cendres ; on lui ôte la peau, & l'on en garnit les salades : Bien des personnes la font infuser dans du vinaigre, avec de la coriandre, des oignons, de l'ail & du sel, pour lui en faire prendre le goût.

BEURE, n'est autre chose qu'une substance grasse & onctueuse, qui se fait d'un lait épaissi ; le beure frais se sert d'ordinaire pour hors d'œuvre, en le mettant sur des assietes ou petits plats, le plus proprement que l'on peut, avec de la glace lavée, pour le tenir frais.

Maniére de le faire promptement.

Prenez de la crême fraiche & la mettez dans une bouteille qui ait un large goulot, vous la secouërez jusqu'à ce que la crême se tourne en beure ; ensuite vous la verserez dans de l'eau fraiche, & mettrez votre beure en consistance ; vous le laverez très-soigneusement, puis vous en formerez des petits pains & le servirez de même.

BIGARRADE, est une espèce d'orange, qui est jaune, verdâtre, amère, & son jus est acide ; (a) elle sert à mettre sur des dormants, ou dans des saladiers pour servir de salade ; on les confit de même que les citrons : on en fait grand usage en Allemagne, parce que l'on prétend qu'elles fortifient l'estomac.

BIGARREAU, est une espèce de cerise blanche & rouge, plus grosse que les cerises ordinaires, d'une chair plus dure & plus douce ; on ne les confit point, l'on ne s'en sert que pour dresser des pyramides, & on les mange crus. (b)

BISCOTIN, est une espèce de four, qui est dure & croquante, ressemblante à une aveline.

Maniére de les faire.

Prenez telle quantité de farine qu'il vous plaira, délayez-la avec deux ou trois blancs d'œufs, du sirop de cédra ou autres, en consistance de pâte maniable ; dressez-la sur des feüilles de papier, en forme d'aveline ; faites-les cuire au four, jusqu'à ce qu'ils aïent une belle couleur. Humectez la feüille de papier par-derriére avec de l'eau chaude, pour les lever aisément ; gardez-les dans l'étuve, & ne vous en servez que pour garnir des assietes de four.

BISCUIT, est une espèce de pâte composée de sucre, de farine & d'œufs que l'on fait cuire au four ; on en fait de differentes maniéres, comme vous verrez ci-après.

BISCUITS ordinaires. Prenez 40. œufs, séparez les blancs

(a) La Quint. Traité des Orang. chap. 12.
(b) La Quint. Part. III. chap. 15. pag. 493.

d'avec les jaunes, battez les jaunes avec deux livres de ſucre en poudre, juſqu'à ce qu'ils blanchiſſent; foüettez les blancs dans une terrine à part, juſqu'à ce qu'ils ſe ſoutiennent en neige; alors, mettez le tout enſemble le plus légérement qu'il vous ſera poſſible, ajoutez-y une livre & demie de farine qui aura été ſéchée à l'étuve & que vous tamiſerez, à meſure que vous délayerez votre pâte; dreſſez-les dans des moules de papier ou autres, & les glacez très-légérement de ſucre en poudre: faites-les cuire dans un four modéré, & quand vous les tirerez, laiſſez-les réfroidir, mettant le deſſus deſſous:

Pour leur donner du goût, il faut mettre dans votre pâte de la rapure de citron.

BISCUITS à la cuillier, ſe font de la même pâte que la précédente, on les fait cuire de même en les glaçant, & on les dreſſe en long, avec une cuillier, ſur une feüille de papier

BISCUITS de patience. Chauffez premiérement des feüilles de cuivre bien unies, ſur leſquelles vous frotterez légérement un peu de bougie, pour empêcher que la pâte que vous dreſſerez deſſus ne s'y attache. Vos feüilles étant ainſi préparées, vous prendrez deux œufs, vous ſéparerez les blancs d'avec les jaunes; vous battrez vos jaunes avec deux cuillerées de ſucre en poudre, avec de la rapure de Citron, ſuivant votre goût; vous foüetterez alors vos blancs en neige, & melerez le tout enſemble avec deux cuillerées de farine, que vous paſſerez par un tamis; vous les dreſſerez ſur ces feüilles, de la groſſeur d'une petite noiſette, & les ferez cuire de belle couleur à un four moderé: vous les leverez en ſortant du four.

BISCUITS d'amandes. Prenez une demi-livre d'amandes douces, avec deux douzaines d'amères, mondez-les & les paſſez un moment à l'eau fraiche; tirez-les ſur un tamis, & faites-les un peu ſécher à l'étuve.

Enſuite, pilez-les dans un mortier, y mettant de tems-en-tems un peu de blanc d'œuf, pour empêcher qu'elles ne deviennent en huile: quand elles ſeront pilées, vous foüetterez ſix blancs d'œufs frais,

frais, jusqu'à ce qu'ils soient en neige ; vous y mettrez trois jaunes d'œufs & une demi-livre de sucre en poudre, une cuillier à bouche de farine, & délayerez bien le tout ensemble ; alors, vous tirerez vos amandes du mortier, les mettrez dans la même terrine avec votre composition, & vous aurez soin de bien mêler le tout ensemble.

Dressez-les dans des moules ; glacez-les de sucre en poudre, en y mêlant un peu de farine, pour soutenir la glace, à cause de l'humidité de l'amande.

Mettez-les cuire dans un four qui soit bien modéré ; quand vous jugerez qu'ils seront assez cuits, vous les en retirerez, & ferez de même que des biscuits ordinaires.

BISCUITS de pistaches. Prenez une demi-livre de pistaches, des plus belles que vous trouverez, mondez-les, passez-les à l'eau fraiche, & les tirez sur un tamis ; faites-les secher à l'étuve ; pilez-les dans un mortier, avec un quartier de cédra, y ajoutant du blanc d'œuf.

Foüettez huit blancs d'œufs en neige, mettez-y trois jaunes d'œufs, demi-livre de sucre en poudre, une bonne cuillerée de farine, & délayerez le tout ensemble, ensuite vous les dresserez dans des moules : observez qu'il faut les glacer & les cuire de même que ceux d'amandes douces.

BISCUITS de Savoye. Prenez quatre œufs frais, ou plus, suivant la quantité de biscuits que vous voudrez faire ; ayez une balance, mettez-y vos œufs d'un côté, de l'autre, votre sucre en poudre, au même poids ; pour la farine, vous en prendrez la moitié pesante de vos œufs : cassez vos œufs, mettez les blancs & les jaunes à part, foüettez bien les blancs, jusqu'à ce qu'ils soient en neige ; il faut auparavant, avec deux spatules, battre votre sucre en poudre avec les jaunes : versez vos blancs d'œufs dans les jaunes, tournez-les avec la spatule, pour les mêler ensemble ; prenez alors votre farine séchée à l'étuve, mettez-la dans un tamis, dessus la terrine où sera votre pâte, & avec la main vous ferez tomber doucement cette farine ; donnez-leur encore un tour de spatule, pour mêler la farine ; dreſſez-les dans des moules & les glacez ; faites-les cuire de même que les autres. Vous pourrez encore les dreſſer à la cuillier.

BISCUITS du Palais-Royal. Prenez ſix œufs frais, mettez-les dans une balance, peſez de l'autre coté autant de ſucre en poudre qui ſoit bien ſec ; prenez enſuite de belle farine, du poids de trois œufs : caſſez vos œufs, mettez à part les blancs & les jaunes, dans des terrines ; foüettez bien les blancs en neige, le plus long-tems que vous pourrez ; mettez-y alors votre ſucre, & le remuez juſqu'à ce qu'il ſoit mêlé avec vos blancs ; ajoutez-y vos jaunes, pour les incorporer, avec un peu de rapure de citron & votre farine ſéchée à l'étuve ; mêlez bien le tout enſemble légérement avec votre foüet ; dreſſez-les dans des moules de papier ou autres, glacez-les, & les faites cuire comme les autres.

BISCUITS d'amandes améres. Prenez environ une livre d'amandes améres, que vous monderez & ſécherez un peu à l'étuve ; enſuite vous les pilerez dans un mortier, y ajoutant deux blancs d'œufs ; quand elles ſeront bien pilées, vous les mettrez dans une terrine, avec dix blancs d'œufs que vous remuerez enſemble, & y ajouterez trois livres de ſucre en poudre, obſervant toujours de le bien délayer. Vous les dreſſerez ſur du papier avec une ſpatule & un couteau, de la groſſeur d'une aveline, en étendant la pâte ſur la ſpatule, & formant le biſcuit avec le couteau ; vous les ferez cuire au four : remarquez qu'il les faut mener au commencement à petit feu, juſqu'à ce qu'ils ſoient levés ; alors, on peut les mener plus vîte, en mettant des charbons à la bouche du four : quand ils ſeront cuits d'une belle couleur, vous ne les leverez point de deſſus le papier, qu'ils ne ſoient froids.

BISCUITS d'avelines. Prenez une livre d'avelines, vous les monderez & leur ferez prendre un peu de couleur au four ſur un platond ; vous les pilerez lorſqu'elles ſeront froides, avec deux blancs d'œufs ; après qu'elles ſeront bien pilées, vous les mettrez dans une terrine, avec une livre & demie de ſucre en poudre ; vous y incorporerez ſix ou ſept blancs d'œufs ; vous délayerez le tout ensemble, & les dresserez de la même maniére que les biscuits d'amandes améres, c'est-à-dire en petites avelines. Vous les ferez cuire à un four modéré, observant les mêmes principes des biscuits d'amandes améres.

BISCUITS de chocolat. Vous prendrez quelques blancs d'œufs & du sucre en poudre, avec du chocolat rapé, vous mêlerez bien le tout ensemble, jusqu'à ce que votre pâte soit maniable; alors, vous dresserez vos biscuits sur du papier, comme les biscuits d'amandes améres.

BISCUITS de caffé. Le biscuit de caffé se fait de même que celui de chocolat, sinon que vous y mettrez du caffé passé au tambour.

BISCUITS de Portugal. Foüettez six blancs d'œufs, mettez-y alors les jaunes, & continuez de les foüetter; incorporez-y une demi-livre de sucre en poudre, un quarteron de farine, un quarteron de marmelade d'orange & la rapure d'un citron; vous mêlerez le tout ensemble, & les dresserez dans des moules, pour les faire cuire au four: il faut observer de ne les point glacer qu'ils ne soient cuits. Vous les couperez au couteau, & les glacerez avec de la glace royale, comme les massepains, & les acheverez de même façon. *Voyez* MASSEPAIN.

BISCUITS d'Espagne. Le biscuit d'Espagne se fait de même que le précédent, avec la difference que la farine que l'on y met, doit être de la farine de ris, & que l'on n'y met point de marmelade.

BISCUITS à l'Allemande, apellés *Zweibach*. Prenez vingt œufs, séparez le blanc d'avec le jaune; battez vos jaunes avec une livre de sucre en poudre, sur un réchaud de feu léger, jusqu'à ce qu'ils blanchissent, comme pour les autres biscuits; foüettez les blancs en neige, mêlez le tout ensemble; alors, vous y mettrez trois quarterons de farine séchée à l'étuve, & la passerez par un tamis dans votre pâte, avec une demi-once d'anis verds passés de même, & remuerez bien le tout : alors vous la dresserez dans un grand moule de papier & la ferez cuire au four ; quand elle sera cuite, vous la couperez par morceaux, de quelle façon vous voudrez, & de l'épaisseur de quatre écus de six francs ; vous arrangerez alors les morceaux sur des feüilles de cuivre, & les ferez sécher au four.

BISCUITS d'Italie. Prenez quatre œufs frais, foüettez les blancs en neige ; pesez une once d'écorce de citron verd, une once de chair d'orange confite, une once d'abricots secs, une once de marmelade de fleurs d'oranges que vous battrez bien dans un mortier & passerez à travers d'un tamis : vous mêlerez le tout avec vos œufs foüettés & un quarteron de sucre en poudre ; ensuite vous les ferez cuire au four dans de petits moules de papier ; quand ils seront cuits, vous les couperez comme vous le souhaiterez ; vous les glacerez des deux côtés avec du sucre en poudre, & les remettrez encore un moment au four, pour sécher votre glace.

BISCUITS Royals. Prenez sept œufs frais, foüettez les blancs en neige ; mettez-y alors sept onces de marmelade de plusieurs espèces, bien foüettées & mêlées ensemble ; ajoutez-y cinq jaunes d'œufs, & continuez à foüetter pendant un quart-d'heure ; prenez ensuite sept onces de farine de ris, & sept onces de sucre en poudre que vous mêlerez bien : vous les dresserez dans des moules de papier, & les ferez cuire au four.

BISCUITS de Marons, ils se font de même que ceux d'amandes améres, à l'exception qu'il faut faire cuire les marons au four, les nettoyer de leur peau & les bien piler, en y mettant un peu de blanc d'œufs, & une livre de sucre pour une livre de marons, le reste se fait de même.

BISCUITS manqués. Faites une glace royale qui soit forte, mêlez-y de la rapure de citron & de la fleur d'orange pralinée ; dressez-les sur du papier, en les étendant avec une cuillier, de la largeur d'un écu de six francs ; faites-les cuire au four ; quand vous verrez qu'ils seront d'une belle couleur, vous les tirerez du four & les laisserez réfroidir. Pour les lever, moüillez le papier par-dessous, & mettez-les sécher sur un tamis à l'étuve. On pourra leur donner tel goût que l'on jugera à propos.

BISCUITS à l'Allemande, apellés *Listlen*. Prenez du cloux de girofle, canelle, coriandre, muscade, de chaque espèce un quart d'once; pilez bien le tout ensemble, & les passez au tambour; prenez une once d'écorce de citrons verds, une livre d'amandes douces coupées par morceaux pralinés au blanc: quand vous aurez préparé tout ceci, vous prendrez de vingt-quatre œufs les jaunes & les blancs que vous battrez ensemble comme une omelette; vous y mettrez cinq livres de sucre en poudre, & mélerez le tout avec vos épices & amandes; ensuite vous y incorporerez de la farine, jusqu'à ce que votre pâte soit maniable & qu'elle se puisse couper au couteau.

Vous ferez de ladite pâte des abaisses, & les couperez de la longueur d'une carte; vous les dresserez sur des feüilles de papier poudrées auparavant de farine; ensuite vous les ferez cuire au four; quand ils seront cuits, vous les laisserez réfroidir, & après vous enleverez la farine de dessus & dessous avec une brosse.

Pour les glacer vous ferez cuire du sucre à la plume que vous laisserez tiédir; alors, vous tremperez un gros pinceau dur dans votre sucre, & vous en frotterez vos biscuits l'un après l'autre, jusqu'à ce que votre sucre blanchisse: (cette glace séche naturellement) vous pourrez leur donner telle figure qu'il vous plaira, en les imprimant dans des moules, quand la pâte ne sera pas encore cuite.

Il est bon de dire que l'on peut griller au four toutes ces sortes de biscuits, en les coupant par tranches, & leur donnant une belle couleur.

BLANCHIR, terme d'Office, c'est quand on fait boüillir des fruits dans de l'eau pour les amolir, ce qui se connoit par le moyen d'une épingle; comme je l'ai enseigné à l'article des abricots verds.

BLANCHISSAGE, terme d'Office, c'est lorsque l'on blanchit des cerises, des groseilles, des raisins, &c. avec du sucre.

Maniére de le faire.

Après avoir nettoyé & lavé les fruits que vous voudrez blanchir, vous foüetterez trois ou quatre blancs d'œufs que vous jetterez sur un tamis pour en recevoir l'huile ; vous passerez vos fruits dedans, & les égouterez sur une grille ; vous les mettrez dans du sucre que vous aurez passé au tambour, en les sautant sur le feu, afin que le sucre s'échauffe & se seche ; vous les sortirez de votre sucre, & les mettrez sur du papier qui sera posé sur un tamis : vous les mettrez un moment à l'étuve.

BLED de Turquie, est une graine qui naît dans des épys gros, & longs, envelopés de feüilles, roulés en graine, sur une plante qui pousse des tiges à la hauteur de six pieds, semblables à celles des roseaux, rondes, grosses comme le pouce, solides & fermes, purpurines par le bas, & diminuënt en grosseur à mesure qu'elles s'élevent ; ses feüilles, longues ordinairement d'un pied & demi, sont semblables à celles du roseau.

On ne se sert dans l'Office que de l'épy garni de sa graine, après l'avoir dépoüillé de ses feüilles : on la choisit verte pour la confire comme les cornichons, & l'on ne s'en sert que pour garnir les salades cuites.

BLETTE se dit d'une poire qui est passée.

BOUGEOIR, nom d'un gobelet. C'est un gobelet de crystal fait en forme de chandelier ou de flambeau, dans lequel l'on met une bougie, & que l'on cole sur les services.

Les Bougeoirs sont d'ordinaire de deux pouces & demi de hauteur. *Voyez* Fig. Plan. 3. Lett. F.

BOUILLOIR est un meuble d'Office en façon de grande thétiere, dans lequel on met chauffer de l'eau pour s'en servir au besoin. *Voyez* Planc. 1. Lett. Y.

BOUILLON terme d'Office, est quand on a égouté des

fruits que l'on a mis au ſucre, & que l'on fait reboüillir le ſucre. Boüillon ſe dit encore, lorſque l'on fait recuire une confiture liquide qui pouſſe. Ce terme eſt encore apliqué aux compotes, que l'on conduit de même lorſqu'elles pouſſent.

BOUILLON couvert, ſe dit lorſqu'un fruit eſt couvert de ſon ſirop en boüillant ſur le feu.

BOURRE, eſt une eſpèce de duvet que l'on ôte aux abricots & aux amandes vertes, en les paſſant à la leſſive. *Voyez* ABRICOTS VERDS.

BOUTONS de fleurs d'orange, ſont ceux qui tiennent les feüilles de la fleur; ils ſe confiſſent de même que la fleur, *Voyez* ORANGE.

BROSSE, eſt une eſpèce de fraiſe qui croît de même; on l'apelle Broſſe, à cauſe que ſa peau eſt raboteuſe, qu'elle eſt garnie de petites pointes, & ſemblable à une broſſe : on les ſert cruës étant bien lavées : on en fait des compotes de même que des fraiſes, & du blanchiſſage. *Voyez* COMPOTE & BLANCHISSAGE.

BRUGNON, eſt une eſpèce de pêche [a] qui vient par l'artifice des Jardiniers, & de l'induſtrie de les enter : le brugnon eſt violet d'un coté, & de l'autre d'un blanc verdâtre, ſans duvet; il meurit au mois de Septembre : on le ſert cru; on le confit, & on en fait des compotes comme des pêches. *Voyez* PESCHE & COMPOTE.

BRUSLER, terme d'Office; on dit vulgairement brûler du caffé, du cachou, du cacao; brûler du ſucre, c'eſt quand on manque le caramel & qu'on le brûle, parce que le caramel étant la derniére cuiſſon du ſucre, on ne peut le cuire davantage, à moins de le brûler. Il eſt mieux dit torrefier le Caffé & le Cacao. [b]

(a) La Quint. Part. III. Ch. 5.

(b) Philippe Sylveſtre Dufour, dans ſon Traité du Caffé, Thé & Chocolat, ſe ſert de torrefier.

CAB CAC CAF

CABARET, est un meuble d'Office sur lequel on sert & porte les tasses à caffé. *Voyez* Fig. Plan. 2. Lett. A.

CACAO, est un fruit long, semblable à celui des Melons, rayé, roux & canellé, plein de petites noix, qui ont beaucoup de raport aux amandes : il croît sur le Cacaotier qui vient aux Indes, il est de la hauteur de l'Oranger, ayant ses feüilles plus longues. (a)

On se sert du Cacao, pour faire la baze du Chocolat. *Voyez* CHOCOLAT.

CACHOU, est une maniére de pâte séche, dure, un peu gommeuse, rougeâtre, ayant la forme & presque la dureté d'une pierre, d'un goût amèr au commencement, mais laissant dans la bouche une impression douce & agréable. (b)

Il faut le choisir pesant & compacte, de couleur rougeâtre & d'un goût amèr : on s'en sert pour faire des pastilles ; pour trouver la maniére de les faire. *Voyez* PASTILLE.

CAFFE', est la graine du fruit d'un arbre qui est semblable aux bonnets de Prêtres ; ses feüilles sont plus dures, plus épaisses, & toujours vertes : cette graine est de figure ovale, de couleur jaunâtre, tirante sur le blanc. Elle retient le nom de caffé, aussi-bien que la boisson, qui est devenuë d'un usage très-commun. Cet arbre croît dans l'Arabie-heureuse & dans les Indes Orientales.

On doit choisir le Caffé bien mondé de son écorce, nouveau, net, bien nourri, de moyenne grosseur, prenant garde qu'il n'ait été moüillé par l'eau de la mer, & qu'il ne sente le moisi.

On s'en sert pour prendre en boisson à l'eau, à la crême, dans des pastilles, des conserves, des biscuits. *Voyez* PASTILLE, CONSERVE & BISCUIT. & dans les glaces. *Voyez* NEIGE & MOUSSE.

(a) Mr. Rochefort, dans son Histoire des Isles Antilles.
(b) Mr. Lemery, dans son Dictionnaire universel des Drogues simples.

Maniére

Maniére de le faire en Boiſſon.

On fait torrefier le Caffé dans une poële de fer ; pendant qu'il eſt ſur le feu on l'agite inceſſamment, en remuant la poële juſqu'à ce qu'il ſoit preſque noir, puis on le réduit en poudre avec le moulin qui ne ſert que pour cet uſage. On fait boüillir de l'eau dans une caffetiére, enſuite on la retire un peu du feu, y jettant une once & demie de caffé en poudre, ſur une pinte d'eau ; en même-tems on remuë l'eau avec une cuillier, tant pour mêler le caffé, que pour empêcher l'eau de ſortir de la caffetiére : remarquez de le faire boüillir, c'eſt-à-dire de lui donner ſept à huit boüillons, juſqu'à ce qu'il ne paroiſſe plus rien ſur l'eau ; enſuite vous le tirerez du feu, & y jetterez une cuillerée à bouche pleine d'eau fraiche, & le laiſſerez repoſer ſur des cendres chaudes ; quand le moment viendra de le ſervir, vous le tirerez au clair & le chaufferez comme il faut.

Obſervez qu'il ne faut point faire proviſion de caffé torrefié pour pluſieurs jours, parce qu'il eſt toujours meilleur de l'employer tout-de-ſuite.

Quand on voudra le prendre au lait ou à la crême, vous aurez ſoin d'avoir de l'un & l'autre boüillis ſeparément dans une caffetiére, & le ſervirez dans des taſes dont vous garnirez un cabaret.

On fait encore du Caffé portatif. *Voyez* SIROP.

CAFFETIE'RE, eſt un vaſe d'argent dans lequel on met le Caffé pour le ſervir. *Voyez* Fig. Plan. 1. Lett. T.

CAILLEBOTTE, eſt le nom d'un fromage de lait ou de crême que l'on fait cailler, & que l'on met enſuite égouter dans des moules de fer blanc, où ils prennent leur figure. *Voyez* Plan. 1. Lett. O & L.

Maniére de le faire.

Prenez deux ou trois pintes de lait ou de crême que vous ferez tiédir ; lorſque la chaleur ſera au dégré de pouvoir y ſouffrir le doigt, vous prendrez trois ou quatre gésiers de poulets, *(a)* c'est-à-dire la peau qui est dedans, vous les laverez bien & les sécherez à l'étuve, ensuite vous les pilerez & les mettrez sur une étamine dans laquelle vous passerez votre lait avec une cuillier, à plusieurs reprises; vous le mettrez alors à l'étuve pour achever de le faire prendre; quand il sera pris, vous le dresserez dans des petits moules de fer blanc qui seront percés à cet effet, afin que l'eau en puisse sortir; lorsque vos fromages seront pris, vous les dresserez dans des compotiers, mettant dessus de la crême fraiche ou foüettée. Beaucoup d'Officiers mêlent du sucre dedans; mais je trouve qu'il est plus à propos de les servir de cette façon, parce que tout le monde n'aime point le sucre, & qu'on se trouve toujours à même d'en faire usage.

CAISSE. On apelle Caisse dans l'Office, des moules de papiers qui servent à mettre de la pâte de biscuit, de la fleur d'orange pralinée, & des pastilles sur les services.

CANDY, est un sucre crystalisé qui se congéle en petits brillants, & durcit lorsqu'il se trouve dépoüillé de la meilleur partie de son humidité, par le moyen de l'étuve; il s'attache à tout ce que l'on veut candir, pourvû que la matiére soit séche.

Je donne ici la méthode de faire des Candys de toute espèce.

GROS-CANDY blanc & rouge. Prenez trois ou quatre pains de sucre royal, faites-les cuire à la plume, versez votre sucre tout chaud dans un moule à candy, où vous aurez arrangé quelques morceaux de fil en long & en large: pour le bien candir, vous mettrez votre moule dans l'étuve, pendant l'espace de huit jours, pour l'entretenir d'une médiocre chaleur; alors, vous le retirerez, le laisserez égouter & sécher à l'étuve.

(a) Le gésier de Poulet, autrement la peau qui est dans son estomac, est une espèce de levain. Cette matiére délayée dans la crême ou du lait, dévelope ses sels volatils. Les ressorts de l'air dardent les sels de toutes parts, il se fait une agitation dans les parties les plus intimes de toute la masse, qui sépare l'humeur séreuse d'avec les parties succulentes; celles-ci se raprochent par pelotons, ce qu'on apelle lait caillé. *Spectacle de la nature, page 21. tom. 3.*

Le ſucre candy rouge ſe fait de même, ſi ce n'eſt qu'au lieu de ſucre royal on ſe ſert du commun, ou de moſcouade.

CANDY de fleurs d'orange, de violettes, de jonquilles, de roſes, d'œillets. Toutes ces fleurs ſe candiſſent de même. Prenez ſix ou huit livres de ſucre clarifié que vous ferez cuire à ſoufflé ; jettez-y trois livres de fleurs bien épluchées, de telle eſpèce que vous voudrez ; ôtez la poële de deſſus le feu, & la laiſſez repoſer un peu de tems, pour que les fleurs puiſſent jetter leur eau ; remettez-les enſuite à même cuiſſon, c'eſt-à-dire à ſoufflé ; ôtez-les & les laiſſez réfroidir l'eſpace d'un quart-d'heure ; prenez un moule à candy que vous remplirez à moitié de fleurs & de ſucre, le laiſſerez pendant vingt-quatre heures à l'étuve avec un feu modéré, après quoi vous ferez un petit trou au coin du moule pour égouter le ſucre ; quand il le ſera, vous le remettrez à l'étuve l'eſpace, à-peu-près, de trois heures, & le pancherez pour qu'il s'achéve en même-tems d'égouter & de ſécher. Vous aurez ſoin de mettre deſſous une poële ou terrine, pour en recevoir le ſucre qui en dégoutera : quand il ſera ſuffiſamment ſec, vous l'ôterez du moule, & le renverſerez ſur une feüille de papier ; s'il y reſtoit encore de l'humidité, vous le remettriez à l'étuve.

Vous pouvez le couper de telle façon qu'il vous plaira, & le ſerrer dans des coffrets.

La fleur d'orange pralinée ſe met en hiver au candy, obſervant de tenir le ſucre à même cuiſſon, & d'y jetter la fleur ; enſuite vous lui donnerez un boüillon couvert, la mettrez dans un moule & l'égouterez au bout de dix heures. Il faut obſerver les mêmes régles que ci-devant.

CANDY d'Abricots verds, d'abricots meurs par moitié, d'abricots meurs piqués, d'Amandes vertes, de Reines-Claudes, de Mirabelles, d'Epines-vinettes en grapes, de Fenoüils en branches, de toutes ſortes de Pâtes, de Ceriſes, de Batonages de Coins, d'Angéliques, de Canelles, de Paſtilles & de Conſerves ; ces trois derniéres eſpèces prennent le candy comme les fruits.

Prenez de vos fruits telle espèce que vous jugerez à propos, lesquels doivent être confits, ensuite vous les égouterez & les passerez dans l'eau tiéde pour leur ôter le sucre qui se trouve toujours gras, & qui empêcheroit qu'ils ne candissent : mettez-les alors sur des tamis, & les faites sécher à l'étuve, c'est-à-dire que les dessus du fruit se trouvent secs ; ensuite arrangez-les dans des moules à candy sur une petite grille faite exprès, qui entre dans le moule ; vous en pouvez faire trois ou quatre lits l'un sur l'autre, en les séparant avec ces petites grilles. *Voyez* Fig. Planch. 1. Lett. N. Z.

Pour éviter que ce que vous voudrez candir ne se touche point parmi les grilles, vous mettrez un morceau de plomb dessus, pour que cela se tienne ferme ; ensuite faites cuire du sucre clarifié à petit soufflé, la quantité qu'il en faudra, suivant la grandeur de votre moule, & le laissez tiédir ; quand il le sera, vous le coulerez dans le moule, & le mettrez à l'étuve du soir au lendemain, avec un feu couvert & modéré, pour qu'il dure la nuit. Le matin vous prendrez garde si vos fruits sont bien pris, sinon vous les laisserez encore une heure ou deux, suivant le besoin.

Vous ferez un petit trou au coin du moule, pour égouter le sucre, puis le renverserez sur le coté dans l'étuve, ayant une poële ou terrine dessous, pour en recevoir les égoutures : quand il sera sec vous le renverserez sur une feüille de papier, & tirerez vos fruits l'un après l'autre, alors vous les serrerez dans des coffrets.

La Canelle se coupe en maniére de bâtonage & de la même grandeur ; avant de la couper il faut la faire tremper dans de l'eau chaude ou dans l'esprit-de-vin, (*a*) pour avoir plus de facilité ; lorsque vous l'aurez coupée, vous la mettrez dans un petit sucre léger sur le feu, & lui donnerez trois ou quatre boüillons ; vous la retirerez, l'égouterez, & la ferez sécher à l'étuve sur des tamis ; sitôt qu'elle sera séche, vous l'arrangerez dans des moules, & la gouvernerez de même.

Le Fenoüil se met également dans un petit sucre, avant de le candir.

(*a*) Il est toujours plus-à-propos de se servir d'esprit-de-vin ou d'eau-de-vie, par la raison qu'ils ouvrent les pores de la Canelle, & qu'ils font que le sucre y pénétre mieux.

On fait encore des Candys de toutes autres eſpèces, c'eſt ce qui dépend du goût des Officiers.

Je crois avoir aſſez traité ſur la matiére des Candys, pour que l'on puiſſe s'y conformer, & en faire d'autres façons.

CANNAMELLE ou Canne à ſucre, eſt un nom Français, composé du Latin *Canna* & de *Mel*, comme qui diroit Canne mielée. Les Anciens ont donné ce nom à la Canne à ſucre, à cauſe de ſon goût qui aproche de celui du miel. (a)

CANNELLE, eſt une écorce aſſez mince, longue & roulée dans ſa longueur ; ſa couleur eſt rouſſe ou jaunâtre tirant ſur le rouge ; elle eſt d'un goût doux-piquant, aromatique, très-aromatique & d'une très-bonne odeur : cette écorce ſe tire des branches d'un arbre que l'on nomme Canelier, il croît abondamment dans l'Iſle de Ceilan, & s'éleve à la hauteur d'une ſaule. Il la faut choiſir mince, haute en couleur, piquante au goût, & qui ait beaucoup d'odeur.

On ſe ſert de la Cannelle à pluſieurs uſages, dans les biſcuits, les compotes, le vin brulé, les paſtilles, dans les glaces, neiges & dragées. Pour connoitre ſon emploi, *Voyez* l'un & l'autre.

CANNELAS, eſt une eſpèce de dragée longue, mince & perlée, qui ſert à piquer des diablotins ; on en met dans les grillages pour le faire. *Voyez* DRAGÉE.

CANNELON, eſt un moule de fer blanc qui a la figure canellée, dans lequel on met des neiges, pour leur en donner la forme. *Voyez* Planch. 6. Fig. 4.

CAPILLAIRE, eſt une plante, dont les tiges croiſſent à la hauteur d'un demi-pied ; elles ſont noirâtres, diviſées en rameaux très-déliés qui pouſſent des feuilles très-petites, aſſez ſemblables à celles de la Coriandre.

(a) Mr. Lemery, en ſon Traité univerſel des Drogues ſimples, pag. 763.

Le Capillaire ne porte point de fleurs ; mais sa graine croît sur les plis des extrémités des feüilles, qui se replient sur elles-mêmes & couvrent plusieurs capsules sphériques qui sont presque imperceptibles.

Le Capillaire croît sur les parois des puits & des fontaines, en dehors ou en dedans, dans les bois, dans les rochers ; il vient abondamment dans le Canada, sa tige est rougeâtre, & c'est celui qui est le plus estimé. On s'en sert dans l'Office pour faire du sirop. *Voyez* SIROP.

CAPRE. Les Capres sont de petits boutons verds qui croissent en Provence sur un arbrisseau garnis d'épines crochuës ; ses rameaux sont un peu courbés ; ses feüilles sont rondes, d'un goût amèr : on les cueille avant qu'ils ne fleurissent pour les confire.

Maniére de les confire.

Prenez des Capres que vous mettrez dans un pot, avec quelques poignées de sel, raisonnablement ; vous y ajouterez du poivre concassé & quelques cloux de girofle, si vous voulez, puis verserez pardessus du vinaigre & de l'eau ; c'est-à-dire, sur deux pintes de vinaigre, une d'eau, afin que vos capres baignent. Vous les trouverez au bout d'un certain tems fort agréables. Conservez-les dans des pots bien bouchés, & servez-vous-en pour garnir des salades cuites.

CAPUCINE ou Cresson d'Inde, est une plante, dont la tige foible & rameuse s'entortille au-tour des plantes & bâtons qui sont proches : ses feüilles sont rondes & de couleur verte ; ses fleurs soutenuës par des pedicules rougeâtres, sont jaunes, marquées de quelques taches rouges. On la cultive dans les potagers ; on ne se sert que de la fleur pour garnir les salades.

CARAMEL, est la derniére cuisson du sucre. Pour le faire *Voyez* CUISSON.

On met au Caramel des marrons, des néfles, des sorbes, des

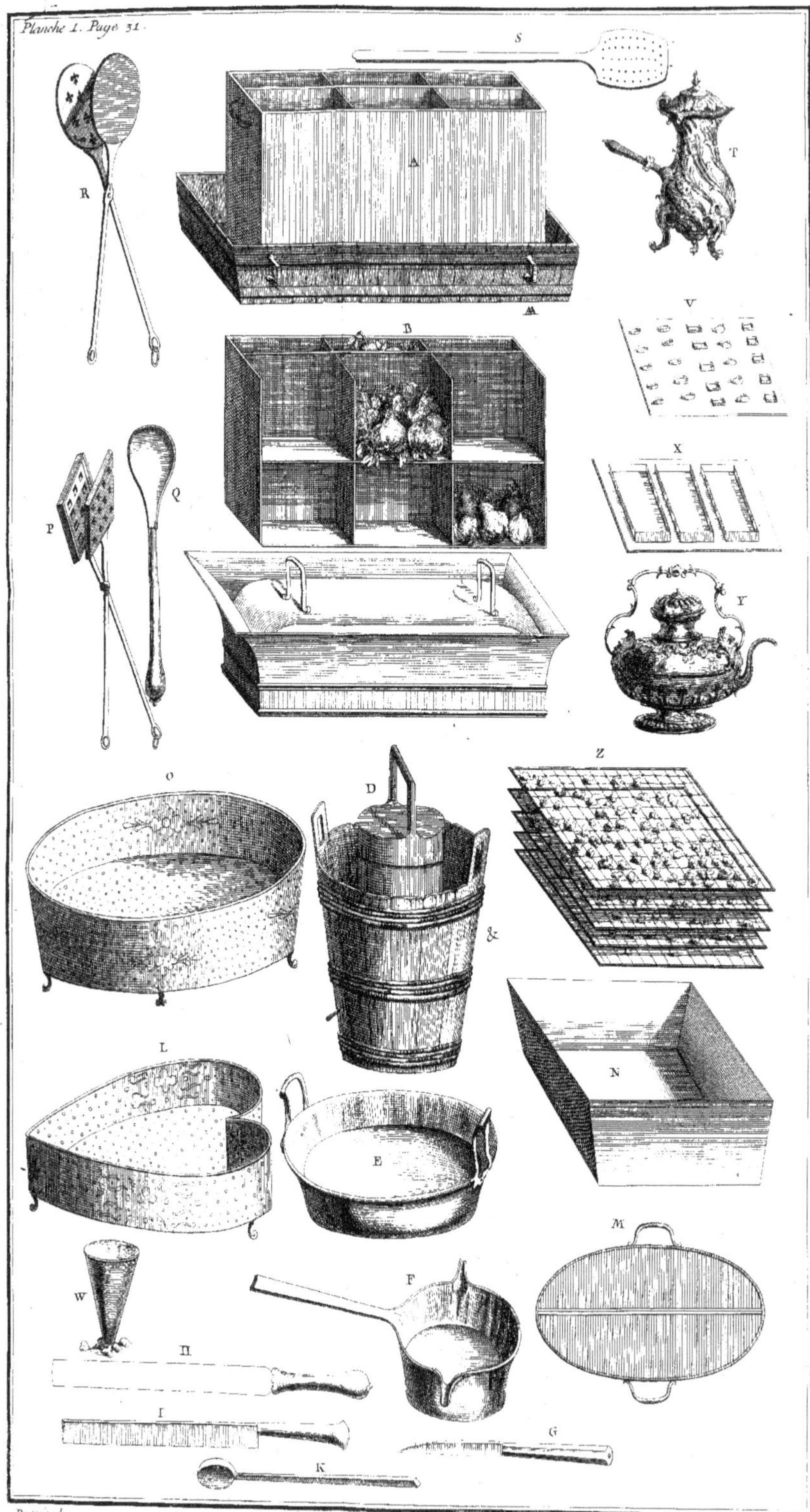
Planche 1. Page 31.
S
A
T
R
V
B
X
P
Q
Y
Z
O
D
&
L
N
E
M
W
F
H
I
G
K
Dupuis d.
Lotha S.

raiſins muſcats à l'eau-de-vie, & toutes ſortes de fruits confits à l'eau-de-vie. *Voyez* Eau-de-Vie.

CASSE'. *Voyez* Cuisson.

CASSONADE ou Caſtonade, eſt une moſcouade rafinée que l'on aporte dans les Rafineries pour en former des pains de ſucre. *Voyez* Sucre.

CAVE. On apelle Cave dans l'Office, un meuble fait de cuivre ou de fer blanc, en forme de braiſiére avec ſon couvercle, que l'on poſe dans un baquet, & que l'on entoure de glace pilée, & auſſi ſalée : il ſert à mettre tous les fruits glacés que l'on tire de la glace & que l'on finit, pour qu'ils ſe conſervent, en attendant le ſervice. On aura ſoin de mettre des feüilles de vigne, ou de papier deſſous & deſſus, pour que les fruits ne ſe touchent point. *Voyez* Fig. Planch. 1. Lett. A. AA. le baquet. B. intérieur de la Cave. C. couvercle de la Cave.

CEDRAC, eſt un fruit qui croît ſur un arbre ſemblable au Citronier ; on le cultive dans les païs chauds, comme en Italie, en Provence, en Languedoc ; ſon écorce eſt raboteuſe, inégale, charnuë, épaiſſe, de couleur verte au commencement, mais en meuriſſant elle devient citrine & luiſante en dehors, blanche en dedans, d'une odeur très-agréable, d'un goût aromatique & piquant.

Cedrac, *(a)* eſt un mot Italien qui vient de Cedre, il ſe dit communément en France. Pluſieurs Auteurs prétendent que le Cedrac tire ſon origine de la Bergamotte & du Citron aigre.

On confit le Cedrac entier, par quartiers & par zeſtes.

Maniére de le confire.

Prenez des Cedracs, ſi vous les voulez entiers, faites-leur un trou rond comme une piéce de deux ſols, ſuivant la grandeur du fruit ;

(a) Mr. Lemery, dans ſon Dictionnaire univerſel des Drogues ſimples.

piquez-les en plusieurs endroits, avec une épingle ; ayez de l'eau boüillante sur le feu & les jettez dedans ; faites-les boüillir jusqu'à ce que la tête d'une épingle puisse y entrer facilement ; alors, retirez-les du feu, rafraichissez-les dans de l'eau fraiche, & les vuidez de leur jus avec une videlle, pour les rendre creux ; égoutez-les & rangez-les dans une terrine ; prenez du sucre clarifié que vous verserez dessus en suffisance, pour qu'ils puissent y nager ; couvrez-les avec du papier & les laissez ainsi reposer vingt-quatre heures. Vous les égouterez de quatre jours en quatre jours, & donnerez une douzaine de boüillons à votre sucre, ayant toujours soin de n'y mettre vos Cedracs que lorsqu'il sera froid ; vous ferez cela quatre fois, pour que vos fruits prennent sucre : alors, vous les ferez égouter, & cuire votre sirop à soufflé, ensuite vous les mettrez dedans, & leur donnerez un boüillon couvert ; vous les écumerez bien, & les garderez dans des pots, pour vous en servir quand vous le voudrez.

Les quartiers de Cedrac se font de même, en coupant les Cedracs par quartiers, & les parant en-dedans du jus que l'on leur doit ôter. On en fait encore des pâtes, des marmelades, des fruits glacés & neiges. *Voyez* l'un & l'autre.

Les zestes de Cedrac que l'on fait sécher à l'étuve, se confisent de même, on leur enleve superficiellement l'écorce d'un bout à l'autre. Lorsqu'ils seront confits, vous les égouterez & les rangerez à l'étuve sur des feüilles de cuivre, en les poudrant de sucre. *V.* Tirer à l'étuve.

CELERY, est une espèce d'Ache qui n'est differente de l'Ache des marais, que par son goût moins fort, plus agréable, & que ses tiges couvertes de terre & fumier deviennent blanches & tendres.

On en fait des salades, & on peut le confire de même que l'Angélique, en le choisissant beau & blanc, le dépoüillant de ses feüilles, & ne prenant que la grosse tige. *Voyez* Salade.

CERFEUIL, est une herbe potagére qui croît à la hauteur d'un pied, elle pousse de sa racine beaucoup de tiges ; ses feüilles sont ressemblantes à celles du persil, mais plus petites, découpées un peu plus profondément, & plus molles au toucher, vertes dans leur jeunesse : on s'en sert dans les garnitures de salade.

CERISE,

CERISE, eſt un petit fruit rond, & aſſez connu. (a) La Ceriſe la plus commune eſt apellée aigriotte ; elle eſt ronde, rouge, d'un goût aigrelet fort agréable ; elle croît ſur un arbre de médiocre hauteur, que l'on apelle Ceriſier domeſtique, ou cultivé ; ſes feüilles ſont longuettes, pointuës, dentelées en leurs bords. On en voit d'autres eſpèces. *Voyez* BIGARREAU, GUIGNE & MERISE.

Toutes ces Ceriſes renferment chacune un noyau quaſi ſphérique, dur, où eſt contenu une petite amande d'un goût agréable, & un peu amère. On les confit, on en fait des neiges, des conſerves & des marmelades. *Voyez* l'un & l'autre.

Manière de les confire avec leurs noyaux, & ſans noyaux.

Prenez de belles Ceriſes & leur coupez le bout de la queuë, ou ôtez-leur le noyau ; faites cuire du ſucre clarifié à la groſſe plume, mettez-y vos Ceriſes, & leur donnez pluſieurs boüillons couverts ; ôtez-les de deſſus le feu, & les écumez proprement ; vous les laiſſerez ainſi juſqu'au lendemain : alors vous les égouterez ſur une égoutoire, & ferez cuire votre ſucre à gros perlé, en y mélant un peu de jus de groſeille, pour leur maintenir une belle couleur ; jettez-y enſuite votre fruit, & lui faites prendre ſept à huit boüillons couverts. Lorſque vous l'aurez ôté de deſſus le feu, vous l'écumerez & le mettrez dans des pots ; lorſque votre fruit ſera froid, vous le couvrirez avec de la gelée de groſeille de l'épaiſſeur d'un doigt ; ces Ceriſes vous ſerviront en Hyver pour compotes, & auſſi à en faire des Ceriſes à oreilles & Ceriſes bottées : obſervez qu'il faut une livre de ſucre pour une livre de fruit.

CERISES à oreille. Lorſque vos Ceriſes ſeront confites & froides, vous égouterez des Ceriſes ſans noyau, & les fenderez un peu avec des ciſeaux pour les déveloper ; vous en mettrez trois ou quatre l'une ſur l'autre, vous les arrangerez ſur des feüilles de cuivre, que vous aurez poudrées de ſucre auparavant ; vous poudrerez un peu vos Ceriſes, lorſqu'elles ſeront arrangées ſur les feüilles, & les ferez ſécher à l'étuve ; quand elles ſeront ſéches d'un côté, vous les tournerez de l'autre, & les arrangerez proprement ſur des tamis : ſitôt

(a) La Quint. Tom. I. Part. III. pag. 407.

qu'elles seront séches d'un côté, comme d'un autre, vous les conserverez dans des coffrets.

CERISES bottées. Prenez des Cerises confites à noyau & sans noyau que vous égouterez; vous prendrez celles qui ont des queuës, & vous mettrez par-dessus trois ou quatre de celles qui n'en ont point : observez de les fendre, comme pour les Cerises à oreille. Vous les rendrez rondes & bien unies; vous les rangerez à mesure sur des feüilles de cuivre, la queuë en haut; vous les poudrerez un peu de sucre, & les mettrez secher à l'étuve; quand elles le seront, vous les retournerez sur des tamis pour les achever de secher : conservez-les dans des coffrets.

CERNEAU. On apelle Cerneau l'amande de la noix, lorsque la noix est encore tendre & aqueuse, & que sa coque n'est point ligneuse. On doit avoir soin de les tenir dans de l'eau fraiche avec un jus de citron, jusqu'au moment qu'on les servira, pour qu'ils ne se noircissent pas.

CERNEAU d'Hyver. Prenez les amandes de belles noix, mondez-les de leur peau, faites-les tremper pendant vingt-quatre heures dans de l'eau tiéde, que vous changerez quelquefois pour en faire sortir l'huile; mettez-les alors pendant une couple d'heures dans de l'eau fraiche avec un jus de citron : au moment que vous voudrez les servir, vous les égouterez.

CHAIR, se dit des fruits. C'est le terme dont on se sert pour exprimer la substance du fruit qui est couverte d'une peau, & qui se mange : ce mot de chair reçoit plusieurs épithétes (a) pour marquer toutes les différences qui s'y rencontrent.

CHAIR beurée & fondante; c'est celle qui se fond en effet dans la bouche pour peu qu'on la mâche; tel est la chair des poires de beurée, de bergamotte, de l'échasserie, de crasane, & de toutes les pêches.

(a) La Quint. tom. 1. Part. I. pag. 41.

CHAIR cassante, se dit des poires qui sont fermes sans être dures, & qui font une maniére de bruit sous la dent qui les mâche; telles sont les messires-jeans, les bons-chrétiens d'hyver, les martins-secs &c.

CHAIR coriasse & dure, se dit de certaines poires qui n'ont aucune finesse, ni délicatesse, & qu'on a peine à avaler.

CHAIR fine, se dit des fruits excellens.

CHAIR gromeleuse & farineuse, se dit de certaines poires qui sont désagreables & mauvaises au goût, & qui n'ont point acquis leur bonté naturelle.

CHAIR pâteuse, se dit de certaines poires qui sont en quelque façon grosses comme les beurées, blanches, & venuës à l'ombre.

CHAIR tendre, se dit de certaines poires, qui n'étant ni fondantes ni cassantes, ne laissent point d'être excellentes; telles sont les poires de rousselets.

Il y a des fruits qui ont la chair un peu aigre, tels sont les saints-germains, d'autres l'ont un peu acre, comme les crassanes; d'autres ont le goût aussi âpre que les poires à cuire.

CHAIR des fruits d'odeur. La chair des fruits d'odeur est toujours dure, cassante & empreinte de l'odeur de son fruit, on ne la mange point cruë, mais on la confit.

CHARGER, se dit des dragées, c'est d'y mettre plusieurs couches, jusqu'à la suffisance. Charger se dit encore du tirage, que lon tire trop froid, ou que l'on blanchit trop; on apelle cela un tirage chargé.

CHASSIS meuble d'Office, est un cadre de bois, où il y a aux quatre angles un petit crochet de fer, sur lesquels l'on attache une étamine, on pose ainsi le cadre sur une terrine pour passer plusieurs choses, lorsque l'on est seul. *Voyez* la Figure Planche 2. Lett. P. Q. R.

CHAUSSE, est une piéce de drap, qui aboutit en pointe comme un capuchon, où l'on fait passer plusieurs choses liquides pour les clarifier. *Voyez* Fig. Plan. 2. Lett. N. G.

CHENILLE, est une espèce de passement ou ornement de soye, monté sur du petit fil de léton que l'on fait faire exprès: on s'en sert pour garnir les rebords des cartons que l'on a découpé, pour former des ornemens de parterre; on remplit ordinairement ces cartons de nompareille (de toute couleur) pour imiter le sable; cette chenille est toujours plus propre que toutes les mousselines dont plusieurs Officiers se servent. *Voyez* MOUSSELINE.

CHEVRETTES, sont des fers qui ont la figure triangulaire, avec trois pieds, les plus hautes ont quatre pouces, elles servent à poser les poëles dessus, pour les mettre sur le feu, elles soutiennent les poëles & donnent de l'air aux Fourneaux.

CHICORE'E. Il y en a de deux espèces, la cultivée, & la sauvage; la cultivée est celle qu'on emploïe pour des salades; elle sort de terre avec des feüilles semblables à celles de l'endive, quoique plus étroites, plus courtes & moins découpées tout-autour; il faut la choisir bien blanche, tendre & délicate.

CHINOISE, est une petite orange qui croît abondamment dans la Chine; c'est pourquoi on la nomme Chinoise: on la confit de même que le cédra & le citron.

CHOCOLAT, est une pâte séche, dure, assez pesante, formée en petits pains carrés, ou en rouleau, de couleur brune rougeâtre, d'une odeur & d'un goût agréable & réjoüissant; cette pâte est une composition dont le cacao fait la baze.

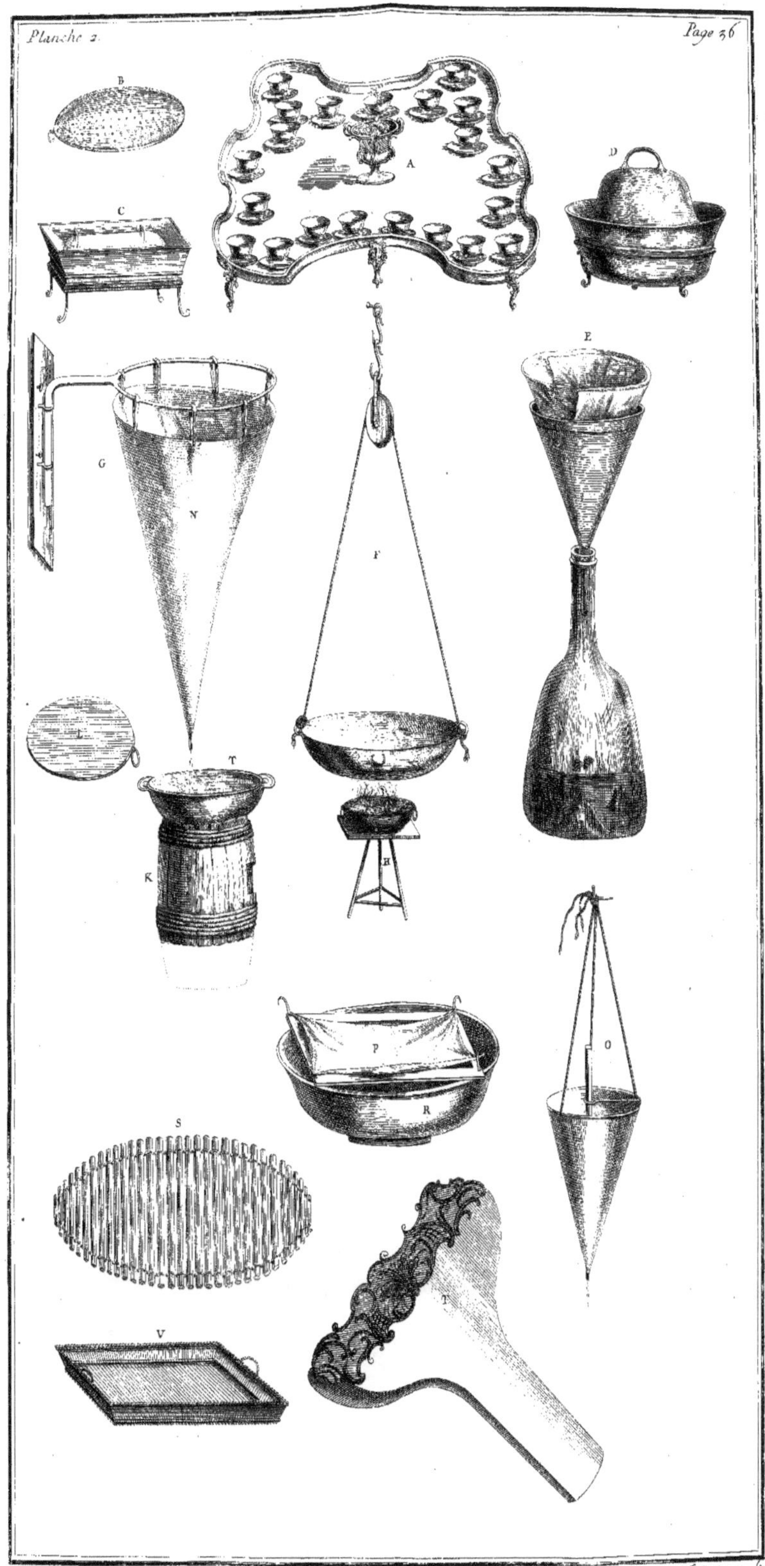

Dupuis d. | L. Lotha s.

Manière de le faire.

Il faut avoir du plus gros & du meilleur cacao, on le fera torrefier dans une poële fur le feu, & le remuant continuellement jufqu'à ce que l'écorce quitte aifément les amandes ; on féparera & l'on jettera cette écorce torrefiée ; puis ayant remis les amandes dans la poële on les fera torrefier de nouveau, mais à un feu moderé, jufqu'à ce qu'elles foient bien féches extérieurement fans fentir le brulé.

On les pillera dans un mortier bien chaud, ou on les écrafera & les broyera avec un rouleau de fer fur une pierre platte & bien dure, que l'on aura fait chauffer & fous laquelle l'on mettra encore du feu, pour y entretenir la chaleur : on continuera à broyer le cacao jufqu'à ce qu'il foit bien en pâte, & qu'il n'y refte rien de dur, & de grumeleux ; cette pâte toute fimple, & à laquelle on ajoute un peu de fucre, fe nomme Chocolat de fanté.

CHOCOLAT avec odeur, pefez quatre livres de cette pâte marquée ci-deffus, remuez-la fur la pierre chaude, & y incorporez avec le même rouleau de fer, trois livres de fucre fin en poudre, & bien paffé au tambour ; broyez quelque-tems ce mélange, jufqu'à ce que le fucre fe foit fondu & lié avec le cacao ; alors vous y ajouterez une poudre compofée de dix-huit gouffes de vanille, d'une dragme & demie de canelle, de huit cloux de girofles, de deux grains d'ambre-gris, fi vous en voulez mettre. Quand on aura mêlé exactement le tout enfemble, on levera la pâte de deffus la pierre, & l'on en formera des pains, tablettes, ou rouleaux, de la grandeur, & de la figure que l'on voudra ; alors vous les mettrez fécher, ou durcir fur du papier blanc : obfervez que la poudre aromatique ne doit être mêlée que fur la fin, lorfque l'on a donné une liaifon exacte à la pate, & qu'on ne doit pas après ce mélange, laiffer la pâte trop long-tems fur la pierre chaude ; la raifon en eft, que les parties volatiles & fpiritueufes des aromates, qui font leurs vertus & leurs agrémens, fe diffiperoient & s'évaporeroient par la chaleur.

Maniére de le préparer en boiſſon.

Faites boüillir de l'eau, lorſqu'elle ſera bien boüillante, prenez une once de Chocolat que vous aurez bien rapé pour chaque taſſe d'eau ; mettez votre chocolat dans une chocolatiére, & y verſez votre eau boüillante deſſus ; laiſſez boüillir votre chocolat deux ou trois boüillons, alors éloignez-le un peu du feu, pour le laiſſer mitonner pendant un quart-d'heure, en le remuant avec votre moulinet pour achever de le diſſoudre : quand on eſt prêt à le ſervir, on continuë après l'avoir ôté du feu, juſqu'à ce qu'on l'ait fait bien mouſſer ; on verſe de cette mouſſe dans la taſſe, & on acheve de la remplir du reſte de votre chocolat ; on recommence après à le remuer, pour faire venir de nouvelles mouſſes, & on en remplit tout-de-même les autres taſſes. Lorſqu'avec le moulinet, on veut bien faire mouſſer le chocolat, il faut que, par proportion à la quantité de votre chocolat, la maſſe ſoit de telle hauteur, que ſans toucher au fond de la chocolatiére, dont elle doit être éloignée d'un demi-travers de doigt, elle ne laiſſe pas d'être entiérement noyée dans le chocolat ; car ſi la partie ſupérieure en excédoit la hauteur, la mouſſe ne ſe feroit qu'imparfaitement.

Le Chocolat au lait ſe fait de la même maniére, au lieu d'eau, comme j'ai dit ci-deſſus, vous vous ſervez de lait que vous faites boüillir, prenez garde qu'il ne ſoit point tourné ; ſi vous trouvez que votre chocolat ne ſoit pas aſſez ſucré de lui-même, vous pourrez y en mettre, juſqu'à ce qu'il ſoit de votre goût : le chocolat ſert à faire des glaces, des neiges, des fromages, des mouſſes, des dragées, des diablotins & des pyramides. *Voyez* l'un & l'autre.

CHOCOLATIERE, meuble d'Office dans lequel on prépare le chocolat, eſt une eſpèce de cafetiére, dont le couvercle n'eſt point attaché par une charniére, & qui a un trou au milieu pour y paſſer le manche du moulinet.

CHOUX-Cabus, eſt un choux que l'on confit au vinaigre,

& qui ſert pour les ſalades cuites ; les feüilles de cette eſpèce de choux ſont grandes & ſinueuſes, à peu-près comme celles des autres choux, mais de couleur fort diverſifiée ; car quelques-uns d'entr'eux ſont d'un purpurin brun, d'autres de couleur noire verdâtre ; quelques-uns ſont jaunâtres & bleuâtres, & toutes ſont traverſées par des côtes & nerfs rouges.

Maniére de le confire.

Coupez-les par pluſieurs tranches, & les poudrez avec beaucoup de ſel, c'eſt-à-dire à diſcrétion, avec quelques cloux de girofles groſſiérement concaſſés ; couchez-les dans un pot de terre verniſé, faiſant une couche de ſel, & une autre de choux, juſqu'au haut du pot ; empliſſez-le alors de bon vinaigre & le tenez bien bouché ; lorſque vous voudrez tirer de ces tranches de choux, ſervez-vous d'une cuillier, & prenez garde de ne point tremper les doigts dans le vinaigre ; ſi vous les trouvez trop aigres, pour l'emploi que vous en voulez faire, paſſez-les à l'eau fraiche.

CIRE d'Office, eſt une compoſition de cire qui doit être verte, & qui ſert à attacher les fleurs ſur les ſervices, & autres choſes que l'on y veut attacher.

Maniére de la faire.

Prenez quatre livres de cire jaune, que vous couperez par morceaux ; mettez-la dans une poële, avec autant de réſine blanche, & une livre de ſain-doux, jettez par-deſſus deux pots d'eau, faites fondre le tout, & lorſqu'il ſera fondu, laiſſez-le repoſer & réfroidir l'eau, & la craſſe reſtera au fond. Alors tirez votre cire de la poële, décraſſez-la le plus que vous pourrez, remettez-la par morceaux, & la faites refondre ; lorſque vous verrez qu'elle ſera fonduë & bien chaude, vous y jetterez une once de vert-de-gris bien pulvériſé, & lui donnerez un boüillon, elle deviendra fort belle en couleur ; vous aurez ſoin d'avoir des caiſſes de papier, que vous aurez huilé auparavant, dans lesquelles vous la coulerez, & laisserez réfroidir, pour vous en servir au besoin.

CIRE à modeler. Je donne ici la façon de la faire, parce que bien des jeunes gens qui aprennent l'Office, s'apliquant au dessein, s'apliquent encore à modeler, pour s'y mieux perfectionner.

Manière de la faire.

Prenez même doze que ci-dessus, à la réserve que vous mettrez une livre de sain-doux de plus ; travaillez-la de même ; lorsqu'elle sera froide dans vos caisses, prenez du vermillon en poudre, que vous manierez avec votre cire pour lui donner une belle couleur : il faut observer que pendant l'Eté l'on doit suprimer un peu de sain-doux, parce qu'elle deviendroit trop molle dans les chaleurs.

CITRON, est un fruit oblong, dont l'écorce est épaisse & raboteuse ; il renferme une substance vessiculeuse, divisée en plusieurs célules, remplies d'un suc acide, & très-agréable au goût ; il croît sur un arbre que l'on cultive en Provence, en Languedoc, en Italie & dans les Païs chauds ; il est toujours verd, ses rameaux sont étendus, plians, revétus d'une écorce unie & verte ; ses feüilles sont simples, longues, larges, comme celles du noyer, pointuës, ressemblantes à celles du laurier, mais plus charnuës, d'une belle couleur verte, luisante, principalement en dessus ; d'une odeur forte, (*a*) sa fleur est à cinq feüilles, disposée en rond, de couleur blanche, tirant sur le purpurin, d'une odeur fort agréable, soutenuë par un calice rond & dur.

On s'en sert de même que de la fleur d'orange. *Voyez* ORANGE.

CITRON doux, est une espèce de citron que l'on apelle limon. *Voyez* LIMON.

(*a*) Palladius fut le premier qui peupla l'Italie de Citroniers, qu'il avoit aporté de Medie.

Manière

CIT CIV

Maniére de confire les Citrons.

On confit les Citrons entiers, tournés, en taillaidins, en zestes & tournures; on les met en marmelades, en pâtes, en conserves, en neiges & fruits glacés. *Voyez* l'un & l'autre.

Zestez, ou tournez vos Citrons que vous jetterez aussi-tôt dans l'eau fraiche, de peur qu'ils ne noircissent; étant ainsi accommodés, vous les couperez par quartiers & leur leverez la chair, ou vous les laisserez entiers. Mettez de l'eau sur le feu que vous ferez boüillir, jettez-y vos Citrons avec les zestes & tournures; faites-les ainsi blanchir avec un peu de leur jus pour les maintenir toujours blancs, jusqu'à ce que vous voyiez que la chair de vos Citrons soit bien ramolie, que vous éprouverez avec une épingle, comme je l'ai déja enseigné. Vous les rafraichirez & les vuiderez avec une videlle; ensuite vous les égouterez, & les mettrez dans une terrine; jettez du sucre clarifié un peu tiéde dessus, de sorte qu'ils nagent dans le sucre, & les laissez ainsi jusqu'au lendemain: alors vous les égouterez & les finirez de confire comme les Cedracs. *Voyez* CEDRAC.

CITRON demadere, est un petit Citron verd, gros comme une noix muscade, que l'on nous envoïe tout confit des Isles d'Amérique, dans les mêmes barils que les Ananas. Pour les tirer au sec. *Voyez* TIRAGE.

CITRONADE, sont des poncires que l'on coupe par quartiers, & que l'on confit lorsqu'ils sont encore verds dans les Païs chauds, où ils croissent abondamment. On nous les envoïe tirés au sec dans des boëtes; on en met dans les pains-d'épices, les tourons & autres choses si l'on veut. Plusieurs Officiers la nomment Citronat.

CITRONELLE. *Voyez* THE'.

CIVE ou civette, est une plante potagére, dont les feüilles sont longues, creuses, fistuleuses & droites, qui sortent de l'échalotte, & qui portent le même goût. On s'en sert pour garnir les ſalades ; il y en a qu'on apelle cives d'Angleterre. Les cives d'Angleterre ne ſe multiplient que de petits rejettons qu'elles font autour de leur touffe, qui devient fort groſſe avec le tems ; on ſépare du pied une partie de ces rejettons pour les planter. (a)

CLAREQUET, n'eſt autre choſe qu'une gelée de quelle eſpéce que l'on veut, que l'on met dans des moules de verre. *Voyez* Fig. Plan. 3me. Lett. G. & que l'on léve proprement ſur des cartes, pour ſervir de garniture ſur un fruit : il ſe met au rang des confitures.

Il ne faut point pour les faire, mettre votre gelée à une cuiſſon ſi forte, comme ſi c'étoit pour les conſerver, parce que le Clarequet ſe conſomme journellement dans les ſervices, & qu'il doit être tremblant de lui-même ; c'eſt pourquoi, lorſque vous aurez mis votre gelée dans vos moules, il faudra les mettre à l'étuve, juſqu'à ce qu'ils ſe trouvent bien pris : on en fait des blancs & des rouges, & pour les faire, *Voyez* GELE'E. Pour les lever, il faut avec la pointe d'un petit couteau, les décerner proprement, & les verſer ſur une carte, que vous roignerez tout-au-tour, en y laiſſant un bout pour les pouvoir prendre.

CLARIFIER, terme d'Office. On dit clarifier du ſucre. *Voyez* SUCRE, vous trouverez la façon de le clarifier. Clarifier ſe dit de beaucoup d'autres choſes, en les paſſant à la chauſſe, tels ſont les fruits que l'on fait fondre.

CLAYON, eſt un meuble d'Office qui eſt fait d'ozier. *Voyez* Fig. Planche 2me. Let. S. Il ſert à pluſieurs uſages, ſoit pour ramaſſer les confitures, quand l'on dégarnit les ſervices, ſoit pour étendre pluſieurs choſes, pour ſécher à l'étuve faute de tamis, & pour porter des fleurs pour ne les pas corrompre.

CLOCHE, meuble & terme d'Office qui a différentes ſignifications. On apelle Cloche, la glace du biſcuit qui ſe ſouffle, le couvercle d'un compotier de cryſtal ; on apelle Cloche un utenſile

(a) La Quint.

d'Office, qui est fait en façon de four de campagne, pour y faire cuire des compotes ou des fruits. *Voyez* sa Fig. plan. 2me. Lett. D.

COCHENILLE, est un petit insecte gros comme une lentille, presque rond, ressemblant en quelques maniéres à une punaise, mais blanchâtre ou comme farineux en dehors, & rouge en dedans comme de l'écarlate ; on le trouve sur plusieurs sortes d'arbres de la Nouvelle Espagne. Les Indiens le ramassent, & le transportent sur une espèce de Figuier de leur païs, dont le fuit est rempli d'un suc rouge comme du sang : on apelle ce Figuier *Nopal.* Pour en avoir une plus grande description, *voyez* le Spectacle de la Nature, pag. 204. tome 1.

Maniére de la préparer.

Prenez une once de cochenille, que vous pilerez bien ; vous mettrez une pinte d'eau dans un poëlon, & lorsquelle boüillira, vous y mettrez votre cochenille, & la ferez boüillir jusqu'à réduction de moitié : vous pilerez alors un quart d'once d'alun de glace & un quart d'once de crême de tartre, & mettrez le tout dans votre cochenille ; vous la laisserez ainsi réduire jusqu'à ce qu'elle vous paroisse d'un beau rouge bien foncé. Si vous la voulez conserver lorsqu'elle sera faite, mettez-y un morceau de sucre, passez-la par une étamine, & la laissez reposer pendant deux heures avant que de vous en servir, parce que l'alun de glace & la crême de tartre étant des sels, ils se précipitent au fond & se crystalisent ; & par ce moyen, votre cochenille se défait de l'acreté des sels que vous y avez mis. On s'en sert pour plusieurs choses pour leur donner de la couleur, comme aux pâtes, aux compotes, aux conserves, aux fruits glacés & gelées.

On doit choisir la cochenille grosse, nette, bien nourrie, pesante, séche, de couleur argentée, brillante en dessus, donnant une belle couleur rouge foncée, lorsqu'elle est écrasée.

COFFRETS, sont des boëtes de bois de différentes grandeurs, garnies de papier en dedans, dans lesquels l'on met toutes les confitures séches, & autres ouvrages d'Office pour les serrer.

COING, eſt un fruit qui eſt une eſpèce de poire que tout le monde connoît. Il y a differentes eſpèces de Cognaſſier, qui ſe diſtinguent ſur-tout par leurs fruits plus ou moins gros, & plus ou moins apres au goût. On apelle Cognaſſier mâle, celui qui donne des fruits petits & arrondis; & Cognaſſier femelle, celui qui les porte plus gros, & moins cotonneux. (*a*) Ce fruit eſt cotonneux en deſſus, charnu & blanc en dedans, d'une odeur agréable ; il croît ſur un petit arbre que lon nomme Cognaſſier, dont le bois eſt tortu, d'un pâle blanchâtre, couvert d'une écorce médiocrement groſſe, peu raboteuſe, aſſez unie, de couleur cendrée en dehors, & rougeâtre en dedans ; ſes feuilles ſont ſemblables à celles du pommier, entiéres, ſans aucunes découpures ni crenelures. On confit les Coings par quartiers ; on en fait des gelées, des pâtes, du bâtonage, des compotes. *Voyez* l'un & l'autre.

Maniére de le confire.

Il faut choiſir des Coings bien meurs, qui ſoient jaunes, & ſains, coupez-les par quartiers & les parez ; faites-les blanchir juſqu'à ce qu'ils ſoient bien molets. Tirez-les alors pour les mettre dans l'eau fraiche ; égoutez-les, & faites cuire du ſucre clarifié à liſſé ; mettez vos Coings dedans & les couvrez ; faites-les fremir pendant un quart-d'heure, & les ôtez du feu pour les écumer. Mettez-les dans une terrine, & les laiſſez repoſer pendant deux jours ; alors vous les égouterez & ferez cuire votre ſucre à perlé ; jettez vos Coings dedans, & leur donnez un boüillon couvert ; laiſſez-les un peu refroidir, & de-là les faites fremir un quart-d'heure ; laiſſez-les ainſi juſqu'au lendemain que vous les égouterez, & ferez cuire votre ſucre à gros perlé ; mettez-y votre fruit, donnez-lui un boüillon couvert, alors vous l'empoterez lorſqu'il ſera un peu froid ; mettez deſſus une gelée de Coing : pour la faire. *Voyez* GELE'E.

Pour les faire rouge, mettez-y un peu de cochenille préparée, & les couvrez également d'une gelée rouge.

COLLE de Poiſſon, eſt tirée de la peau, des nageoires, de la queuë, des entrailles, des nerfs & d'autres parties d'un fort grand

(*a*) M. Pit. Tournefort.

Poiſſon de Mer, que l'on nomme *Huſo*, ou *Exoſſis*, parce qu'il n'a point d'os : il ſe trouve dans les Mers de Moſcovie.

Il faut la choiſir en petits cordons, blanche, nette, claire, tranſparente & ſans odeur : elle ſert à coller les verres & les gobelets ſur les ſervices, lorſqu'elle eſt préparée.

Maniére de la préparer.

Prenez deux cordons, ou bâtons de colle de Poiſſon, que vous battrez avec un marteau juſqu'à ce que vous la puiſſiez mettre en morceaux; mettez dans un poëlon une pinte d'eau, mettez-y votre colle, & la faites réduire doucement ſur le feu, ſans la remuer, juſqu'à la force que vous lui voudrez donner : paſſez-la dans une étamine, & vous en ſervez pour monter vos cryſtaux.

COMPOTE. On apelle Compote ce qui ſe ſert pour accompagner les jattes, & les ſervices de glace. Ce ſont toutes ſortes de fruits que l'on prépare, comme ſi on les vouloit confire, & que l'on ſert avec un ſucre léger ; il eſt fort aiſé de les faire, quand on ſait confire les fruits, parce qu'avant que d'être tout-à-fait confits, ils viennent au dégré qui ſuffit pour des Compotes. Je ne laiſſe pas que de donner ici la maniére de les faire chacune dans leur eſpèce, afin que les jeunes gens aïent plus de facilité de concevoir la méthode de les faire.

COMPOTE d'Abricots verds. Parez vos Abricots, ou les mettez à la leſſive, ou bien paſſez-les au ſel ; après les avoir bien lavé, percez-les par le milieu avec une épingle, & les jettez dans de l'eau fraiche ; mettez de l'eau boüillir, & les jettez dedans pour les faire blanchir. Quand ils ſeront blanchis, ce qui ſe connoît par le moyen de l'épingle, comme je l'ai marqué aux Abricots verds, vous les tirerez du feu, & les couvrirez d'une ſerviette pour les laiſſer reverdir ; mettez-les alors dans de l'eau fraiche, & les égoutez ſur un tamis. Ayez du ſucre clarifié, que vous ferez boüillir, jettez-y vos Abricots, & leur donnez un boüillon couvert ; retirez-les du feu, & leur laiſſez prendre ſucre une heure ou deux ; vous les égouterez alors, & ferez cuire votre ſucre un peu plus fort ; mettez-y vos Abricots, & leur donnez un boüillon couvert ; vous les mettrez dans une terrine, & étant froids, vous les dreſſerez dans des compotiers. Obſervez que ſi vous en faites pour pluſieurs jours, il faut le lendemain donner cinq ou ſix boüillons à votre ſucre.

Autre maniére.

Si, hors de la ſaiſon, vous vouliez faire une compote d'Abricots verds, pourvu que vous en euſſiez au liquide, prenez-en la quantité dont vous aurez beſoin, & une petite partie de ſyrop, que vous remettrez dans une poële avec un peu d'eau pour le décuire, & lui ayant donné quelques boüillons, vous le verſerez ſur vous Abricots. Il en eſt de même de toutes ſortes de Confitures.

COMPOTE d'Amandes vertes. Prenez des Amandes vertes la quantité qu'il vous plaira, faites une leſſive, comme je l'ai marqué à la maniére de les confire, vous jetterez vos Amandes dedans pour les nettoyer de leur bourre; quand elles ſeront bien nettoyées, paſſez-les dans de l'eau fraiche, & les mettez égouter; ayez de l'eau boüillante ſur le feu, dans laquelle vous les ferez blanchir, faites-les rafraichir & les faites égouter, & les mettez dans un petit ſucre clarifié comme les Abricots verds, & les finiſſez de même.

COMPOTE de Groſeilles vertes. Fendez vos Groſeilles par un côté, & les vuidez des petites graines qu'elles renferment; faites les blanchir dans de l'eau qui ne boüille point, deſcendez-les de deſſus le feu; quand vous les verrez monter au-deſſus de l'eau, vous les y laiſſerez repoſer & réfroidir; vous les égouterez & les mettez dans un ſucre chaud clarifié; il faut qu'elles y baignent ſeulement, & leur donnerez un boüillon couvert; mettez-les alors dans une terrine, & leur laiſſez prendre ſucre pendant deux heures; après quoi vous les dreſſerez dans des compotiers.

COMPOTE de Ceriſes. Prenez de belles Ceriſes, coupez-leur la moitié de la queuë, & les paſſez à l'eau fraiche; égoutez-les & faites cuire du ſucre clarifié à perlé; jettez-y vos Ceriſes dedans, faites-leur prendre à grand feu (*a*) cinq ou ſix boüillons; ôtez-les

(*a*) Les fruits rouges doivent être menés à grand feu, pour leur conſerver la couleur.

ensuite de dessus le feu, remuez-les avec la poële & les écumez; vous les laisserez réfroidir, & les dresserez dans vos compotiers. Si vous leur voulez ôter les noyaux, il ne tient qu'à vous, elles se font de même.

COMPOTE de Framboises. Prenez de belles Framboises bien entiéres, nettoyez-les bien & les mettez dans de l'eau fraiche. Prenez du sucre clarifié, & le faites cuire jusqu'à la plume, vous y jetterez vos Framboises que vous aurez bien égoutées; vous ôterez votre poële de dessus le feu, & la laisserez reposer. Peu de tems après, vous remuerez tout doucement les Framboises avec la poële, & leur donnerez un petit boüillon. Vous les écumerez bien, & les dresserez dans vos compotiers.

COMPOTE de Groseilles rouges & blanches. Prenez de belles Groseilles, égrenez-les & les passez dans de l'eau fraiche, & dans le moment égoutez-les sur un tamis; mettez du sucre clarifié sur le feu, que vous ferez cuire à la plume, & y jettez vos Groseilles; faites-leur prendre deux ou trois boüillons couverts, ôtez-les de dessus le feu, écumez-les bien, laissez-les réfroidir, & les dressez dans des compotiers.

COMPOTE d'Abricots meurs. Parez vos Abricots, & ôtez-en les noyaux; passez-les à l'eau sur le feu, comme ceux que l'on veut confire; lorsqu'ils seront mollets, vous les tirerez & les ferez rafraichir. Faites-les égouter, & les mettez au sucre clarifié, vous leur ferez prendre trois ou quatre boüillons couverts, écumez-les bien & les dressez dans des compotiers.

Autre maniére.

Il se fait aussi des Compotes d'Abricots sans les passer à l'eau, ils en sont plus savoureux, & ont plus de goût du fruit, mais non pas le même œil. On ne fait que les parer, & leur ôter le noyau; on les met tout d'un-tems dans du sucre clarifié, faites-les boüillir jusqu'à ce qu'ils soient mollets, écumez-les & les dressez dans des compotiers.

COMPOTE d'Abricots à la Portugaiſe. Prenez une douzaine d'Abricots meurs, fendez-les en deux, & en ôtez le noyau, rangez-les ſur une aſſiete d'argent, & y mettez du ſucre clarifié avec un peu d'eau ; mettez-les ſur un fourneau, & ne les couvrez point. Quand ils ſeront cuits, vous ôterez le feu de deſſous ; poudrez-les de ſucre, & mettez deſſus le couvercle d'une cloche, avec un bon feu deſſus pour leur donner une belle couleur. Les Pêches ſe font de même.

COMPOTE de Prunes. Prenez telle eſpèce de Prunes qu'il vous plaira ; faites-les blanchir & reverdir s'il le faut, comme je l'ai marqué dans leur eſpèce. *Voyez* PRUNE.

Faites-les rafraichir, & les égoutez ; faites-leur prendre ſucre dans un ſucre léger ſur le feu, en leur donnant deux ou trois boüillons ; mettez-les dans une terrine, & les laiſſez réfroidir. Vous les laiſſerez ainſi juſqu'au lendemain ou juſqu'au ſoir ; ſi vous en avez beſoin, vous leur donnerez un ſecond boüillon, & les dreſſerez dans vos compotiers.

Autre maniére.

Prenez des Prunes, auſquelles vous ôterez le noyau ; ſans les blanchir, on les met au petit ſucre, où on les fait fremir, & après les y avoir laiſſé quelque-tems, on les remet ſut le feu pour leur donner un boüillon.

COMPOTE de Pêches. Elle ſe fait de même que celle d'Abricots, en toutes ſortes de maniére.

COMPOTE de Poires de bon-chrétien blanches & rouges ; ayez de belles Poires de bon-chrétien, coupez-les en deux & les mettez blanchir, & quand elles ſeront mollettes deſſous les doigts, vous les tirerez de l'eau, & les mettrez dans de l'eau fraiche ; parez-les proprement, & les mettez à meſure dans de l'eau fraiche, dans laquelle vous y aurez mis un jus de citron ; prenez alors du ſucre clarifié que vous ferez boüillir, & y mettrez vos Poires ; après les avoir égoutées, vous leur ferez prendre pluſieurs boüillons, juſqu'à ce ce qu'elles ſoient bien cuites ; écumez-les bien, & les mettez dans une terrine pour les garder au beſoin.

Si vous les voulez rouges, mettez-y un peu de vin de Bourgogne & de cochenille préparée.

COMPOTE de Poires d'Eté. Piquez ces ſortes de Poires par l'œil, faites-les blanchir juſqu'à ce qu'elles ſoient un peu mollettes, rafraichiſſez-les & les parez, les jettant à meſure dans de l'eau fraiche ; égoutez vos Poires, & les mettez dans du ſucre clarifié que vous ferez boüillir ; faites fremir vos Poires dans votre ſucre pour leur laiſſer jetter leur eau ; écumez-les ſoigneuſement, & attendez qu'elles ſoient cuites ; laiſſez-les réfroidir pour les mettre dans vos compotiers : les Poires les plus en uſage de cette façon, ſont les Poires blanquettes & rouſſelets.

COMPOTE de Poires à la bonne-femme. On choiſit ordinairement la Poire de meſſire-jean doré, dont on nettoye la queuë, & dont on ôte l'œil ; on les lave proprement & on les fait égouter ; alors, on les met avec du ſucre dans une poële, avec un morceau de canelle, du vin de Bourgogne & un peu d'eau ; on les laiſſe ainſi cuire à petit feu, ayant ſoin de les écumer ; elles ſe rident lorſqu'elles ſont cuites, & c'eſt ce qui fait qu'on les apelle Poires à la bonne-femme.

L'on fait encore des Poires rouges avec les meſſires-jean. Parez-les & mettez-les dans un pot de terre verniſſé neuf, avec un verre de vin, un peu de canelle, du ſucre à proportion des Poires, un peu d'eau ; mettez dans le pot une cuillier d'étain, bouchez le pot, & les mettez cuire doucement ſur de la cendre chaude, ou ſur un petit feu, elles deviendront rouges comme du corail.

COMPOTE de Poires grillées. Ayez un fourneau bien ardent, jettez-y vos Poires de bon-chrétien, faites-en griller la peau ; lorſqu'elle ſera bien grillée, jettez-les dans de l'eau fraiche, nettoyez-les bien, mettez-les dans une poële avec du ſucre clarifié ou autre, avec un peu d'eau & un peu de canelle, ſi vous le jugez à propos. Laiſſez-les ainſi cuire, tant qu'elles ſeront bien cuites ; les Pêches & les Pavies qui ne ſont pas tout-à-fait meures, ſe font de même.

Autre maniére.

Lorſque vous avez des Poires blanches ou autres en compote, vous pouvez les griller en les égoutant. Faites réduire votre ſirop juſqu'à ce qu'il commence à ſe rouſſir, jettez-y vos Poires en les remuant toujours ; donnez-leur une belle couleur grillée ; ayez vos compotiers tout-prêts, que vous aurez moüillé en dedans ; dreſſez-y vos Poires tout-de-ſuite avec une fourchette. Les Compotes de Pommes ſe font de même.

COMPOTE de Poires à la cloche. Prenez des Poires tendres, parez-les & les mettez par moitié. Mettez-les dans un compotier d'argent avec un peu de ſucre en poudre, un verre de bon vin ; faites réduire votre Compote ſur un fourneau, alors poudrez-la de ſucre en la tirant du feu ; mettez-la ſous une cloche & la couvrez ; mettez du feu deſſus & lui donnez une belle couleur. Servez-la chaudement.

COMPOTE de Pommes de reinette avec la peau. Prenez de belles Pommes de reinette & les coupez en deux ; ôtez-en les cœurs & les yeux ; mettez-les à meſure dans de l'eau fraiche, en piquant la peau avec la pointe du couteau. Tirez-les de l'eau & les mettez dans une poële avec du ſucre clarifié ; mettez-les ſur le feu, & les faites cuire à petit feu, juſqu'à ce qu'elles ſoient bien mollettes ; dreſſez-les dans un compotier, ou dans une terrine, (ſi vous en faites beaucoup) ; jettez votre ſirop ſur votre fruit, en le paſſant par un tamis. Toutes ſortes de Pommes ſe font de même.

COMPOTE de Pommes en gelée. Prenez de belles Pommes de reinette, parez-les en les coupant par moitié, & en ôtez les cœurs ; jettez-les à meſure dans de l'eau fraiche. Coupez-en une couple par petits morceaux ; mettez-les toutes cuire dans du ſucre clarifié, & un verre d'eau ; lorſque les Pommes ſeront cuites, dreſſez-les dans un compotier ; laiſſez réduire votre ſirop en conſiſtence de gelée, ce que vous connoîtrez quand il fera la nappe avec un écumoire ; passez votre gelée dans une étamine, sur une assiete d'argent ; laissez-la réfroidir & prendre. Lorsqu'elle sera prise, vous glisserez proprement votre gelée sur vos Pommes, & votre Compote sera faite.

COMPOTE de Pommes à la Portugaise. Prenez des Pommes de reinette ou autres, coupez-les par moitié, parez-les & leur ôtez le cœur, dressez-les dans un compotier d'argent ; mettez dessous un peu de sucre clarifié, & du sucre en poudre par dessus ; faites-les cuire au four, ou sous la cloche : servez-les chaudement.

COMPOTE de Pommes farcies. Prenez des Pommes de reinette, percez-les de part-en-part ; piquez-leur la peau avec la pointe du couteau ; emplissez-les de marmelade, soit d'abricots, soit de fleurs d'orange ou autres ; faites-les cuire au four, ou sous la cloche ; servez-les chaudement : ayez soin de faire un petit lit de Pommes sous les Pommes mêmes.

COMPOTE de Verjus. Prenez du Verjus, du plus gros & du plus beau, fendez-le par le côté, & avec la pointe d'un petit couteau, vous en ôterez les pepins, & les jetterez à mesure dans de l'eau fraiche. Faites boüillir de l'eau dans une poële, & après avoir égouté votre fruit, mettez-le dans l'eau boüillante ; quand il sera monté sur l'eau, ôtez-le de dessus le feu, couvrez-le & le laissez réfroidir ; mettez-le égouter ; & ensuite dans du sucre clarifié, faites-lui prendre un ou deux boüillons ; ôtez-le de dessus le feu & l'écumez. Quand il sera froid, vous le dresserez dans vos compotiers.

COMPOTE de Coings blancs & rouges. Prenez de beaux Coings & les coupez par quartiers à proportion de leur grosseur ; parez-les & leur ôtez le cœur ; jettez-les à mesure dans de l'eau fraiche. Faites-les blanchir, & quand ils seront bien mollets, vous les tirerez, & les mettrez dans de l'eau fraiche ; égoutez-les & les mettez au sucre clarifié légérement ; faites-leur prendre sept à huit boüillons ; ôtez-les de dessus le feu ; écumez-les, & les dressez.

Les Coings rouges se font de même, en y ajoutant un peu de cochenille préparée.

COMPOTE de Marrons. Prenez des Marrons, ôtez-en la premiére peau, faites-les griller au four, envelopez-les d'une serviette, pour qu'ils ne perdent point leur chaleur, & s'achévent de se bien cuire ; ôtez-leur la seconde peau, & les aplatissez un peu dans les mains ; mettez-les dans un compotier d'argent, avec un peu de sucre clarifié ; laissez-les ainsi un peu mitonner, zestez dessus deux ou trois zestes de bigarrade, & y pressez le jus ; mettez dessus un peu de sucre en poudre, & les glacez avec une paile rouge : servez-les chaudement.

COMPOTE de Taillaidins. Prenez tels fruits d'odeur qu'il vous plaira, soit de cedrac, bergamottes, oranges ou autres ; levez-en les écorces ; ôtez le plus fort de la chair avec un couteau ; coupez-les par lardons, & les faites blanchir jusqu'à ce qu'ils s'écrasent sous vos doigts ; mettez-les alors rafraichir ; égoutez-les, & leur faites prendre sept à huit boüillons dans du sucre clarifié.

COMPOTE de fleurs d'Orange. Prenez de la fleur d'Orange bien épluchée & bien blanche ; ayez de l'eau boüillante, jettez-la dedans & la faites blanchir jusqu'à ce qu'elle s'écrase sous vos doigts ; mettez-la alors rafraichir dans de l'eau fraiche, dans laquelle vous presserez un jus de citron ; changez-la ainsi de plusieurs eaux ; égoutez-la, & la mettez dans un sucre clarifié qui sera tout-à-fait tiéde, (a) couvrez-la, & la laissez prendre sucre pendant trois ou quatre heures.

COMPOTE d'Epine-vinette. Prenez de l'Epine-vinette grosse & meure, & de la plus rouge, épluchez-la bien ; prenez du sucre clarifié que vous ferez cuire à la plume ; jettez-y votre Epine-vinette, & lui donnez sept à huit boüillons ; ôtez-la de dessus le feu, & écumez-la proprement.

(a) Parce que la fleur d'Orange est fort sujette à se racornir ; ce qui provient lorsqu'elle est saisie par une trop grande chaleur.

COMPOTE de Fraises. Prenez de belles Fraises bien épluchées & bien lavées ; rangez-les dans un compotier, jettez dessus une gelée de groseille toute boüillante ; vous trouverez la maniére de faire la gelée. *Voyez* GELE'E

COMPOTE de Grenade, se fait de même que celle de fraises, en y mettant de la gelée de groseille blanche, ou de pommes.

Je crois avoir donné une assez suffisante idée pour le travail des compotes, c'est aux jeunes gens qui désirent d'aprendre l'Office, à se régler sur le travail de leurs Chefs, ceci n'étant que pour leur faire connoître que tous les fruits se travaillent différemment dans leur espèce.

On fait encore des compotes au vin d'Espagne, comme les pêches, les poires tendres, les abricots, &c. lesquelles se font de même que les autres, à la réserve que l'on met du vin d'Espagne à la place d'eau, & du sucre en pain, à la place du sucre clarifié.

On se sert en Hyver des fruits à l'eau-de-vie, que l'on sert pour compotes ; vous trouverez la maniére de les faire. *Voyez* EAU-DE-VIE.

Il faut observer qu'il faut donner un boüillon ou deux aux compotes, quand on veut les conserver, sur-tout dans les chaleurs, lorsqu'elles sont faites depuis deux ou trois jours, ce qui se fait en égoutant les fruits, & faisant cuire le sirop ; on l'écume, & on y met le fruit, & on l'écume encore.

COMPOTIER. Il y a differentes espèces de compotier, soit de porcelaine, d'argent ou de crystal. C'est une petite jatte un peu profonde, de la grandeur d'une petite assiete, dans laquelle l'on sert toutes sortes de fruits que l'on a mis en compote. Les compotiers de crystal portent leurs couvercles. *Voyez* Fig. Plan. 3. Let. I. & il seroit toujours très-à-propos & plus propre, de couvrir tous les compotiers d'une cloche, ou couvercle de crystal, lorsqu'on les sert.

CONCASSER. C'est piler grossiérement une chose.

CONCOMBRE. C'est un fruit long d'environ un demi pied, gros comme le bras, rond, droit, ou tortu, verd ou blanc, jaunâtre, charnu, couvert d'une écorce tendre; sa chair est blanche, succulente & ferme, il croît dans les potagers, & rampe à terre; ses feüilles sont grandes & amples, larges & anguleuses, dentelées, rudes au toucher. On s'en sert à faire des salades: pour la faire. *Voyez* SALADE.

CONFIRE, c'est donner aux fruits, aux fleurs, aux racines, certaines préparations qui les rendent plus agréables, ou qui empêchent qu'ils ne se corrompent. Les Anciens ne confisoient qu'avec le miel *(a)* qui étoit tiré de la Cannamelle, ou Canne à sucre, parce que de leur tems on n'avoit pas l'art de le purifier, de le durcir & de le blanchir, pour en faire du sucre, comme nous l'avons à present.

Confire se dit aussi de certains fruits que l'on met au vinaigre, comme les cornichons, la perce-pierre, le choux-cabus, le bled de Turquie, &c. Pour les confire. *Voyez* l'un & l'autre.

CONFITURE, est une préparation que l'on fait avec du sucre, pour conserver toutes sortes de fruits. On fait des confitures séches & liquides; il y en a à mi-sucre, & d'autres à plein-sucre. Il faut observer de garder les confitures dans un endroit qui ne soit ni chaud, ni humide, parce que la chaleur les fait pousser, *(b)* & l'humidité les fait moisir. *(c)* Si l'inconvénient vous arrive, soit qu'elles poussent, ou moisissent, il faut leur donner un boüillon, les bien écumer, & les remettre dans vos pots, que vous aurez soin de bien laver & bien sécher. Lorsqu'elles seront froides, vous les couvrirez avec du papier.

(*a*) Theophraste (dit M. Lemery) en a parlé dans son Fragment du miel : il en décrit de trois sortes; un qui tire son origine des fleurs, c'est le miel commun. Un autre qui, dit-il, vient de l'air, c'est la manne des Arabes qui étoit, suivant SAUMAISE, une espèce de rosée ou de miel qui tomboit sur les arbres, & que l'on recüeilloit en abondance sur le Mont Liban. Un autre qui est tiré des roseaux, c'est le véritable sucre. *Traité Universel des Drogues simples*, pag. 763.

(*b*) Lorsque les Confitures ne sont point à parfaite cuisson, il n'est pas douteux qu'elles ne poussent, parce que la chaleur échauffant leur syrop, dilate les parties salines du sucre, & les acides du fruit. Ces deux parties forment un combat ensemble, & causent une fermentation, que l'on apelle pousser, en terme d'Office

(*c*) Les Confitures se moisissent dans l'humidité, parce qu'elle décuit le sucre par la suite du tems, & conséquemment, elles ne se trouvent plus à parfaite cuisson, & sont obligées de se moisir.

Il eſt bon de dire qu'il y a certaines confitures qui ſe candiſſent quelquefois par trop de cuiſſon que vous donnez à votre ſucre, & quelquefois par les fruits & les fleurs qui ſe trouvent ſecs par eux-mêmes, & qui n'ont point de ſuc.

Le moyen de les empêcher de candir eſt, que lorſque vous les finirez, vous mettiez dans votre ſyrop, gros comme une lentille d'alun de glace en poudre, (a) que vous aurez auparavant diſſous dans une cuillerée d'eau, & vous ſerez ſûr qu'elles ne ſe candiront point.

Lorſque l'on veut ſervir les confitures pour compotes, quand elles ſont trop cuites, il faut les décuire. *Voyez* DE'CUIRE.

CONSERVE, n'eſt autre choſe qu'une confiture ſéche qu'on fait en tablettes par le travail du ſucre, avec des fruits, des fleurs & des eſſences. Elle eſt d'une grande utilité pour la garniture des fruits : voyez ci-après la façon de les faire de toutes eſpèces ; elles ſe coupent, ſe levent & ſe finiſſent de même. Cette conſerve s'apelle conſerve platte.

CONSERVE de fleurs d'Orange. Prenez deux livres de ſucre-royal, que vous ferez cuire à la groſſe plume ; prenez enſuite une demi-livre, ou plus, de fleurs d'Orange épluchées. Vous la couperez groſſiérement avec un couteau à pâte, & y preſſerez deſſus un jus de citron, pour empêcher qu'elle ne ſe noirciſſe ; jettez-la dans votre ſucre, & lui donnez un boüillon ou deux pour lui faire jetter ſon eau ; retirez-la du feu, & la laiſſez repoſer un moment ; enſuite vous travaillerez votre ſucre avec une cuillier d'argent tout-alentour du dedans de la poële, juſqu'à ce que vous voyiez que votre ſucre blanchiſſe, & qu'il faſſe une glace par-deſſus ; alors vuidez promptement votre conſerve dans des moules de papier, que vous ferez exprès pour cela, & qui ſeront ſur des feüilles de cuivre ; lorſqu'elle ſera froide, vous la couperez par tablettes, & la leverez en tirant le papier d'une main, & prenant la conſerve de l'autre.

Obſervez que pour la couper, il ne faut que tracer par-deſſus

(a) M. Lemery, dans ſon Dictionnaire des Drogues ſimples, à l'article ſucre.

avec la pointe du couteau, elle se casse alors facilement.

CONSERVE de fleurs d'Orange grillées. Vous n'avez qu'a prendre un peu de sucre, que vous mettrez au caramel, jettez-y votre fleur, & la remuez avec une spatule ; lorsqu'elle sera d'une belle couleur, jettez-la dans votre sucre cuit à la plume, & la travaillez de même que ci-devant.

CONSERVE de fleurs d'Orange liquide. La conserve de fleurs d'Orange liquide est très-nécessaire dans les Offices, & c'est, suivant moi, la meilleure façon pour conserver le baume de la fleur, & pour en faire des conserves dans toutes les saisons. Pour cet effet, vous la ferez de la même maniére que j'ai mentionné ci-devant, à l'exception que vous y mettrez plus de fleurs, & que vous ne la travaillerez pas tant ; elle se met dans des petits moules, ou dans des pots pour la conserver, & dont vous en prendrez une cuillerée ou deux, lorsque vous voudrez en faire, suivant la quantité de sucre que vous aurez, que vous ferez cuire à la plume, & que vous travaillerez comme les autres conserves. Vous pouvez en faire de même de toutes autres fleurs, & vous pouvez être assuré que vous l'aurez aussi bonne comme dans la saison.

CONSERVE blanche de toutes sortes de fruits d'odeur. Prenez du sucre-royal, la quantité qu'il vous plaira ; faites-le cuire à la petite plume, & lorsqu'il sera cuit, mettez-y une goute, ou plus, d'essence de telles espèces de fruits qu'il vous plaira ; laissez reposer un moment votre sucre, alors travaillez-le comme les autres conserves, & le mettez tout-de-suite dans vos moules de papier. La conserve de canelle & de girofle se font de même, lorsque l'on en a les essences.

CONSERVE de fruits d'odeur, avec jus & écorce. Vous raperez l'écorce de votre fruit, & la presserez dans une étamine ; vous ferez cuire du sucre à la petite plume, vous y jetterez votre écorce, & travaillerez votre sucre comme ci-devant ; lorsqu'il blanchira, pressez un peu de jus de votre fruit, poursuivez de le travailler comme

comme les autres conſerves, jettez-le dans vos moules, laiſſez-le réfroidir, & le levez de même que les autres.

CONSERVE de Ceriſes, de Fraiſes, de Groſeilles, de Framboiſes, d'Epine-vinette & de Grenade. Ces eſpèces de fruits ſe font de même. Prenez l'un ou l'autre de ces fruits, que vous écraſerez, & que vous paſſerez ſur le feu pour les faire fondre, paſſez-les par un tamis & les faites deſſécher, juſqu'à ce qu'ils ſoient en pâte; faites cuire du ſucre à la plume, mettez-y votre pâte, la délayant avec votre ſucre, afin qu'elle ſe mêle par-tout. Vous travaillerez votre ſucre, juſqu'à ce qu'il faſſe une petite glace pardeſſus, & qu'il ſoit un peu blanchis; vous verſerez votre conſerve dans vos moules, & ferez de même qu'aux autres ci-devant.

CONSERVE de Violettes. Prenez de la Violette la plus belle, & bien épluchée feüille à feüille; vous en peſerez aux environs deux onces, que vous pilerez dans un petit mortier de marbre; vous ajouterez en la pilant un peu de jus de citron. Vous ferez cuire deux livres de ſucre à la petite plume; vous le laiſſerez un peu réfroidir, & le remuerez avec une cuillier trois ou quatre tours; mettez-y votre fleur, & la remuez juſqu'à ce que vous voyiez que le ſucre blanchiſſe; verſez votre conſerve dans vos moules; ſi vous lui voulez donner une couleur purpurine, mettez-y davantage de jus de citron.

CONSERVE de roſes, d'œillets, ſe font de même que celle de violettes.

CONSERVE de Safran. Prenez de bon Safran en feüille, que vous ferez bien ſécher, réduiſez-le bien en poudre, délayez-le avec un peu de ſucre clarifié, & un peu de cochenille préparée; faites cuire du ſucre à la petite plume, laiſſez-le un peu repoſer; mettez-y votre Safran, & travaillez votre conſerve comme les autres.

CONSERVE de Piſtaches. Vous prendrez deux onces de Piſtaches, que vous monderez, vous les laverez dans de l'eau fraiche.

Egoutez-les & les pilez bien avec un peu d'eau, pour les passer par un tamis ; vous ramasserez avec une carte vos Pistaches par-dessous le tamis. Faites cuire du sucre à la petite plume ; laissez-le un moment reposer, donnez-lui deux ou trois tours de cuillier ; alors mettez-y vos Pistaches, & travaillez votre conserve comme les autres.

CONSERVE de Chocolat. Prenez deux ou trois onces de Chocolat, que vous raperez & passerez par un tamis ; délayez-le avec un peu de sucre clarifié ; faites cuire du sucre à la petite plume, mettez-y votre Chocolat, & travaillez votre conserve de même que les autres.

CONSERVE de Caffé. Elle se fait de même que celle de Chocolat, à la difference qu'il faut torrefier de bon Caffé, & le passer par un tamis ; pour lui donner une belle couleur, prenez douze à quinze grains de Caffé, que vous brûlerez en charbon, & que vous pilerez & passerez avec l'autre.

CONSERVE d'Ache. Prenez les feüilles de l'Ache, faites-les blanchir, rafraichissez-les, égoutez-les, & les pilez dans un mortier, passez-les par un tamis ; faites cuire du sucre à la petite plume, délayez votre Ache avec du sucre clarifié, mettez-la dans votre sucre, & la travaillez comme les autres conserves.

CONSERVE à l'Allemande. La conserve à l'Allemande est toute differente des autres, parce que l'on ne se sert que de sucre en poudre passé au tamis fin ; pour la faire, elle se dresse sur des feüilles de cuivre bien unies & bien propres, de la grandeur d'une pastille ronde ; on les sert dans des petites caisses de papier, de la longueur de trois pouces, sur un pouce de largeur, comme la fleur d'Orange pralinée.

Maniére de la faire.

Ayez du sucre royal, passé comme je l'ai marqué ci-dessus ; prenez aux environs d'un verre d'eau-de-rose ou de fleur d'orange, mettez-la dans un poëlon à bec, faites-la frémir sur le feu, alors mettez-y du sucre en poudre, jusqu'à ce que vous la trouviez au dégré d'être coulée, c'est-à-dire qu'il se forme une glace dessus; remuez-la toujours avec un petit bâton qui soit bien rond; inclinez votre poëlon sur vos feüilles, & avec votre bâton faites-la tomber goutte-à-goutte.

On en fait des rouges avec du jus d'épine-vinette, que lon travaille de la même maniere: pour faire le jus d'épine-vinette. *Voyez* Jus.

CONSERVE soufflée. Les conserves soufflées sont differentes des autres conserves, en ce qu'elles sont soufflées, & ne servent aujourd'hui que pour former des petits rochers, & pour décorer les sujets d'un fruit. On en fait de toutes sortes de couleur; employez celles que j'ai marquées pour le pastillage. *Voyez* COULEUR.

Maniére de la faire.

Vous ferez d'abord une glace royale un peu épaisse. *Voyez* GLACE ROYALE. Si vous voulez colorer votre conserve, délayez-vos couleurs avec très-peu d'eau, & la mêlez avec votre glace royale; ayez plusieurs feüilles de papier étenduës sur une table bien propre & bien unie; poudrez un peu votre papier avec du sucre, prenez-en alors la quantité qu'il vous plaira; mettez un peu d'eau dessus pour le faire fondre, faites-le cuire à cassé; retirez-le ensuite & y jettez une cuillier à bouche pleine de votre glace dedans; remuez le tout avec une spatule, vous verrez que votre conserve soufflera; remuez-la toujours sans la quitter, parce qu'elle retombera; alors, dès que vous verrez qu'elle ressoufflera, jettez-la sur votre papier; vous tiendrez au-dessous un moment votre poële, jusqu'à ce qu'elle ne souffle plus. La conserve soufflée blanche se fait avec du sucre royal; beaucoup d'Officiers mettent dans cette conserve un peu d'essence pour lui donner du goût.

Elle sert à faire des sables quand on en a besoin, quoique les sables se fassent encore d'autres maniéres. *Voyez* SABLE.

CONSERVE pour faire des vases & figures. Il faut avant tout, avoir huilé les moules de plomb dans lesquels vous voulez tirer vos figures, avec de l'huile d'amande douce, ou huile d'olive; après les avoir bien liés, vous prendrez du sucre royal, que vous ferez cuire à la grosse plume, en y ajoutant dans le moment un peu de jus de citron; laissez-le un moment reposer, alors vous le travaillerez, & dès qu'il commencera à blanchir, remuez-le & le coulez tout de suite dans vos moules. Lorsque votre conserve sera prise, & de bonne consistence, vous ouvrirez vos moules & en sortirez vos conserves.

L'on met ensemble les piéces séparées avec la même conserve. Les moules ont ordinairement plusieurs piéces, pour se joindre & pour qu'ils soient de dépoüille, afin d'avoir plus de facilité de les tirer. C'est pourquoi, *Voyez* CUISSON, vous trouverez la méthode de tirer les figures de caramel, où j'ai donné une explication plus ample : servez-vous des mêmes principes.

CORIANDRE, est une graine qui croît sur une plante, qui pousse une tige à la hauteur d'un pied & demi, ou deux pieds, ronde, remplie de moële & rameuse; ses feüilles d'en-bas naissent semblables à celles du persil, mais celles d'en-haut, qui sont attachées à la tige, sont découpées beaucoup plus menuës : ces feüilles ont une odeur très-forte.

La coriandre est cultivée dans les jardins aux environs de Paris; la graine est verte sur la plante, mais on la fait sécher, & elle devient légére, jaune, blanchâtre, d'une odeur & goût aromatique.

Il faut la choisir nouvelle, grosse, bien nourrie, bien nette, bien séche, blanchâtre, de bonne odeur & de bon goût.

On l'emploïe dans le vin brûlé, avec les épices que l'on met dans les noix, dans les pains-d'épices, & en dragées. *Voyez* l'un & l'autre.

CORME. *Voyez* SORBE.

CORNE de Cerf, est une plante qui pousse de sa racine beaucoup de feüilles longues, étroites, nerveuses, découpées profondément, représentant en figure des petites cornes de Cerf, d'un goût un peu astringent, mais agréable; il s'éleve d'entre ses feüilles des tiges grêlées, rondes, roides & veluës à la hauteur d'un demi pied ; (a) il faut toujours la choisir jeune & tendre. On la cultive dans les jardins potagers ; elle sert de fournitures dans les salades.

CORNICHON, est un petit concombre mal bâti dans sa figure, & que l'on confit pour s'en servir dans les salades cuites ; pour les confire, observez la même méthode que j'ai marqué au chou-cabus, en observant de les laisser entiers, de les passer au sel, & de les piquer avec une épingle.

CORNOUILLE, est le fruit d'un arbre assez grand & étendu, dont le bois est dur & compact, blanc, couvert d'une ecorce rude, rougeâtre ou cendrée, d'un goût astringent ; ses feüilles sont longues, larges, douces au toucher, veneuses ; ses fleurs naissent en bouquets sur les extrémités des branches, attachées à un pedicule court ; elles sont composées chacune de quatre feüilles jaunâtres disposées en rond ; lorsque cette fleur est passée, son calice devient un fruit charnu, ovale, aprochant en figure d'une olive, mais plus petit ; premiérement verd & acerbe au goût, puis en meurissant il devient rouge, & quelquefois jaunâtre, d'un goût aigrelet agréable. On trouve dans ce fruit un noyau osseux, oblong, blanchâtre, divisé intérieurement en deux loges, qui renferment chacune une petite sémence oblongue. On cultive cet arbre dans les jardins potagers ; ce fruit ne quitte point le noyau, il se met en compote comme les cerises, & se confit de même que les grateculs. *Voyez* GRATECULS.

CORROMPRE, terme d'Office, se dit d'une fleur que l'on chifone, d'un moule de plomb auquel on fait des bosses, & que l'on ne joint pas bien suivant ses morceaux ; corrompre se dit d'une figure que l'on ne met pas bien ensemble ; corrompre se dit encore de plusieurs utensiles d'Office, que l'on force, & qui ne se trouvent plus dans leur premier état.

COTIGNAC, est une gelée forte de coing, qui se met

(a) La Quint.

dans des boëtes, ou dans des pots : pour la faire. *Voyez* Gele'e de Coings.

COTISSURE. Ce mot se dit du fruit, quand, par sa chûte, il s'est froissé ou meurtri. La moindre cotissure empêche les fruits de se garder, elle fait d'ordinaire pourrir le fruit à l'endroit du coup, & fait ensuite pourrir le reste.

COTONNE'E. Ce terme se dit des pommes de reinette, qui sont vieilles & ridées. On dit vulgairement ces pommes sont cotonnées, parce qu'elles sont blanches & séches, & qu'elles n'ont plus de goût : ce terme est encore apliqué aux raves.

COUCHE, se dit du sucre que l'on emploïe pour les dragées, que l'on met par petites mesures alternativement, & que l'on fait sécher à mesure.

COULER, terme d'Office. On dit couler une conserve, couler du caramel dans des moules de plomb. Couler se dit des fruits qui ont fleuri, & qui n'ont pas noué.

COULEURS pour le pastillage. Celles que l'on emploïe pour le pastillage sont la cochenille préparée, dont j'ai donné la description, & la maniére de la préparer, l'indigo, le carmin, la gommegutte, le safran, le verd-de-vessie & le noir d'yvoire.

COCHENILLE.

La cochenille préparée, mêlée avec du pastillage, fait un rouge cramoisi pâle ; vous pouvez donner cette même couleur avec un pinceau, sur du pastillage blanc, en diminuant la couleur du plus ou du moins, avec de l'eau.

INDIGO.

L'indigo est fait avec un suc épaissi, bleu ou couleur d'azur obſcure, que l'on tire des feüilles de l'anil, qui croît dans le Brezil, on nous l'aporte en maſſe des Indes Orientales. Il y en a de plusieurs eſpèces, & le meilleur que l'on puiſſe employer, doit être léger, net, médiocrement dur, de belle couleur, & nageant ſur l'eau.

Pour l'employer dans le paſtillage, il faut bien le broyer ſur un porphire avec très-peu d'eau, & ne le point rendre trop liquide; mêlez-le avec votre pâte de paſtille, & vous aurez une pâte d'un très-beau bleu.

CARMIN.

Eſt une poudre d'un très-beau rouge, qu'on tire de la cochenille par le moyen d'une eau, dans laquelle on a fait infuſer de la graine de chouan, & de l'écorce d'autour. Il doit être en poudre impalpable, & haut en couleur; le mêlant avec vôtre pâte, vous ferez un très-beau rouge.

GOMME-GUTTE.

La gomme-gutte eſt une gomme réſineuſe, qui découle d'un arbre qui croît dans les Indes, & d'où on nous l'aporte en morceaux aſſez gros, durs, mais caſſants, extrêmement jaunes. Il faut obſerver de ne la point mettre en poudre dans votre pâte, mais de la faire diſſoudre dans de l'eau; donnez alors la couleur avec un pinceau à votre pâte lorſqu'elle ſera ſéche.

SAFRAN.

Il faut le délayer ou le broyer ſur un porphire avec un peu d'eau, pour le mêler dans votre pâte. Pour voir ſa deſcription & ſes autres uſages. *Voyez* SAFRAN.

VERD-DE-VESSIE.

Le verd-de-veſſie eſt tiré du fruit du nerprun, que lon met en pâte dure, on les écraſe quand ils ſont bien noirs & bien meurs; on les met à la preſſe, & l'on en tire le ſuc, qui eſt viſqueux & noir.

On fait sécher ce suc à petit feu, on y ajoute un peu d'alun de glace dissous dans de l'eau, pour rendre cette matiére plus haute en couleur, on continuë toujours à petit feu, jusqu'à ce qu'elle ait pris une consistence de miel ; vous la mettrez alors dans des vessies de cochon, que vous boucherez bien, & les pendrez à la cheminée pour les faire sécher. Vous pouvez vous en servir pour teindre votre pâte, lorsqu'elle sera dissouë dans de l'eau, comme la gomme-gutte.

NOIR D'YVOIRE.

Le noir d'yvoire est fait avec de l'yvoire coupé par petits morceaux, & calciné à feu couvert, jusqu'à ce qu'il ne fume plus ; étant bien broyé avec un peu d'eau, vous le mêlerez avec votre pâte.

COULEURS pour le caramel. Les couleurs pour le caramel sont les crêpons rouges & bleus, l'indigo & le safran.

CRESPON.

Le crêpon est une toile qui est empreinte d'une couleur rouge ou bleuë, qui nous vient d'Hollande.

Maniére de le préparer.

Prenez un poëlon dans lequel vous mettrez un gobelet d'eau fraiche, avec une cuillerée de sucre clarifié ; faites-les boüillir ensemble, & y jettez votre crêpon rouge ou bleu ; laissez-le boüillir jusqu'à ce qu'il ait quitté toute sa couleur ; cuisez votre couleur plus que moitié, alors passez-la par un linge, & ne jettez votre couleur dans votre sucre, que vous destinez pour le caramel, qu'à cassé ; conduisez alors votre sucre comme je l'ai enseigné. *Voyez* CUISSON. Le crêpon rouge fait un rouge dans le caramel qui est transparent ; le bleu en fait de même.

INDIGO.

Comme j'ai déja décrit son emploi aux couleurs du pastillage, il il eſt bon de dire l'effet qu'il fait dans le caramel. Prenez une aſſiete d'argent, ſur laquelle vous mettrez la quantité d'eau que vous aurez beſoin de couleur ; frottez dedans votre indigo, juſqu'à ce que votre eau ſoit bien foncée de couleur. Jettez de cette eau dans votre ſucre, lorſqu'il ſera à caſſé, & finiſſez de le cuire au caramel. Vous aurez un caramel d'un très-beau verd : obſervez qu'il ne faut faire de ce caramel verd, que ce qu'il vous en faut pour remplir vos moules, parce qu'en rechauffant votre caramel ſouvent, il eſt ſujet à changer de couleur.

SAFRAN.

On ſe ſert de ſafran pour le caramel jaune, lequel ſe prépare en l'infuſant dans un peu d'eau tiéde, & que l'on ne met dans le ſucre que lorſqu'il eſt à caſſé ; au reſte pour tous les caramels de couleur, obſervez les mêmes principes que je donne pour le caramel. *Voyez* CUISSON. Lorſque vos couleurs ſont ainſi préparées pour faire du caramel (s'il falloit que vous en faſſiez pluſieurs cuiſſons de la même couleur) obſervez de jetter dans votre ſucre votre couleur, avec une petite cuillier, pour vous régler d'en mettre autant à la cuiſſon ſuivante ; par ce moyen vous ferez toujours vos cuiſſons de caramel égales, en prenant la même quantité de ſucre qu'auparavant.

COULEURS pour les conſerves ſoufflées & ſables. Prenez les mêmes couleurs que pour le paſtillage, que vous délayerez ou broyerez avec très-peu d'eau, & que vous mêlerez avec votre glace royale.

COULEURS pour les fruits glacés, ſont la cochenille préparée, l'indigo, le carmin, la gomme-gutte, le ſucre brûlé, le chocolat, la crême fraiche & la pierre ſafranée.

Délayez toutes ces couleurs ſéparément avec de l'eau, mettez-les chacune à part dans des taſſes ; ayez pour chaque couleur deux taſſes ; dans l'une vous laiſſerez votre couleur dans ſon beau, & dans l'autre vous y mettrez de la même couleur, dans laquelle vous y mettrez de l'eau de plus pour la rendre plus claire, & pour donner des teintes plus légéres ; avec ces couleurs vous en ferez plusieurs sortes en les mêlant.

COULEUR VERTE.

Prenez gomme-gutte & indigo, que vous mêlerez ensemble.

COULEUR D'ORANGE.

Prenez gomme-gutte & carmin, que vous mêlerez ensemble, ou la pierre safranée, qui est véritable couleur d'orange.

SUCRE BRULÉ.

On mêle un peu d'eau dans le sucre brûlé, il sert rarement pour colorer les fruits glacés, à moins que ce ne soit des marrons ou avelines ; il sert pour colorer les fromages, auxquels on donne cette couleur, pour imiter leur croute

CHOCOLAT.

Le chocolat sert pour colorer des truffes glacées, des hures de sanglier, & des langues fourées glacées.

CREME FRAICHE.

La crême fraiche sert à donner aux fruits glacés leurs fleurs, comme aux mirabelles, aux reines-claudes, ou autres prunes, ce qui se fait en la mettant avec un pinceau sur les fruits que l'on a déja coloré.

Comme il faut que ce soit l'Officier qui aplique les couleurs, il faut qu'il se serve de pinceau dont le poil soit dur, & avoir de l'eau propre auprès de lui, pour néttoyer fait-à-mesure ses pinceaux, de peur qu'il ne mêle ses couleurs.

Il est inutile de marquer les couleurs que l'on doit mettre sur chaque fruit glacé, c'est à celui qui les fait, d'employer celles que j'ai décrit, & les plus convenables, ayant toujours pour principe d'imiter la couleur naturelle des fruits, le plus qu'il lui sera possible.

COUTEAUX d'Office. Il y en a de différentes espèces; savoir les couteaux ordinaires, dont le taillant doit être droit, de la longueur de trois pouces; les couteaux à tourner, dont le taillant est de même que les précédens, de la longueur de deux pouces. Les couteaux à pâte, dont la lame doit être comme une régle, & fort mince des deux côtés. Les couteaux à couper le bâtonage, doivent être de même que les couteaux à pâte, à la réserve qu'ils ne doivent avoir qu'un taillant, & un dos comme les autres couteaux. Pour mieux vous instruire, *Voyez* leurs figures Plan. 1. Lett. G. couteau d'Office à tourner. H. couteau à pâte. I. couteau à bâtonage.

CREME, est la partie du lait la plus grasse, la plus épaisse & la plus délicate. Elle sert dans l'Office de plusieurs maniéres, soit dans sa nature ou foüettée, soit dans des fromages glacés, neiges, mousses & fruits glacés. *Voyez* l'un & l'autre. Soit dans les gaufres. *Voyez* GAUFRE.

Comme aujourd'hui l'Office ne se sert de la crême que dans ce que je raporte, il est inutile de marquer toutes les façons de crême qui se font dans les cuisines, & qui ne dépendent point à present de l'Office. L'on verra dans chaque chose toutes les differentes maniéres de l'employer.

CREME de tartre, est faite d'une matiére dure, pierreuse ou crouteuse, qu'on trouve attachée contre les parois intérieurs des tonneaux de vin. Elle est composée de la partie la plus saline du vin, qui s'étant séparée par la fermentation, s'endurcit jusqu'à se pétrifier aux côtés du tonneau.

On purifie cette matiére dure, en la faisant boüillir dans de l'eau, la passant par des chausses, & la mettant évaporer & crystaliser; c'est ce que l'on nomme créme de tartre. Elle sert dans la préparation de la cochenille, de la façon que je l'ai marqué. *Voyez* COCHENILLE.

CRESSON. Il y a deux eſpèces de creſſon ; je ne raporte ici que celui qui ſert dans l'Office, qui eſt le creſſon alenois.

Le creſſon alenois eſt une plante que l'on ſéme & cultive dans les jardins ; ſes tiges ſe lévent à la hauteur d'un pied, ſes feüilles ſont oblongues, découpées profondément, d'un goût acre, mais agréable : il ſert de fourniture dans les ſalades.

CRISTE-MARINE, ou perce-pierre, eſt une plante haute environ d'un pied, s'étendant en large ; ſes feüilles ſont étroites, charnuës, de couleur verte, brune, d'un goût tirant ſur le ſalé ; croît ſur les rochers dans les Païs chauds ; elle ſort des fentes de la pierre qu'elle ſemble avoir faites, c'eſt de-là qu'on la nomme perce-pierre. Elle ſert pour mettre dans les ſalades cuites, lorſqu'elle eſt confite ; il faut la confire au vinaigre de même que les choux-cabus.

CRYSTAUX. On apelle cryſtaux tous les verres à tiges ou autres, qui ſervent pour monter un fruit, ou pour mettre des neiges & des mouſſes, comme gobelets, tiges, pilaſtres ou autres, dont il y a de chaque façon pluſieurs figures & pluſieurs grandeurs. Ces ſortes de verres ſont ordinairement faits avec du verre fort clair & fort net. *Voyez* leurs figures Plan. 3. Plan. 4.

CUILLIERS. Il y a differentes ſortes de cuilliers dont on ſe ſert ; il y a des cuilliers à dreſſer ; on ſe ſert ordinairement de cuilliers d'argent, de cuilliers percées comme celles d'olive, & de cuilliers à ſucre, qui ſont comme des cuilliers à pot où il y a un bec. Cela dépend des Officiers de les faire faire à leur fantaiſie, pour qu'elles leur ſoient plus commodes.

CUISSON du ſucre. La cuiſſon du ſucre eſt le fondement de tout ce qui ſe fait dans une Office, c'eſt pourquoi je donne ci-après toutes les differentes cuiſſons, avec les termes dont on ſe ſert pour les déſigner. Il y a le liſſé, le perlé, le ſoufflé, la plume, le boulet, le caſſé & le caramel ; à quelques-unes de ces cuiſſons, l'on diſtingue encore le plus ou le moins, comme le petit & le grand

Dupuis d. F. Lotha s.

Dupuis d.   P. Latha. S.

liſſe, le petit & le grand perlé, la petite & la grande plume, le petit & grand boulet.

CUISSON DU SUCRE AU LISSÉ.

Lorſque vous aurez clarifié votre ſucre, de la façon comme je l'enſeigne, *Voyez* SUCRE, vous le mettrez ſur le feu pour le faire boüillir; vous connoitrez que votre ſucre eſt à liſſé, lorſque vous tremperez le bout du doigt dedans, & que vous l'apliquerez ſur le pouce, vous les ouvrirez auſſi-tôt un peu, vous verrez qu'il ſe fait de l'un à l'autre un petit filet qui ſe rompt d'abord, & qui reſte en goutte ſur le doigt; quand ce filet eſt preſque imperceptible, ce n'eſt que le petit liſſé, & quand il ſe fend davantage avant que de ſe défaire, c'eſt le grand liſſé; vous pouvez ainſi juger des autres cuiſſons par grand & petit, en leur donnant quelques boüillons de plus; le grand & petit ne comprennent que le liſſé, le perlé, la plume & le boulet.

CUISSON DU SUCRE AU PERLÉ.

Lorſque votre ſucre eſt au liſſé, vous le ferez encore boüillir; vous le târerez de la même maniére que j'ai décrit ci-devant; lorſque vous ſéparerez vos deux doigts, & que vous verrez que le filet qui ſe fait ſe maintient de l'un à l'autre, c'eſt une marque que votre ſucre eſt à petit perlé. Vous connoitrez le grand perlé, lorſque vous verrez que le filet ſe continuë de même, & que vous ouvrirez davantage les doigts, que vous dilaterez entiérement. Vous connoitrez encore cette cuiſſon, lorſque vous verrez que le boüillon de votre ſucre formera des eſpèces de perles rondes & élevées.

CUISSON DU SUCRE AU SOUFFLÉ

Lorſque vous aurez cuit votre ſucre au perlé, & que vous lui aurez donné quelques boüillons de plus, vous prendrez une écumoire que vous tremperez dans le ſucre, vous la ſecouërez un peu, & soufflerez à travers de ſes trous, en allant & revenant d'un côté à l'autre. Si vous voyez qu'il en ſort comme des étincelles, ou petites bouteilles, c'eſt une marque que votre ſucre eſt cuit au ſoufflé; c'eſt ordinairement la cuiſſon où l'on met le ſucre pour faire le tirage.

CUISSON DU SUCRE A LA PLUME.

Votre ſucre étant cuit au perlé, vous lui donnerez encore pluſieurs boüillons; vous tremperez alors une écumoire dans votre ſucre, & la ſecouërez d'un revers de la main; vous ſoufflerez à travers, & lorſque vous en verrez partir des plus groſſes étincelles, ce ſera une marque que votre ſucre ſera à la petite plume. Vous continuerez de faire boüillir votre ſucre, vous le ſoufflerez de même, & lorſque votre ſucre formera des bouteilles ou étincelles encore plus fortes, & en plus grande quantité, cela vous prouvera que votre ſucre ſera à la grande plume.

CUISSON DU SUCRE AU BOULET.

Le boulet eſt une cuiſſon qui ſe trouve entre la grande plume & le caſſé; beaucoup d'Officiers admettent cette cuiſſon, parce qu'elle avertit que le ſucre entre bien-tôt au caſſé. Vous connoitrez cette cuiſſon en moüillant votre doigt dans de l'eau, que vous tremperez dans votre ſucre, & que vous plongerez tout-de-ſuite dans l'eau fraiche; lorſque vous verrez que vous pourrez former avec votre ſucre une petite boulette, ce ſera une marque qu'il ſera au boulet. On diſtingue le boulet par grand & petit comme les autres cuiſſons.

CUISSON DU SUCRE AU CASSE'.

Lorſque votre ſucre aura paſſé toutes les cuiſſons que j'ai décrit ci-deſſus, vous aurez ſoin d'avoir auprès de vous un vaſe rempli d'eau fraiche, dans lequel vous moüillerez votre doigt; vous le tremperez alors dans le ſucre, & le plongerez auſſi-tôt dans votre eau, de peur que vous ne vous bruliez; vous détacherez le ſucre que vous aurez après votre doigt, & lorſque vous verrez qu'il ſe caſſera, en faiſant un peu de bruit, votre ſucre ſera au caſſé.

CUISSON DU SUCRE AU CARAMEL.

Lorſque votre ſucre ſera à caſſé, mettez-y la couleur telle que vous jugerez à propos (Si vous en voulez mettre) avec quatre ou cinq gouttes de jus de citrons, ſuivant la quantité que vous aurez de ſucre, pour empêcher qu'il ne graine; vous l'eſſayerez comme au caſſé, & lorſque vous verrez qu'il ſe caſſera net comme le verre, il ſera au caramel. Alors vous le retirerez du feu, & tremperez le cul du poëlon dans l'eau, pour rafraichir le cuivre, qui pourroit, par ſa chaleur, brûler votre caramel; laiſſez-lui tomber ſes boüillons; pour-lors vous vous en ſervirez pour votre uſage : il faut prendre garde de moment en moment, pour qu'il parvienne à cette derniere cuiſſon, de peur de la manquer. Vous connoitrez encore la cuiſſon du caramel, lorſqu'en le tâtant, (comme il eſt marqué à la cuiſſon du caſſé) il petera & fera du bruit entre vos doigts. Pour connoitre les couleurs qui s'emploïent dans le caramel. *Voyez* COULEUR.

Maniére de couler le caramel.

Lorſque l'on veut tirer des figures de caramel, il faut avoir ſes moules tout-prêts, c'eſt-à-dire bien propres, bien huilés, & bien ficelés; vous commencerez alors à couler votre caramel dans les moules les plus petits; lorſqu'ils ſeront pleins, vous les renverſerez pour en ſortir le ſurplus, pour que vos piéces ſe trouvent creuſes; vous les ferez toujours tourner dans les mains le jet en bas, pour que votre ſucre ſe trouve égal par-tout, juſqu'à ce que vous puiſſiez ſouffrir la chaleur du moule dans les mains; vous détacherez alors le moule piéce par piéce, & les remettrez toujours deſſus, juſqu'à ce qu'elles ſoient toutes levées. Dépoüillez enſuite votre moule à moitié, & lui faites prendre un peu d'air, pour rafraichir votre caramel, de peur que votre ſucre ne s'avachiſſe; dépoüillez après l'autre moitié, en remettant votre caramel ſur la premiére dépoüille, & le laiſſez ainſi réfroidir.

Il eſt bon d'obſerver cela, pour empêcher que l'on ne corrompe la figure.

Comme aujourd'hui l'on ſe ſert des moules de figures, dont les bras, les jambes, les draperies & les ornemens, se trouvent séparés de leur corps ; c'est pourquoi il est de l'Officier de reconnoitre ses morceaux, pour qu'il puisse les attacher à leur corps, avec le même caramel, & mettre la figure bien ensemble, car j'ai vû bien des figures estropiées, par la confusion de plusieurs piéces que l'on prenoit l'une pour l'autre. C'est pourquoi je recommande à ceux qui désirent d'aprendre l'Office, de s'attacher le plus qu'ils pourront au dessein, pour éviter tous ces inconvéniens.

DEC

DE'COCTION. On apelle décoction toutes sortes de fruits que l'on fait cuire avec de l'eau, soit pour en tirer le jus, comme pour les gelées, les clarequets & les glaces, soit pour en amolir la chair, pour la rendre en marmelade & la passer au tamis, pour en faire des pâtes, des marmelades, des conserves & des glaces.

DE'COUPOIR, est un utensile d'Office avec quoi on découpe le pastillage, ou des pâtes de fruit ; il y en a de differentes façons, comme pour les pastilles & les fleurs de pastillage : ils sont ordinairement de fer blanc. *Voyez* Fig. Plan. 1. Lett. W.

DE'CORATION, est l'enjolivement des services, par le moyen des figures de caramel & de pastillage, des fleurs artificielles, des fruits crus & secs, & des crystaux que l'Officier met sur son service.

DE'CORER, est de bien draper une figure, de poser une fleur avec goût, & d'orner un fruit de plusieurs choses qui puissent flatter le goût, & recréer la vuë.

DE'CUIRE. On dit décuire un sirop, une confiture qui se candit, ou qui est trop cuite. Cette opération se fait en mettant votre sirop ou confiture, dans une poële, avec un peu d'eau, & lui donnant deux ou trois boüillons.

DE'GRAISSER,

DE'GRAISSER, se dit du sucre. Cette opération se fait dans un sucre qui a servi plusieurs fois pour le tirage, & que l'on dégraisse en y jettant un peu d'esprit-de-vin à son premier boüillon.

DE'POUILLE. Dépoüiller, se dit d'un moule de plâtre ou de plomb, que l'on léve facilement piéce par piéce, pour en ôter le caramel que l'on y a coulé, ou le pastillage que l'on y a imprimé.

DESSEIN. Ce n'est point toujours contenter les Seigneurs, que leur servir de bonnes choses, & des confitures bien faites, (quoique cela fasse l'essentiel;) mais on les voit bien plus témoigner leur contentement, lorsqu'un Officier leur sert un service décoré & orné avec goût; je ne veux point par-là dire qu'il falut faire des dépenses extraordinaires pour donner du brillant à une table; mais je dis qu'un Officier qui sait un peu de dessein, a toujours plus de goût pour dresser, pour monter un fruit, & pour lui donner le coup d'œil, & la grace.

C'est pourquoi il est à propos pour ceux qui désirent d'apprendre l'Office, d'apprendre à dessiner, & même à modeler. J'ai entendu beaucoup de jeunes gens qui disent, que tous les Maîtres n'avoient pas besoin de décoration; c'étoit bien souvent cette raison qui les empêchoient de profiter de leur tems, & de s'apliquer au dessein: je soutiens que le dessein est une chose nécessaire dans l'Office, s'il ne sert pas dans un tems, il sert dans l'autre; il est toujours plus avantageux pour un aprentif de se perfectionner, que de rester ignorant, d'autant plus qu'il ne sait pas où il se pourra trouver. Le dessein ouvre l'imagination, & donne la facilité d'exécuter tout ce que l'on imagine; c'est par le dessein que vous mettez une figure bien ensemble, & que vous lui donnez les graces convenables; c'est par le dessein que vous donnez votre goût à un Fleuriste, de même à un Vitrier pour découper les verres; c'est par le dessein que vous placez une fleur, un gobelet, un verre découpé, un fruit, une confiture avec goût sur votre service; c'est par le dessein que vous pourrez tirer le plan d'une table, prendre vos proportions & vos mesures, pour montrer à vos Maîtres ce que sera votre fruit avant son exécution, & connoître quand quelques choses jurent dans votre décoration : je ne saurois assez exprimer l'utilité du dessein, puisque la magnificence des tables ne provient que delà. *Voyez* TABLE.

DESSE'CHER, c'est de consumer une décoction, & d'en faire dissiper le liquide sur le feu à tels degrés que l'on voudra, ce qui sert pour les pâtes & les marmelades. Dessécher, se dit encore de la pâte de massepains.

DESSERT, se dit du fruit que l'on fait, & du dernier service que l'on ser.

DIABLOTIN. On apelle diablotin, du chocolat que l'on fond, & que l'on met en façon de pastilles bien minces, de la grandeur d'une piéce de vingt-quatre sols.

Maniere de les faire.

Il faut avoir du bon chocolat qui soit frais fait & bien gras, vous en raperez autant qu'il faudra pour la quantité que vous en voudrez faire, vous le mettrez ensuite dans un compotier d'argent, & le ferez fondre sur un réchaud, jusqu'à ce qu'il soit en consistence de pâte presque liquide ; vous les dresserez alors de la grandeur que vous voudrez sur du papier, & lorsqu'ils seront dressés, vous prendrez la feüille de papier par les deux bouts & la fraperez sur une feüille de cuivre pour les faire aplatir ; si vous jugez à propos de les couvrir de nompareille dans le moment, il ne tiendra qu'à vous, parce que le chocolat étant en pâte presque liquide fait attacher la nompareille : il faut observer de n'en dresser qu'une douzaine à la fois sur un carré de papier, parce que les premiers que l'on dresse pourroient devenir froids, & ne pourroient plus s'étendre : ils servent de garniture pour les fruits ; on les sert encore en papillotte. *Voyez* PAPILLOTTE.

DORMANT. On apelle dormant, ce qui ſe met d'abord au commencement, dans le milieu des tables, avec les ſervices de cuiſine, & qui reſte ſi l'on veut juſqu'à la fin du repas.

Il y en a de toutes façons; il y en a qui ſont montés ſur des jattes qui ſe trouvent éloignées des unes des autres, parce que l'on en met une, ou trois, ou cinq, ou plus : d'autres ſont montés ſur des plateaux de bois, que l'on contourne de différentes figures, ſuivant la figure des tables, ou ſur des carrés de glace.

C'eſt à l'Officier de décorer ſes dormants du mieux qu'il pourra, ayant ſoin d'y mettre des gobelets, pour mettre des bigarades & des citrons. Pour mieux vous éclaircir ſur les dormants. *Voyez* TABLE & SERVICE.

DRAGE'E. Il y a des dragées de toutes façons, comme vous verrez ci-après; la dragée n'eſt point une choſe que l'on fait ordinairement dans les grandes Maiſons, puiſque l'on en trouve chez tous les Confiſeurs; d'ailleurs, on ne peut en faire peu à la fois, ce qui feroit une grande dépenſe pour en faire l'aſſortiment, d'autant plus que pour ce que l'on en uſe, on ne les pourroit pas toujours conſommer : je ne laiſſe pas cependant que d'en donner la connoiſſance, & la façon de les faire.

Les Dragées ſont liſſées ou perlées; il faut pour les faire, faire deux cuiſſons de ſucre différentes, l'une à liſſé & l'autre à perlé, c'eſt ce qui fait que l'on dit dragée liſſée & dragée perlée. Pour ce qui concerne leur travail, il faut avoir une grande poële de cuivre rouge, plate par le fond, avec une anſe dans le milieu pour la pouvoir manier, & deux autres aux deux côtés, ſoutenuës en l'air avec deux cordes à la hauteur de la ceinture, ſous laquelle il faut mettre une poële de feu, à quatre doigts du fond de la poële, *Voyez* Fig. Plan. 2. Lett. F. elle ſert à faire la groſſe dragée & la perlée; & pour faire la dragée fine liſſée, on met la poële ſur un tonneau défoncé d'une grandeur proportionée à la poële, avec un feu modéré deſſous, *Voyez* la Fig. Planch. 2. Lett. I. K. & qui ſoit mis d'une maniére, qu'il ne ſoit éloigné de la poële que d'un pied, faiſant enſorte de bien boucher les ouvertures, pour que la chaleur ne s'évapore point, & qu'elle ſe conſerve plus long-tems.

DRAGÉES.

AMANDES LISSÉES.

Prenez des amandes douces & bien entiéres, mettez-les sécher pendant deux jours à l'étuve, nettoyez-les bien en les secoüant dans une serviette ; mettez-les dans la poële branlante avec du feu dessous, les menant un peu de tems pour les bien faire sécher ; faites boüillir de la gomme-arabique avec de l'eau sur le feu, en la tournant jusqu'à ce qu'elle soit fonduë ; ôtez-la du feu & y mettez, suivant la quantité, la moitié de sucre clarifié cuit à lissé, que vous mêlerez ensemble, & en chargez les amandes d'une couche, les remuant jusqu'à ce qu'elles soient séches ; mettez-y ensuite une autre couche de sucre cuit à lissé, sans gomme, & cela alternativement jusqu'à huit à dix couches, ayant soin de les faire sécher à chaque couche ; vous ôterez alors les amandes de la poële, & la laverez ; essuyez-la, & quand elle sera bien séche, vous remettrez les amandes dedans, & les continuërez de sucre jusqu'à ce qu'elles soient assez chargées, les menant sur la fin fortement sans les faire sauter, ce qui les lisse ; vous les mettrez à l'étuve pour les achever de sécher, ensuite dans des coffrets avec du papier, & les garderez dans un lieu sec.

On peut encore les achever de lisser dans la poële sur le tonneau avec la main, en mettant au lieu de sucre, de l'eau de fleur d'orange, & leur donnant seulement deux couches.

ANIS DE VERDUN.

Prenez de bon Anis bien doux, mettez-le sécher à l'étuve pendant deux ou trois jours, ayant soin de le bien frotter sur un tamis pour en ôter la poussiére, faisant ensorte qu'il n'y reste que le grain ; mettez-le dans la poële sur le tonneau avec un feu modéré, chargez-le d'une couche de sucre cuit à lissé, en le remuant continuellement avec les mains pour le faire sécher ; & pour connoître quand il est bien sec, il faut que le sucre paroisse comme de la poudre sur le dos des mains ; continuez-le de même, jusqu'à ce qu'il soit assez gros pour le petit anis, que l'on nomme anis à la Reine ; lorsqu'il sera bien sec, vous le passerez dans un gros tamis fait exprès : celui qui reste dans le tamis sert à en faire du gros, que vous chargerez à la grosseur que vous souhaiterez. Le Fenoüil se fait de même.

CORIANDRE PERLÉE.

Prenez de la Coriandre nouvelle, nettoyez-la bien de ses ordures, mettez-la sécher à l'étuve comme les autres, mettez-la ensuite dans la poële branlante, & la chargez de sucre gommé, comme les amandes, & ensuite de sucre cuit à perlé, que vous mettrez dans une entonnoire qui se nomme perloir, & dont le goulot soit environ de la grosseur d'une lentille ; il faut le suspendre en l'air au milieu de la poële, ayant soin à chaque couche de la bien faire sécher & de la bien remuer, de peur qu'elle ne s'attache ; il faut bien faire sauter cette dragée dans la poële, afin qu'elle prenne sucre également & qu'elle se perle.

PISTACHES.

Vous prendrez des Pistaches bien entiéres & bien choisies que vous ferez bien sécher ; mettez-les dans la poële branlante ; échauffez-les bien & les conduisez comme les amandes. Les Avelines se font de même.

CANELAS.

Prenez de la bonne Canelle, laissez-la de la longeur de deux travers de doigt, & la mettez tremper pendant une heure dans de l'eau boüillante ; n'en mettez guéres tremper à la fois, pour que vous eussiez le tems de la couper ; d'ailleurs elle racornit quand elle est vieille trempée. Pour en retremper servez-vous toujours de la même eau ; coupez-la par petites feüilles, le plus mince qu'il vous sera possible, avec un petit couteau, de la longueur d'un lardon ; mettez-la sécher sur un tamis pendant deux jours ; alors, mettez-la dans la poële branlante, ayez votre perloir préparé, comme pour la Coriandre, avec du sucre cuit à perlé, &

la menez à chaque couche jusqu'à ce qu'elle soit séche ; quand elle sera à moitié chargée, laissez-la reposer jusqu'au lendemain avec un petit feu dessous ; achevez-la ensuite de charger de la grosseur que vous souhaiterez ; ayez soin de la bien sauter, de peur qu'elle ne s'attache, & de ne la point mener qu'en la chargeant, parce qu'elle se casseroit.

ORANGEAT PERLE'.

Prenez des chairs d'Oranges confites & tirées au sec ; coupez-les par lardons de la grosseur d'une plume, & de la longueur d'un travers de doigt ; mettez-les sur un tamis sécher à l'étuve pendant deux ou trois jours ; menez-les à la poële branlante avec un perloir ; comme pour le canelas, & les achevez de même.

EPINE-VINETTE.

Prenez les grains des Epines-vinettes dans la saison, & les faites sécher pendant quinze jours à l'étuve, vous pourrez les conserver toute l'année ; lorsqu'elles seront séches, vous les mettrez dans la poële branlante & les chargerez de sucre gommé cuit à lissé, comme pour les amandes ; menez-les jusqu'à ce qu'elles soient à moitié chargées ; ôtez-les du feu & les mettez sécher à l'étuve ; pour les achever vous les menerez au tonneau pour les bien lisser.

PASTILLES EN DRAGE'E.

L'on fait des Dragées de Pastilles de plusieurs façons, comme de girofle, de canelle, de violette, de chocolat, de caffé, de parfait-amour, de bergamotte, &c. Pour les faire, *Voyez* PASTILLES.

Prenez telles espèces que vous voudrez, mais bien séches, mettez-les dans votre poële branlante, comme les amandes ; menez-les jusqu'à ce qu'elles soient chargées à moitié, avec du sucre cuit à lissé ; ôtez-les & les mettez à l'étuve : vous les menerez alors sur le tonneau pour les bien lisser.

NOMPAREILLE.

Prenez de la graine de celery, faites-la bien ſécher à l'étuve, pilez-la & la paſſez par un tamis fin, ou du ſucre paſſé de même; mettez l'une ou l'autre eſpèce dans la poële, menez-la ſur le tonneau à petites couches de ſucre cuit à liſſé; chargez-la de la groſſeur que vous voudrez, en la travaillant avec la paume de la main; ayez ſoin de la bien ſécher à l'étuve; alors, vous pourrez lui donner telle couleur qu'il vous plaira. Servez-vous des couleurs que j'ai marquées pour le paſtillage; délayez-les bien avec de l'eau, & mettez-y votre couleur, comme ſi vous la chargiez avec du ſucre. Je crois avoir donné une ſuffiſante idée touchant la façon de faire les dragées, c'eſt à ceux qui veulent aprendre à les faire, à ſe donner de la peine, & de donner de la perfection à leur ouvrage par la pratique.

DRAGEOIRE, eſt le nom d'une eſpèce de Sous-coupe, qui eſt faite de cryſtal, ou de verre blanc, ſur laquelle on dreſſe des pyramides de ceriſes & d'autres petits fruits, que l'on met ſur un ſervice, ſur un gobelet de quelle hauteur que l'on veut. Il y en a de toutes grandeurs. *Voyez* Fig. Planche 3. Lett. K.

DRESSER, ſe dit des pyramides de quelle nature qu'elles puiſſent être. Dreſſer, ſe dit des compotes, des pâtes, de la pâte de biſcuits, & de tous les fours en général. Dreſſer, ſe dit auſſi des neiges, des mouſſes, & des glaces, lorſqu'on les met ſur des aſſiètes, ou dans des gobelets.

DUVET, ſe dit des fruits qui en ont, comme les Abricots & les Pêches, &c.

EAU.

EAU. On dit Eau de groſeilles, de ceriſes, de fraiſes, de framboiſes, leſquelles ſont une boiſſon pour ſe rafraichir pendant les chaleurs.

EAU

Maniére de les faire.

Prenez l'une ou l'autre eſpèce de ces fruits, nettoyez-les proprement, & les lavez ; mettez-les dans une poële avec de l'eau propre ; faites-les fondre ſur le feu, & leur donnez deux ou trois boüillons ; jettez-les ſur un tamis, ſous lequel ſera une terrine, pour recevoir la décoction ; mettez-y du ſucre avec modération, & de l'eau, ſi vous la trouvez trop forte ; paſſez-la par une étamine, & la faites rafraichir. Quand on eſt preſſé, on écraſe le fruit ſur un tamis, ſans le mettre ſur le feu, mais l'eau n'eſt jamais ſi claire qu'à la façon précédente.

EAU-DE-VIE, eſt une liqueur ſpiritueuſe, qui eſt tirée de toutes ſortes de vins, par le moyen de l'alambic. On doit toujours employer la meilleure & la plus fine pour mettre des fruits à l'eau-de-vie.

ABRICOTS A L'EAU-DE-VIE.

Les Pêches ſe travaillent de même que les Abricots, ſi ce n'eſt qu'on leur ôte la peau, en les faiſant un peu blanchir, ſi l'on veut. Prenez l'une ou l'autre eſpèce, choiſiſſez-les meurs, eſſuyez-les légérement avec un linge pour leur ôter le duvet ; faites cuire du ſucre à la groſſe plume ; jettez votre eau-de-vie dedans ; faites bien fondre votre ſucre, alors tirez-le du feu. Arrangez votre fruit dans un flacon, tant qu'il en pourra tenir ; jettez deſſus votre eau-de-vie, & en rempliſſez votre flacon. Bouchez alors votre flacon très-ſoigneuſement avec du liége & un parchemin moüillé par-deſſus, lorſque votre eau-de-vie ſera froide.

D'autres font cuire leur ſucre au gros perlé, jettent dedans leur fruit, & lui donnent deux boüillons. Ils le laiſſent ainſi pendant une couple d'heure à l'étuve ; alors, ils l'égoutent, & font recuire leur ſirop à la plume, & y mettent leur eau-de-vie ; ils rangent leur fruit dans un flacon, & achevent de la même maniére que ci-devant. Obſervez qu'il ne faut qu'une demi-livre de ſucre par pinte d'eau-de-vie.

CERISES A L'EAU-DE-VIE.

Prenez de belles cerises, coupez-leur le bout de la queuë, lavez-les proprement, égoutez-les, & les mettez dans des flacons; prenez une demi-livre de sucre, sur une pinte d'eau-de-vie, que vous ferez cuire à la grosse plume; versez-y votre eau-de-vie, remuez-la pour faire fondre le sucre; alors emplissez-en vos flacons, bouchez-les de même qu'à la maniére précédente; vous y pourrez mettre un peu de canelle & de girofle, suivant votre goût.

Les raisins muscats se font de même.

AUTRES FRUITS A L'EAU-DE-VIE.

Les reines-claudes, les amandes vertes, les rousselets & les abricots verds, doivent être confits. *Voyez* l'un & l'autre, pour voir la maniére de les confire. Alors vous les égouterez légérement; mettez dessus votre eau-de-vie, que vous aurez soin de faire tiédir, pour qu'elle se mêle avec le sirop; prenez une cuillier percée pour les mettre dans vos flacons; versez dessus votre eau-de-vie, & les bouchez de même que les autres.

Il est bon de dire que les fruits qui ont été confits, & que l'on met à l'eau-de-vie, peuvent se mettre au tirage & au caramel: les autres qui ne le sont pas, ne peuvent se mettre qu'au caramel; tous les fruits à l'eau-de-vie servent pour compote avec leur liqueur.

EAU de fleur d'orange. Elle est tirée de la fleur, dont on a tiré la substance & l'odeur, par le moyen de l'alambic; on ne s'en sert pas souvent dans l'Office, si ce n'est pour faire tremper la gomme adragante, ou pour faire de la conserve à l'Allemande, ou pour mettre dans la pâte, ou sirop d'orgeat, & sirop de capillaire.

EAU de sucre. Ce n'est autre chose que du sucre royal que l'on cuit à cassé; observez qu'aussi-tôt qu'il prend son boüillon, c'est d'y mettre deux gouttes de jus de citron; aussi-tôt qu'il sera cuit, trempez le cul du poëlon dans l'eau fraiche, pour empêcher que la chaleur du cuivre ne le rougiſſe. Ayez des feüilles de cuivre bien unies & bien huilées avec de l'huile d'amande douce ; attendez que votre ſucre ſoit un peu moins chaud, pour le pouvoir filer ; alors prenez une fourchette, trempez-la dans votre ſucre, & le filez ſur vos feüilles en façon de nappes d'eau ; levez-le tout-de-ſuite, pendant qu'il eſt maniable, & en garniſſez avec goût le ſujet que vous aurez fait. Ce ſucre imite beaucoup l'eau, c'eſt pourquoi l'on s'en ſert pour faire des jets d'eau, & des caſcades.

ECORCE. On apelle écorce le deſſus de la chair des fruits d'odeur, dans laquelle eſt renfermée toute l'odeur du fruit.

ECUME, eſt la partie la plus groſſiére, que l'on enléve du ſucre & des confitures.

ECUMER, eſt d'enlever avec une écumoire toutes les écumes du ſucre & des confitures. C'eſt une choſe à laquelle on doit faire attention, car bien ſouvent un peu d'écume ſur une confiture, eſt capable de faire pouſſer les confitures, lorſqu'elles ſont dans les pots.

ECUMOIRE, eſt un utenſile d'Office, avec lequel on écume ; on doit en avoir de cuivre pour les ſucres & les confitures, & de fer blanc, pour la crême que l'on met en mouſſe. *Voyez* ſa Fig. Plan. 1. Lett. S.

EGOUTER. On dit égouter un fruit, c'eſt-à-dire le ſéparer de ſon ſirop, en le mettant ſur une égoutoire, pour que le ſirop tombe dans une terrine, ou dans une poële : égouter ſe dit encore des candys. *Voyez* CANDYS.

EGOUTOIRE, eſt un utenſile d'Office, qui eſt de cuivre rouge, de la grandeur d'un grand plat, & percé comme une écumoire : on s'en ſert pour faire égouter les fruits. *Voyez* Pl. 2. Let. B.

EGRENER, ſe dit lorſqu'on épluche de la groſeille, ou de l'epine-vinette, ou lorſqu'on ôte les pepins à certains fruits, comme au verjus, & aux grateculs.

EMPOTER, c'eſt mettre les confitures dans des pots, après les avoir bien échaudées, & bien ſéchées à l'étuve.

EPINAR, eſt une plante qui croît dans les potagers, dont les feüilles ſont larges, découpées, tendres, molles, d'un verd obſcur, ſucculentes, & attachées à de longues queuës. On ne s'en ſert que pour faire de la couleur verte, comme pour teindre des amandes de couleur de piſtaches, ou des conſerves & des pâtes.

Manière de préparer ce verd.

Prenez des épinars bien épluchés & bien lavés; pilez-les bien dans un mortier, exprimez-en bien le jus par une étamine; prenez ce jus, mettez-le dans une poële, & lui donnez deux boüillons, vous verrez auſſi-tôt le verd ſe ſéparer de l'eau; jettez le tout ſur un tamis, & vous ſervez du verd pour colorer ce qui eſt marqué ci-deſſus.

EPINE-VINETTE, eſt un fruit qui croît ſur un arbriſſeau épineux, duquel l'écorce eſt mince, liſſe; ſon bois eſt jaune; ſes feüilles ſont petites, oblongues, vertes, crenelées en leur bord, & un peu rudes, d'un goût acide; ſes fleurs ſont diſpoſées en grapes, & compoſées chacune de pluſieurs petites feüilles jaunes, rangées en roſe; quand elles ſont tombées, il leur ſuccede ce fruit, qui eſt petit, oval, tendre, rempli de ſuc, prenant, à meſure qu'il meurit, une belle couleur rouge, d'un goût acide, mais agréable; cet arbriſſeau croît dans les lieux incultes, & dans les buiſſons. (*a*) On s'en ſert de differentes manières, pour confire au liquide, comme vous verrez ci-après: pour faire des pâtes, des candys, des conſerves & des jus. *Voyez* l'un & l'autre.

Manière de la confire.

Prenez de l'épine-vinette groſſe & meure, & de la plus rouge; ôtez les branches de deſſus le bois, & les égrenez proprement, ou les laiſſez en branche. Faites cuire du ſucre clarifié à la plume; jettez

(*a*) M. Pit. Tournefort.

votre fruit dedans, & lui donnez cinq ou six boüillons ; écumez-le bien, & le laissez ainsi reposer jusqu'au lendemain. Egoutez-le alors, & faites cuire votre sirop à perlé ; glissez-y votre fruit, & lui donnez deux boüillons couverts ; écumez-le bien, & le mettez dans des pots.

EPICE. Les épices que l'on emploïe dans l'Office, sont la canelle, le girofle, la muscade, & la fleur de muscade. *Voyez* l'un & l'autre.

EPLUCHER, se dit des fleurs, des herbes, des petits fruits, où il se rencontre très-souvent d'autres choses parmi ; car on dit communément égrener de la groseille, de l'épine-vinette, ôter le noyau, les taches, le pourri d'un fruit.

ESPRIT-DE-VIN. L'esprit-de-vin est tiré de l'eau-de-vie, comme l'eau-de-vie est tirée du vin. Il sert à dégraisser un sucre de tirage qui aura déja servi plusieurs fois, ou dans lequel on aura mis des fruits sans les avoir bien lavés. Quelques-uns en mettent un peu dans le sucre que l'on a cuit pour le candy ; il sert pour rendre les glaces, ou carré de glaces, bien claires, lorsqu'on en met un peu sur la glace, après l'avoir nettoyée, & qu'on l'essuye proprement avec une serviette : on en met encore dans le vernis pour le pastillage. *Voyez* VERNIS.

ESSENCE, c'est la partie la plus subtile qui se tire des substances dont on fait des extraits. Les essences sont tirées des fleurs, des fruits & des aromates ; les essences que l'on emploïe dans l'Office, sont celles de cédrac, de bergamotte, d'orange, de citron, de lime-douce, de canelle, de girofle & d'ambre.

ESTRAGON, est une plante qu'on cultive dans les jardins potagers, qui pousse plusieurs tiges ou verges, à la hauteur de trois pieds, dure, un peu anguleuse, rameuse, portant beaucoup de feüilles longues, & étroites, comme celles du lin, odorantes, de couleur verte-obscure, luisante, d'un goût acre, aromatique, & accompagnée de certaines douceurs agréables ; elle sert de fourniture dans les salades, mais il faut la choisir jeune & tendre.

ETAMINE, eſt une étoffe de poil de chevre, que l'on coupe de différente grandeur, & qui ſert à paſſer des ſirops, des eaux, & tout ce qui eſt liquide.

ETUVE, eſt une armoire, ou un cabinet muré, garni de barreaux de diſtance en diſtance, pour que la chaleur du feu que l'on met dans une poële, puiſſe pénétrer par-tout; on augmente ou on diminue le feu, ſelon le beſoin; dans un Office réglé, l'étuve doit être continuellement chaude, pour conſerver ce qui doit être ſec, & que l'humidité ne l'amoliſſe point.

Etuve, eſt encore un terme d'Office. On dit, cet Officier fait bien l'étuve, pour dire qu'il fait bien les pâtes, les clarequets, les candys, & qu'il tire bien à l'étuve toutes ſortes de fruits.

EXPRIMER, c'eſt preſſer un fruit, pour en faire ſortir le ſuc.

EXTRAIRE, eſt de paſſer une décoction, ou un jus par une étamine, & d'en ſéparer le clair, d'avec ce qui ne l'eſt pas.

FAR FEN

FARINE. La farine eſt une choſe très-eſſentielle, pour pouvoir réuſſir dans l'employ que l'on en veut faire; c'eſt pourquoi il faut toujours choiſir la farine de froment, paſſée par un bluteau fin, laquelle s'apelle pure farine; il ſera toujours bon de la faire ſécher ſept à huit heures à l'étuve, avant que de l'employer, & de la paſſer toujours par un tamis en l'employant.

On ſe ſert encore de farine de ris; pour la faire, on pile bien le ris, après l'avoir fait ſécher à l'étuve, & on le paſſe au tambour; on en mêle un peu dans la pâte de paſtillage pour faire des figures, parce que cette farine étant ainſi mêlée avec le ſucre, lui donne plus de corps, & le rend très-dur.

FENDRE, ou ſe fendre, terme apliqué au fruit; il ſe dit des pêches, des prunes, &c. quand elles quittent bien leurs noyaux; la pêche se fend, & le pavie ne se fend point ; plusieurs prunes en font de même.

FENOUIL. Le fenoüil croît sur une plante, qui pousse une tige à la hauteur de quatre ou cinq pieds, droite, canelée, de couleur verte-brune, remplie d'une moëlle fongeuse, rameuse ; ses feüilles sont d'un verd-obscur, d'une odeur agréable, d'un goût doux & aromatique ; ses sommités soutiennent des ombelles, ou bouquets larges, jaunâtres, odorans, sur lesquels sont des fleurs, ordinairement à cinq feüilles, disposées en rose à l'extrémité du calice. Lorsque cette fleur est passée, le calice devient un fruit à deux graines oblongues, arrondies, canelées sur le dos, aplaties de l'autre côté, blanchâtres, & d'un goût très-doux, aromatique, & très-agréable. On cultive le fenoüil aux lieux secs & chauds, à cause de sa semence : le meilleur vient du Languedoc.

Lorsque le fenoüil est verd, on le met en branche au candy, & la semence en dragée. *Voyez* l'un & l'autre.

FER. Il y a differens fers dans les Offices, qui servent pour plusieurs choses, comme les differens fers à gaufres, & les fers à découper du papier. *Voyez* leurs Fig. Pl. 2. Let. T. & Pl. 1. Let. P. R.

FERMENTATION, est un mouvement intérieur causé par des esprits qui cherchent passage pour sortir de quelques corps, & rencontrent des parties terrestres & grossiéres qui s'oposent à leur passage ; ils font gonfler & raréfier la matiére, jusqu'à ce qu'ils en soient détachés.

On fait fermenter la groseille, les framboises, les cerises, le jus de limon & les épine-vinettes : pour en faire des sirops. *Voyez* Sirop.

FEUILLE. Ce mot est apliqué à un cuivre aplati de bonne épaisseur, en forme de feüilles de papier ; on s'en sert à differens usages ; elles doivent être toujours très-unies & très-propres.

FANER, se dit des fleurs & des fruits qui se séchent & se flétrissent.

FIG

FIGUE, eſt un fruit qui vient ſur un arbre de médiocre grandeur, dont la tige n'eſt pas droite ; ſon écorce eſt unie, mais un peu rude, de couleur cendrée ; ſon bois eſt fongueux, moëlleux, & blanc en dedans ; ſa feüille eſt grande, large, épaiſſe, découpée en cinq parties ou angles, reſſemblante à celle du meurier, mais plus grande, plus dure, plus rude & plus noirâtre ; attachée par une queuë qui jette une liqueur laiteuſe quand on la rompt.

Vous pouvez les confire lorſquelles ſont encore vertes, & de-là, les tirer à l'étuve, ou au tirage. *Voyez* l'un & l'autre.

Maniére de les confire.

Prenez des figues à demi meures ; piquez-les du côté de la queuë ; blanchiſſez-les, juſqu'à ce qu'elles ſoient un peu molles ; laiſſez-les ainſi à demi réfroidir, & les jettez enſuite dans de l'eau fraiche ; mettez-les égouter ; faites cuire du ſucre clarifié à perlé ; mettez-y votre fruit, & lui donnez trois ou quatre boüillons couverts ; ôtez-le de deſſus le feu, & l'écumez bien ; mettez-le dans une terrine pour lui faire paſſer la nuit à l'étuve ; le lendemain égoutez le ſirop, ſans ſortir le fruit de la terrine, & lui faites prendre dix à douze boüillons ; rejettez-le ſur vos fruits, lorſqu'il ſera tiéde ; le lendemain faites la même choſe, & les laiſſez encore ; alors vous égouterez vos fruits, & cuirez votre ſirop à gros perlé ; mettez-y vos fruits, & leur donnez un boüillon couvert ; écumez-les & les mettez dans des pots.

Maniére de connoître la maturité des Figues.

Comme il eſt important de les bien prendre dans leur tems, attendu qu'elles n'ont qu'un jour ou deux, parce qu'elles dépériſſent ; c'eſt pourquoi on juge de la parfaite maturité d'une figue, à la voir & à la toucher ; (*a*) ſi après les avoir vû d'une belle couleur jaunâtre, ou autre qui apartient à ſon eſpèce, d'une peau ridée, & un peu déchirée ; d'une tête panchée, & d'un corps tout rapetiſſé, on la

(*a*) La Quint. Tom. 2, Part. V, pag. 18.

trouve moëlleuse au toucher, & qu'elle vienne à quitter l'arbre, pour peu qu'on la souleve, ou qu'on l'abaisse, on peut alors la cueïllir hardiment; comme ce fruit perdroit beaucoup de son agrément, s'il venoit à se défleurir, on doit avoir soin de le mettre dans un panier garni de feüilles de vigne, & les placer chacune séparément, sans qu'elles se pressent, ou qu'elles soient les unes sur les autres; ne les mettez point sur l'œil, parce que c'est par-là que leur suc s'écoule.

On les sert pour hors d'œuvre, en fendant un peu le bout de la queuë en quatre, & les arrangeant proprement sur des assietes avec des feüilles de vigne.

FIGURES. Maniére de les faire en caramel, & en pastillage. *Voyez* Cuisson a caramel & Pastillage.

Figure se dit de tout ce que l'on tire dans des moules de plomb, ou de plâtre, pour en avoir la représentation.

FILTRER, c'est passer une liqueur par un papier gris, que l'on met dans un entonnoir sur sur une bouteille. *Voyez* Plan. 2. Let. E.

FLEUR, est la production de la plante, qui se fait remarquer par son odeur, & par la diversité de ses couleurs; il n'y a presque point de plantes qui n'ayent des fleurs.

Les fleurs que l'on emploïe dans l'Office, sont la fleur d'orange, la violette, l'œillet, le jasmin & la rose. On en fait des pralinées & grillées, au liquide, en conserve, au candy, en sirop, en gâteau & en marmelade. *Voyez* chaque mot séparement, vous y trouverez la maniére de les préparer, & la façon de les faire.

FLEURS-ARTIFICIELLES. Ce sont des fleurs composées, qui imitentle naturel, qui sont faites de coque de soïe, de velin & de papier, & dont les tiges & les branches sont de fil-de-fer; elles servent pour garnir les services.

Le mot de fleur-artificielle, comprend les fleurs à tige, les guirlandes, les verdures, les arbres, les ifs, les bouquets, les feüilles détachées, qui servent dans plusieurs décorations, &c.

C'est

C'eſt de ces fleurs que l'on doit avoir un grand ſoin, attendu qu'elles coûtent beaucoup, & qu'elles périſſent facilement ; il faut donc, pour cet effet, les garder toujours dans un endroit ſec, (a) dans des coffrets, ou boëtes bien couverts, où vous rangerez vos fleurs chacune avec celles de ſon eſpèce, & mettrez du papier entre deux.

Quand on veut s'en ſervir, il faut toujours leur donner de la grace, en ajuſtant les feüilles pour imiter la nature de la fleur, le plus qu'il vous ſera poſſible ; vous les attacherez avec de la cire verte. *Voyez* CIRE D'OFFICE.

On peut, dans la ſaiſon, ſe ſervir de fleurs naturelles, en mettant la tige de la fleur dans un gobichon, qui ſera rempli d'eau, pour maintenir la fleur toujours fraiche.

FLEURS de paſtillage. *Voyez* PASTILLAGE.

FLEUR, eſt attribuée au fruit. C'eſt une certaine petite blancheur, une certaine fraicheur que les fruits ont ſur les arbres, avant que d'être maniés ou fanés, comme les prunes, les raiſins, &c.

FONDRE, ſe dit du ſucre, ou des fruits à jus. On dit fondre de la groſeille, des framboiſes, des fraiſes & des épines-vinettes, ce qui ſe fait en mettant de l'eau avec, & leur donnant trois ou quatre boüillons.

FOUETTER, ſe dit du blanc d'œuf, & de la crême que l'on met en neige, ou en mouſſe, à force de les foüetter ; on les foüette ordinairement avec un petit balet d'ozier.

FOULER, ſe dit des groſeilles, des framboiſes, des ceriſes, des fraiſes & des épines-vinettes, que l'on écraſe dans une terrine, pour en avoir le jus, ou pour les faire fermenter.

(a) Les fleurs artificielles ont beaucoup de cole & de gomme-arabique, & ſont conſéquemment fort ſujettes à ſe gâter à l'humidité, parce que l'une ou l'autre s'y diſſouë, & pour lors la fleur eſt obligée de périr ; obſervez de ne les point mettre à la fumée, ni à la pouſſiére.

FOUR, ſe dit de tout ce qui eſt cuit au four, comme biſcuits de toute eſpèce, macarons, pains-d'épices, meraingues, maſſepains & tourons ; on dit faire une aſſiete de four, c'eſt garnir une aſſiete de biſcuits, ou de four mêlé, avec un papier découpé deſſous ; on dit faire bien le four, c'eſt de bien faire toutes les eſpèces.

FOUR, c'eſt dans quoi l'on fait cuire ce que l'on veut y mettre ; il y en a de deux façons dont on ſe ſert, qui ſont le four muré, & le four de campagne, ce dernier eſt fait de tole de fer, ou de cuivre rouge. *Voyez* Plan. 2. Let. C. L'un & l'autre ſervent à la même choſe, mais le four muré eſt toujours le meilleur ; pour ſe ſervir avec ſuccès du four muré, c'eſt de le bien échauffer également, le nettoyer, & de-là, attendre que la chaleur ſoit au point que vous la déſirez ; tenez-le bouché, pour qu'il perde ſa chaleur également.

Le four de campagne s'échauffe en mettant du feu deſſus & deſſous également, à la quantité qu'il en faut pour cuire ce que vous avez dedans ; obſervez de ne le point ſaiſir tout-de-ſuite à force de feu, parce que ce four, comme étant fait de tole de fer, ou de cuivre rouge, eſt ſujet à rougir, & par-là, vous ſeriez en riſque de perdre tout ce que vous auriez dedans.

FOURNEAU. Tout le monde ſait ce que c'eſt qu'un fourneau pour cuire les confitures ; c'eſt pourquoi il eſt inutile d'en faire l'explication. On dit communément travailler au fourneau, c'eſt faire les confitures ; l'on dit : cet homme eſt bon pour le fourneau, c'eſt-à-dire qu'il eſt habile dans le genre des confitures.

FOURNITURE, ſe dit des herbes, ou plantes que l'on emploïe pour garnir les ſalades, comme le cerfeüil, l'eſtragon, le baume, ou mente domeſtique, la pimpinelle, la corne-de-cerf, la cive, le creſſon alenois & la trique-madame : pour les connoître, *Voyez* leur deſcription. On fait des ſalades de fourniture ſeulement, que l'on apelle ſalade à la Vendome. *Voyez* SALADE.

FRAISE, eſt un fruit oval plein de ſuc, ayant à-peu-près la

figure d'une mure de Renard, de couleur verte au commencement, puis blanche, & enfin rouge, quand il est meure ; d'une odeur agréable, & d'un goût vineux, doux & délicieux ; il y a des fraises qui sont blanches. Elle croît sur une plante, qui pousse de sa racine plusieurs pédicules, ou queuës menuës, longues, veluës, portant les unes, chacune trois feüilles, les autres des fleurs ; de plus, elle jette certains fibres, ou filamens qui serpentent à terre, qui y prennent racine en plusieurs endroits, & qui multiplient leur espèce ; ses feüilles sont oblongues, moyennement larges, dentelées, crenelées tout-au-tour ; on les sert cruës, lorsqu'on les a bien épluchées & lavées ; en compotes, en neiges & fruits glacés, en conserve ; on en fait du blanchissage. *Voyez* l'un & l'autre : on en fait encore de la boisson. *Voyez* EAU.

FRAMBOISE, est un fruit plus gros que la fraise, rond, un peu velu, composé de plusieurs bayes entassées, & jointes les unes aux autres, de couleur ordinairement rouge ; car il y en a des blanches, d'une odeur réjoüissante, fort agréable, pleines d'un suc doux & vineux, renfermant chacune une semence. Ce fruit naît sur une espèce de ronce, apellée framboisier, qui est un arbrisseau qui croît jusqu'à la hauteur d'un homme ; ses branches sont tendres, vertes, moëlleuses, garnies de petites épines qui ne sont guères piquantes ; ses feüilles sont semblables à celles de la ronce ordinaire, mais plus tendres, plus molles, vertes-brunes en-dessus, blanchâtres en-dessous ; on cultive cet arbrisseau dans les jardins ; on les sert cruës comme les fraises ; on en fait des pâtes, des conserves, de la boisson, des neiges & du sirop. *Voyez* l'un & l'autre.

Manière de les confire.

Prenez cinq à six livres de framboises, grosses & vermeilles ; épluchez-les bien ; & faites cuire sept à huit livres de sucre clarifié, que vous ferez cuire à la grosse plume ; mettez vos framboises dedans, & dès que vous verrez que votre sucre commencera à boüillir, ôtez-les du feu, & les laissez ainsi reposer une demi-heure, pour qu'elles jettent leur jus ; alors, faites-les frémir un moment sur le feu, & les mettez dans une terrine à l'étuve pendant une journée ; alors, vous les égouterez, & les acheverez, en faisant cuire votre sirop à gros perlé ; mettez-y votre fruit ; donnez-lui un boüillon couvert ; écumez-le & l'empotez ; vous pouvez ajouter un peu de jus de cerise à votre sirop.

FREMIR, se dit lorsque l'on met du fruit avec son sirop sur le feu, & qu'on l'échauffe doucement ; pour qu'un sirop frémise, il ne faut point qu'il boüille.

FROMAGE. Le fromage est fait avec du lait, qu'on fait coaguler ou cailler ; ce n'est point à l'Officier de faire les fromages, mais il est de son devoir de les servir, & de les entretenir le plus proprement qu'il lui sera possible ; il n'y a presque point de Païs ni de Province qui n'aïent chacun leur méthode pour faire des fromages, c'est ce qui fait que l'on en distingue de tant de façons ; chaque Païs a ses cantons renommés. L'Angleterre estime les fromages de Chester ; le Hainaut vante ceux de Marolle ; la Picardie ceux de Guise ; la Normandie ceux de Neuchatel ; le Dauphiné celui de Sassenage ; la Suisse celui de Guïere ; le Languedoc le fromage de Rocfort ; enfin le Milanois envoïe par-tout le fromage de Lodi, que nous nommons Parmesan, parce qu'une Princesse de Parme l'a, dit-on, fait connoître en France, où il soutient toujours sa réputation.

Maniére d'affiner les fromages.

Lorsqu'on juge qu'ils sont trop secs, on les enferme dans un endroit où les animaux qui leur sont nuisibles, ne peuvent point aprocher ; on les trempe dans une eau salée, & on les envelope dans des feüilles d'orme ou d'ortie ; mettez-les dans quelques vaisseaux, pour qu'ils puissent se communiquer leur humidité.

FROMAGES GLACE'S, sont faits de crême douce ; on leur donne differens goûts, & différentes figures, comme vous verrez ci-après.

Manière de préparer la crême pour les fromages.

Prenez sur trois pintes de crême vingt-quatre œufs frais; séparez les blancs d'avec les jaunes; passez vos jaunes à travers d'une étamine dans une poële; délayez votre crême avec vos jaunes; ensuite mettez-la cuire sur un petit feu, sans cesser de la remuer avec une spatule, jusqu'à ce que vous voyiez qu'elle veüille boüillir; retirez-la du feu, & la passez tout-de-suite par un tamis, sous lequel sera une terrine pour recevoir votre crême.

Il est bon d'observer qu'en Eté, la crême est sujette à se tourner, c'est pourquoi il faut faire cuire votre crême à part, & alors, la délayez avec vos jaunes d'œufs; du moins si la crême tourne, vous ne perdrez point les œufs.

Cette crême sert pour faire les fromages glacés, de pistaches, de chocolat, de caffé, de canelle, de girofle, de vanille, de safran à l'Italienne, &c.

FROMAGE de pistaches. Prenez une livre de pistaches; après les avoir bien mondées, vous les pilerez avec deux quartiers de cedra confi, & les moüillerez avec un peu de crême pure, pour les empêcher de tourner en huile; lorsqu'elles seront bien pilées, passez-les par un tamis avec une spatule; prenez alors deux pintes de cette crême préparée, lorsqu'elle sera un peu froide, & délayez vos pistaches avec; mettez-y du sucre en poudre à votre goût, & repassez le tout par un tamis; mettez votre crême dans une sarbotiére à la glace, & la faites prendre en neige; lorsqu'elle sera ainsi, ayez un moule de fromage de telle figure qu'il vous plaira, que vous aurez bien serré de glace; vous y mettrez votre crême, déja prise en neige, proprement avec une cuillier; couvrez-le avec le couvercle du moule, & le laissez ainsi au moins une heure avant que de le lever. Pour le sortir du moule, *Voyez* FRUITS GLACE'S, vous y trouverez la maniére qui est générale pour tous les fromages glacés, fruits glacés, & autres choses en glace.

FROMAGE de chocolat. Prenez une demi-livre de bon chocolat, que vous ferez fondre dans fort peu d'eau; lorsqu'il sera fondu, prenez une pinte de cette crême préparée, avec quoi vous délayerez votre chocolat ; mettez-y du ſucre à votre goût ; paſſez le tout par un tamis, & le finiſſez comme celui de piſtaches.

FROMAGE de caffé. Prenez un quarteron de bon caffé bien torréfié, & bien moulu ; faites-en de fort caffé, c'eſt-à-dire mettez-y la moitié de l'eau qu'il faudroit pour le mettre en boiſſon ; laiſſez-le repoſer ſur des cendres chaudes ; tirez-le au clair, & le mêlez avec une pinte de cette crême préparée ; ajoutez-y du ſucre en poudre à votre goût ; paſſez le tout par un tamis, & le finiſſez comme les autres fromages.

FROMAGES de canelle, de girofle, de vanille & de ſafran. Prenez l'une ou l'autre de ces eſpèces ; pilez-la bien ; mettez-la dans un pot de fayance ; prenez de l'eau boüillante, que vous jetterez deſſus en petite quantité ; remuez le tout enſemble ; bouchez le pot ſoigneuſement, & laiſſez-la infuſer du jour au lendemain à l'étuve ; lorſque cela eſt bien repoſé, vous prendrez deux pintes de cette crême préparée, dans laquelle vous mettrez du ſucre en poudre à votre goût ; vous y mettrez alors de votre infuſion, juſqu'à ce que vous lui trouviez aſſez de goût ; paſſez le tout par un tamis, & le finiſſez de même que les autres.

FROMAGE à l'Italienne. Prenez de la marmelade de cédra, ou de fleur d'orange ; délayez-la avec une pinte de cette crême préparée ; ajoutez-y du ſucre en poudre à votre goût ; paſſez le tout par un tamis, & finiſſez votre fromage de même que les autres.

FROMAGE de Parmeſan. Prenez de la coriandre, un peu de canelle & de girofle, que vous mettrez dans trois chopines de crême fraiche ; ajoutez-y une demi-livre de fromage rapé ; faites cuire le tout ſur le feu, juſqu'à ce qu'il ſoit prêt de boüillir, en le remuant toujours ; paſſez-le par un tamis ; mettez-y du ſucre en poudre ; faites-le prendre en neige ; lorſqu'il le ſera, mêlez-y un quarteron de fromage de Parmeſan, qui ſera bien rapé ; mettez-le alors dans un moule qui ait la figure d'un quartier de fromage de

Parmesan. *Voyez* Fig. Plan. 6. Fig. 2. Finissez-le comme les autres ; lorsqu'il sera levé, vous lui donnerez la couleur de sa croute avec du sucre brûlé. *Voyez* COULEUR.

FROMAGE à la Gentilly. Prenez deux pintes de crême fraiche, & bien douce ; passez-la par un tamis dans une terrine ; mettez-y du sucre en poudre à votre goût, avec quelques zestes de cédra, ou sucre de fleur d'orange, ou autre chose, suivant le goût que vous lui voudrez donner ; laissez-la reposer environ une heure au frais, pour que ce que vous y aurez mis puisse y donner du goût ; passez le tout par un tamis sur une autre terrine ; ayez encore une autre terrine, sur laquelle vous mettrez un tamis qui soit sec ; vous commencerez alors à foüetter votre crême en mousse, & fait-à-mesure que vous la verrez mousser, enlevez-en la mousse avec une écumoire de fer-blanc, & la mettez sur votre tamis, pour qu'elle s'égoute ; continuez ainsi, jusqu'à ce que vous en eussiez assez pour remplir votre moule. *Voyez* Fig. Planche 6. Fig. 1. Mettez ensuite votre moule à la glace, & le serrez bien de glace.

Emplissez votre moule de cette mousse, & la laissez prendre pendant deux heures ; vous le leverez comme les autres fromages. Il faut observer éxactement la méthode d'égouter votre mousse sur un tamis, car il est certain qu'en levant la mousse, vous enlevez aussi de la crême qui n'est point foüettée, & que si vous la mettiez tout-de-suite dans vos moules, il s'y formeroit des glaçons, ce qui deviendroit fort desagréable.

FROMAGE à la Genoise. Le fromage à la Genoise ne differe de celui à la Gentilly que par le travail ; c'est pourquoi après avoir préparé votre crême, comme pour celui à la Gentilly, vous commencerez à foüetter votre crême de la façon comme il faut faire pour foüetter des blancs d'œufs ; lorsque vous verrez que votre crême sera prête à devenir en beure, jettez la sur un tamis, & de ce qui restera sur le tamis, emplissez-en un moule, ou des petits moules : au reste, gouvernez-le comme les autres.

On doit servir les fromages dans des compotiers profonds, ou dans des jattes creuses de porcelaine, ou dans des saladiers d'argent.

Pour mieux vous instruire sur les explications des termes, de lever un fromage, un fruit glacé, *Voyez* mettre à la glace, serrer de glace, travailler une glace, *Voyez* chaque mot séparément.

FRUIT. C'est la production que fait un arbre, ou une plante: on distingue ordinairement les fruits, en fruit à noyau, & fruit à pepin; en fruit rouge, en fruit d'Eté, en fruit d'Automne, & en fruit d'Hyver; les fruits à noyau sont les prunes, les cerises, les pêches & les abricots; les fruits à pepins sont les fraises, les framboises & les groseilles; les fruits d'Eté sont ceux qui viennent, & qu'on mange en Eté; les fruits d'Automne sont ceux qui viennent en Automne; les fruits d'Hyver, sont ceux qui viennent en Automne, mais qu'on ne mange qu'en Hyver.

Ceux qui sont bons à manger étant crus, se servent crus dans la garniture de votre fruit sur des gobelets & drageoires; les autres se mettent en compote, ou on les fait cuire, ou confire.

Moyen de conserver les fruits à noyau.

Ayez un pot de terre, & l'emplissez moitié de miel, & moitié eau commune, que vous aurez bien battu ensemble auparavant; vous y mettrez vos fruits tous frais cueillis, & vous couvrirez bien le pot; lorsque vous les tirerez du pot, lavez-les dans l'eau fraiche.

FRUIT d'odeur. Les fruits d'odeur sont des fruits qui nous viennent d'Italie & de Provence, comme le cédra, la bergamotte, l'orange, la bigarrade, le citron, le limon, la limette, la lime-douce, la Chinoise, le poncire & la mellarose. *Voyez* chaque espèce en particulier, vous trouverez leur description, & la maniére de les confire.

FRUIT à l'eau-de-vie. *Voyez* EAU-DE-VIE.

FRUIT. On apelle fruit ce qui comprend tout le service d'un dessert.

FRUIT aqueux, se dit d'un fruit qui ne sent que l'eau,

FRUIT

FRUIT passé, se dit d'une poire qui devient blette, ou d'un fruit qui a perdu son goût & son odeur.

FRUIT glacé. Les fruits glacés, & autres choses qui imitent leur nature, sont un ouvrage assez difficile, & auquel il faut faire beaucoup d'attention pour réussir ; c'est pourquoi j'ai fait mon possible pour donner la méthode de les faire le plus facilement que j'ai pû m'imaginer.

Premiérement pour les faire, il faut avoir les moules faits de la façon comme je le marque à l'article des moules, *Voyez* Plan. 6. & de suivre éxactement ce que j'enseigne ci-après.

Ce n'est point que par-là je veüille rencherir sur M. Boulogne, qui a été le premier à qui nous en devons les principes ; d'autres (a) ont depuis fait leur possible pour pousser le travail des glaces au dégré de perfection, où ils ont parfaitement réussi ; je me ferai toujours gloire de les citer, & d'avoir été sous leurs aîles, puisque c'est à eux que j'ai l'obligation de sçavoir les faire, comme j'en donne la méthode.

Les fruits glacés, &c. sont faits avec des liqueurs préparées, que l'on met en neige ; j'enseigne la façon de composer la liqueur pour chaque fruit, &c. *Voyez* NEIGES. Pour réussir, consultez tous ces mots séparément : mettre à la glace, faire prendre une glace, serrer de glace, & travailler une glace.

Lorsque toutes les liqueurs dont vous voulez faire des fruits, &c. seront en neige, ayez de la glace bien pilée en abondance, & la mêlez avec du sel, fait-à-mesure que vous l'employez ; ayez plusieurs baquets, d'une certaine grandeur, qui puissent contenir une vingtaine de moules, avec la glace qu'il faut aux moules, supposé qu'il falut que vous en fassiez beaucoup, afin que vous puissiez avoir plus de facilité de lever de suite tous ceux de la même espèce, & par-là les pouvoir colorer, & les mettre ensemble dans votre cave, pour les avoir plus vite à la main, lorsqu'il s'agit de les dresser.

Alors, essuyez bien le couvercle de votre sarbotiere avec une serviette, de peur qu'il ne s'y trouve du sel ; travaillez bien votre neige avec la houlette ; alors, mettez-la dans votre moule à fruit,

(a) Messieurs Cecile & Travers.

& y mettez une branche en forme de queuë, ſi le fruit en a une, pour lui donner plus de grace ; fermez-le tout-de-ſuite, les feüilles de la branche en dehors du moule ; envelopez-le de papier ; mettez-le dans le baquet dans lequel vous aurez mis un lit de glace pilée, mêlée avec du ſel, & fait-à-meſure que vous y mettrez un moule, ſerrez-le de glace & continuez de même.

Il y a de certains fruits auſquels on met des branches en forme de queuës, comme j'ai déja dit, & des noyaux ſuivant leur nature. Les branches dont on ſe ſert, ſont les branches d'orangers, comme étant les plus liantes, & les plus en état de ſoutenir la fraicheur ; vous formerez donc vos branches de la même maniére que je montre la Figure. Plan. 7. Let. I.

Les noyaux dont on ſe ſert, ſont ceux des mêmes fruits que l'on veut faire, après les avoir lavé très-ſoigneuſement à l'eau boüillante.

Maniére de les lever, & de les colorer.

Il faut avant que de les lever, que vos fruits reſtent au moins une heure dans la glace, c'eſt-à-dire, mis de la façon que je l'ai enſeigné ci-deſſus. Ayez votre cave bien miſe à la glace, & garnie de feüilles de vignes en dedans, ou de papier, ſi c'eſt en Hyver ; alors, ſortez vos moules les uns après les autres de votre baquet ; trempez-les dans de l'eau tiéde, (*a*) & auſſi-tôt dans de l'eau fraiche ; dépoüillez-le de ſon papier ; retrempez-le dans de l'eau fraiche pour en ôter bien le ſel ; ouvrez le moule, & en ſortez le fruit ; donnez-lui tout-de-ſuite la couleur qui lui convient : pour connoître les couleurs, *Voyez* COULEUR (pour les fruits glacés,) & le mettez dans votre cave, pour le conſerver juſqu'au moment de ſon ſervice ; (*b*) alors vous le dreſſerez ſur des aſſiétes, ou ſur des gobelets qui ſeront colés ſru des jattes ſuivant votre goût : les fromages glacés ſe lévent de même.

J'ai enſeigné ci-deſſus la maniére de travailler les fruits glacés, &c. & de les finir ; mais l'eſſentiel eſt d'en bien faire les liqueurs, ce que

(*a*) On doit toujours tremper le moule avec ſon papier, parce que la chaleur de l'eau détache le papier d'avec les feüilles de la branche que l'on y a mis, & qui ſont toujours gelées enſemble, quand on les ſort de la glace, & que ſi l'on ne faiſoit point cela, l'on arracheroit les feüilles de la branche, ce qui ôteroit la beauté de votre fruit glacé.

(*b*) Lorſque les fruits ſont dans la cave, ils prennent le velouté.

vous trouverez, comme j'ai déja dit, à l'article neige. J'ai pareillement enseigné la connoissance de tous les fruits, pour en prendre le goût & les couleurs. Il ne reste plus que d'en avoir les moules ; vous pourrez donc, ayant les neiges & les moules de tous ces fruits, faire. *Voyez* Plan. *6.*

Cédras - -	Fig. 19.	Ananas.
Pommes - - -	8.	Bergamottes.
Pêches - - -	23.	Prunes.
Poires - - -	12.	Abricots.
Fraises - - -	24.	Framboises.
Amandes vertes -	11.	Cerises.
Marrons - - -	13.	Avelines.
Cornichons - -	10.	Noix.
Biscuits à la cuillier -	15.	Artichaux.
Citrons.		Raves.
Citrons de Madere.		Biscuits d'amandes amères.
Oranges.		Echaudés.

Il y a certains fruits, & autres choses, dont on veut représenter la figure en glace, comme *Voyez* Plan. *6.*

Grenades - -	Fig. *26.*	Langues fourées -	22.
Melons - - -	5.	Truffes - - -	*16.*
Ecrevisses - - -	18.	Cardons d'Espagne.	
Hure de Saumon -	7.	Marbrées.	
Hure de Sanglier -	*6.*	Galantines.	
Oeufs à l'oseille -	14. & 17.	Figues.	
Saumoneaux - -	20.	Asperges.	
Jambons - - -	21.		

qui méritent plus d'attention, par raport au mêlange de plusieurs neiges qu'il faut mettre ensemble, & la difficulté de leur travail ; c'est pourquoi je décris ci-après les neiges qu'il faut prendre, la méthode pour les travailler, & la façon de les gouverner, pour réussir parfaitement.

FRU

GRENADE.

La grenade se fait differemment en neige qu'en fruit, c'est pourquoi il ne faut point avoir recours à sa neige ; ayez des moules de grenade bien faits, qui s'ouvrent en deux ; faites fondre de la cire d'Office, ou à modeler ; trempez dedans de la toile coupée par bande ; bouchez soigneusement les jointures de votre moule, afin que le sel & l'eau ne puissent point transpirer. Vos moules étant ainsi tous préparés, prenez de la crême que vous ne ferez point boüillir ; mettez-y du sucre seulement, & la passez par un tamis ; alors emplissez de cette crême vos moules avec un entonnoir, & les bouchez très-soigneusement avec de la cire, & mettez un bout de votre toile par-dessus la cire.

Lorsqu'ils seront tous remplis, ayez un baquet dans lequel vous aurez mis un bon lit de glace mêlé avec du sel ; mettez dedans tous vos moules, & les serrez de glace ; secoüez le baquet pour les faire prendre ; observez qu'il faut qu'ils n'y restent qu'un quart-d'heure, de peur qu'ils ne se glacent tout-à-fait ; vous aurez préparé avant tout, ce qui suit.

Prenez de la gelée de groseille rouge, ou de pomme, la plus ferme que vous aurez faite exprès, & coulez sur des assiétes de l'épaisseur de trois ou quatre écus ; coupez-la avec un couteau en petit dez, & le plus finement qu'il vous sera possible ; mettez-les fait-à-mesure dans une petite terrine, avec si peu de crême qu'il faudra, pour enveloper de blanc tous ces petits morceaux ; ôtez alors vos moules l'un après l'autre de la glace ; trempez-les avec vitesse dans de l'eau froide ; ôtez-en vite la toile que vous aurez mis au-tour, & fendez votre moule en deux avec un couteau, (le surplus de la crême en sortira, & ce qui sera glacé, fera l'écorce de votre fruit ;) mettez tout-de-suite votre gelée avec une cuillier ; refermez le moule ; envelopez-le de papier, & le serrez de glace ; levez-le de même que les autres, & les achevez de même : observez encore, que comme il y a d'autres fruits ausquels on peut donner des écorces, & qui se gouvernent de même, l'on doit proportionner le tems à la grandeur du moule, pour les laisser à la glace ; mais le plus long-tems qu'ils y doivent rester, c'est un quart-d'heure.

FIGUES.

Prenez quinze à vingt figues des plus meures ; ôtez-leur la peau, & les passez par un tamis avec une spatule sur une terrine ; lorsqu'elles seront ainsi, mettez-y trois verres de vin d'Espagne, un verre d'eau, & le jus de deux citrons ; ajoutez-y un peu de sucre clarifié suivant votre goût ; mêlez bien le tout ensemble, & le passez par un tamis ; mettez votre liqueur à la glace, & la faites prendre en neige ; vous aurez les moules préparés, comme je l'ai marqué ci-devant ; donnez-leur leur écorce de la même maniére comme les grenades ; alors, vous remplirez vos moules de votre neige, & les finirez de même que les grenades ; si vous voulez que le dedans de vos figues soit rouge, mettez-y un peu de cochenille préparée.

MELON.

Le melon se fait de deux maniéres ; les uns le font en vuidant un melon, & le remplissant de sa neige, que je marque ci-après ; d'autres le font avec un moule fait exprès, & lui font une écorce comme a la grenade ; c'est pourquoi je parle du dernier, qui, suivant moi, est le plus difficile à faire.

Pour faire la liqueur du melon, il faut en prendre un ou deux, (suivant ce que peut contenir votre moule ;) ôtez la chair avec une cuillier, passez-la par un tamis dans une terrine ; mettez-y environ une demie chopine de vin d'Espagne, deux verres d'eau, le jus d'un citron, un peu de sucre clarifié à votre goût ; mêlez bien le tout ensemble ; passez votre liqueur par un tamis, & la faites prendre en neige ; préparez de la crême, comme pour les grenades, à laquelle vous donnerez une couleur verdâtre, soit avec des pistaches, ou avec des épinars préparés ; vous la mettrez dans votre moule, que vous aurez préparé, comme je l'ai marqué ci-devant, & le conduirez de la même maniére ; mettez-y ensuite votre neige, & l'achevez de même que les grenades.

Vous pouvez encore mettre les pepins du melon, que vous aurez bien lavé, en mettant votre neige dans les deux côtés du moule, & les pepins dans le milieu.

FRU

ECREVISSES.

Prenez des fraises que vous écraserez & passerez par un tamis; délayez-les avec autant de crême fraiche ; ajoutez-y du sucre en poudre à votre goût ; mêlez le tout ensemble, & le passez par un tamis ; faites prendre votre liqueur en neige, & la mettez dans votre moule : finissez-la de même que les fruits glacés.

ASPERGES.

Les asperges se font avec les neiges du fromage à l'Italienne pour le blanc, & du fromage de pistaches pour le verd ; il faudra avoir soin de les mettre comme il faut dans vos moules, & les achever comme les fruits glacés : les artichaux se font de même. *Voyez* FROMAGE.

HURE DE SAUMON.

Le moule de la hure de saumon doit être de trois piéces, c'est-à-dire, il doit s'ouvrir en deux, & la troisiéme doit être sur la coupe du poisson, avec un petit trou pour pouvoir l'emplir ; préparez votre moule avec de la toile, comme j'ai dit ci-dessus ; emplissez-le de même crême comme ci-devant ; faites-le prendre de même, & le vuidez, en ouvrant sa troisiéme piéce ; emplissez-le de neige de fraises ; fermez-le tout-de-suite, & le serrez de glace, en le mettant de maniére que la troisiéme piéce soit en haut ; laissez-le ainsi pendant une heure ; vous ouvrirez votre troisiéme piéce, & alors vous prendrez un fer, fait comme une gouche, que vous enfoncerez le plus que vous pourrez dans votre neige, pour faire des séparations de la maniére comme le blanc est marqué dans sa chair ; fait-à-mesure que vous en ferez, jettez dedans de la crême toute pure ; continuez ainsi jusqu'à ce qu'il y en ait suffisamment ; refermez votre moule ; enveloppez-le de papier, & le serrez de glace : finissez votre hure comme les fruits glacés, & lui donnez une couleur de bleu.

HURE DE SANGLIER.

Le moule de cette hure doit être de trois piéces, ainsi que celui du saumon; il le faut préparer de même, & lui faire sa peau, comme celle du saumon, vous gouvernerez votre moule de même; vous emplirez alors votre moule de neige de fraises ou de groseilles, & y fourerez par-ci par-là des lardons; fermez tout-de-suite votre moule; enveloppez-le de papier, & le serrez de glace; finissez votre hure de même que celle du saumon, en lui donnant une couleur un peu noire avec du chocolat. Pour faire ces lardons, il faut avoir un moule comme un petit moule à fromage, que vous emplirez de neige de crême, & que vous serrerez bien de glace; vous la leverez alors, & la couperez par lardons.

OEUFS A L'OSEILLE.

Pour faire un œuf, il faut deux moules, un pour faire le jaune, & l'autre pour faire le blanc. Il faut d'abord emplir le moule du jaune avec de la neige, comme le fromage au safran; enveloppez-le de papier, & le serrez de glace; lorsque vous jugerez qu'il sera assez pris, levez-le comme les fruits glacés; emplissez les deux côtés de votre autre moule, de neige de crême, & mettez votre jaune dans le milieu; fermez votre moule; enveloppez-le de papier, & le serrez de glace: finissez-le de même que les fruits glacés.

Vous pouvez les servir entiers, ou, si vous voulez, les couper par quartiers; étendez sur une assiéte de la neige de crême aux pistaches, & les rangez dessus, pour imiter des œufs à l'oseille; si votre crême de pistaches n'est point assez verte, usez d'épinars. *Voyez* EPINARS.

CARDONS D'ESPAGNE.

Le cardon d'Espagne se fait comme un fruit glacé; emplissez votre moule de neige de crême, & lorsque vous les voudrez servir, rangez-les proprement sur une assiéte, & mettez par-dessus un peu de crême au caffé qui ne soit point en neige; vous pouvez faire de même les culs d'artichaux, si vous en avez les moules.

MARBRÉES.

La marbrée est un ouvrage de cuisine, & que l'on peut imiter en glace ; rangez sur une serviette frisée, que vous aurez mis sur une petite jatte, des écrevisses, des saumoneaux, des truffes & des citrons que vous couperez par tranche, & plusieurs autres choses qui y ont du raport, & qui soient de glace ; glissez dessus, pour couvrir le tout, une gelée blanche de pommes, ou de groseilles, de l'épaisseur d'un doigt, que vous aurez fait exprès dans une pareille jatte, & la servez tout-de-suite.

SAUMONEAUX.

Emplissez vos moules de neiges de citron, ou de groseille blanche ; conduisez-les comme les fruits glacés, & lorsque vous les leverez, donnez-leur une couleur de bleu, & les mouchetez après avec un peu de rouge ; il faut les servir sur une assiéte, sur laquelle sera une serviette frisée, ou autre.

GALANTINES.

La galantine est encore un ouvrage de cuisine, & que l'on peut très-bien imiter. Pour cet effet, il faut avoir une petite sarbotiere ; mettez-la à la glace, & l'emplissez à moitié de crême à l'Italienne, que l'on fait comme pour le fromage ; travaillez-la comme pour la mettre en neige sans la travailler ; titôt que vous verrez qu'elle sera prise contre la sarbotiere, de l'épaisseur de deux écus, sortez-la de la glace ; essuyez-la proprement, & vuidez-la de la crême qui n'est point prise ; remettez la sarbotiere tout-de-suite à la glace, pour que ce qui est pris ne se fonde point ; mettez-y ensuite des lardons, (comme je l'ai marqué à la hure de sanglier) en blanc, & beaucoup en rouge ; fourez-y par-ci par-là des truffes coupées par morceaux, & des pistaches ou amandes glacées, jusqu'à ce que vous voyez qu'elle soit suffisamment garnie ; alors, serrez-la de glace, pour qu'elle devienne ferme comme un fromage ; levez-la de même ; coupez-la par tranche, & la servez avec une serviette frisée dessous ; les lardons blancs doivent être de de neige de la même crême que celle de la peau, & les rouges, de neige de crême à la canelle, que vous rougirez avec de la cochenille préparée.

JAMBONS.

Pour l'imiter comme il faut, il faut mettre premiérement dans le dessus de votre moule un lit de neige de crême, ensuite un lit de neige de fraises; emplissez l'un & l'autre côté de ces deux neiges mêlées ensemble; fermez votre moule, enveloppez-le de papier, & le serrez de glace. Lorsque vous le leverez, mettez-le sur une serviette, pour le pouvoir panner, & le mettez dans votre cave; servez-le sur une serviette frisée; pour le panner, on prend des macarons bien secs, que l'on pile bien, & que l'on passe par un tamis.

LANGUES FOURE'ES.

Mêlées ensemble des neiges de fraises & de crême, mais un peu plus de fraises que de crême; mettez-les dans vos moules; enveloppez-les de papier, & les serrez de glace; lorsque vous les leverez, coupez-les un peu des deux bouts, après les avoir colorées avec du chocolat: servez-les sur une serviette frisée.

TRUFFES.

Faites fondre une demi-livre de chocolat avec de l'eau; mettez-y un peu de sucre en poudre, si vous le jugez à propos; faites-le prendre en neige; mêlez avec suffisamment de la neige de crême, jusqu'à ce que vous voyiez qu'il soit bien marbré; mettez-le alors dans vos moules, & les gouvernez comme les fruits glacés: servez-les dans une serviette bien pliée.

Je crois en avoir dis assez, pour donner une idée générale des fruits glacés & de leur travail, & pour contrefaire toutes sortes de chose en glace; c'est à celui qui veut aprendre, à profiter de ces principes pour pouvoir réussir, il peut par-là s'imaginer que l'on peut encore faire quelque chose de mieux, ce qui dépendra de son expérience, & de son invention. *Voyez* les figures des moules Planc. 6.

FRUITERIE, eſt une ſerre, ou une chambre bien cloſe, garnie de tablettes & chaſſis doubles, pour y ranger & conſerver les fruits. C'eſt auſſi dans un Palais, ou un Hôtel, une place près de l'Office, où l'on tient & l'on dreſſe les fruits de la ſaiſon pour le ſervice des tables.

La ſituation qu'il faut donner aux fruits cueillis, pour les conſerver dans la fruiterie.

Le véritable moyen de conſerver les fruits, eſt de les cueillir dans leur juſte maturité ; ceux qui ſont extrêmement tendres & délicats, achevent d'acquerir leur maturité hors du jardin ; les uns & les autres perdent infiniment de leur luſtre & de leur agrément, s'ils viennent à être meurtris, défleuris, écorchés ou tachés de marques noires ; telles ſont les figues, & les pêches avec leur coloris & leur chair fine ; telles ſont les prunes avec leur fleur, & les poires beurées qui ſont tout-à-fait meures.

Chaque figue, chaque pêche & chaque prune ayant été cueillies avec toutes les précautions néceſſaires, enſorte qu'en les détachant de l'arbre, rien ne manque à leur perfection. Je ſupoſe qu'en les cueillant on les ait miſes, par exemple, dans une corbeille garnie de quelques feüilles tendres & délicates, comme feüilles de vigne ou d'ortie, & qu'on les ait placées chacune ſéparément de l'autre, ſans qu'elles ſe preſſent ſur les côtés, ou qu'elles ſoient les unes ſur les autres, la peſanteur de celles de deſſus eſt capable de meurtrir celles de deſſous, & cela particuliérement en fait de pêches & de figues, car pour les prunes, elles ne ſont pas aſſez lourdes pour ſe bleſſer les unes & les autres.

Or, pour conſerver quelques jours ces trois ſortes de fruits, il les faut mettre dans votre fruiterie qui ſoit ſéche, propre, garnie d'ais, ayant toujours les fenêtres ouvertes, à moins que ce ne ſoit dans le grand froid ; il faut que ſur ces ais on ait mis l'épaiſſeur d'un travers de doigt de mouſſe, qui leur ſerve, pour ainſi dire, d'une maniére de matelas, prenant garde que cette mouſſe ſoit ſéche, & n'ait aucune mauvaiſe odeur ; cela étant, chaque pêche ainſi placée ſur la mouſſe, ſe fait ſa niche elle-même, enſorte qu'elle ne touche rien de dur dans la place, & qu'elle ne presse, ni ne soit pressée d'aucune de ses voisines. Il faut soigneusement les visiter une fois le jour, pour voir s'il n'y paroît aucune marque de pourriture, & ôter à l'instant toutes celles qui paroissent en avoir, ou autrement leur voisinage en gâte d'autres. Il est important de bien placer les fruits dans la fruiterie; ceux qui n'ont point ces sortes d'égards, en perdent beaucoup par leur faute.

La bonne situation des pêches, est d'étre non-seulement sur la mousse, mais que ce soit sur l'endroit de leur queuë; les autres situations les meurtrissent. Celle des figues est d'être couchées sur le côté, comme je l'ai dit à l'article FIGUES; rien ne leur est si contraire que d'être placées sur l'œil, parce qu'elles se vuident par-là de ce qu'elles ont de meilleur jus. A l'égard des prunes, comme ce sont des corps d'une médiocre pesanteur, toute sorte de situation leur est indifferemment bonne, aussi-bien qu'aux cerises.

La bonne situation des poires, dont la figure est piramidale, est d'y être sur l'œil, & d'avoir la queuë en haut. Celle des pommes, dont la figure est presqu'un cube parfait, est indifferente, soit sur l'œil, soit sur la queuë, qui réguliérement est fort courte. Ces deux sortes de fruits se conservent assez bien sur le bois nud, & souffrent même d'y être pour un tems les uns sur les autres au sortir du jardin, & jusqu'à ce qu'ils aprochent de leur maturité; il ne leur faut sur-tout aucun lit, ni aucune couverture de foin, ou de paille, à cause de la mauvaise odeur qu'ils en prennent pour l'ordinaire.

A l'égard du raisin, rien ne lui est si avantageux que d'être pendu en l'air, attaché par un fil, soit à quelque cerceau suspendu, soit à des cloux attachés aux solives; cependant il n'est pas mal sur la paille: pour en conserver jusqu'en Février, Mars & Avril, il le faut avoir cueilli avant qu'il ait acquis une parfaite maturité, autrement il pourrit trop vite, bien entendu cependant, que de deux ou trois jours l'un, il en faut soigneusement éplucher les grains pourris.

Avec les précautions ci-devant remarquées, on conserve aisément & sans aucun embarras, les fruits autant qu'ils le peuvent être; il n'y a que les grosses gelées qui soient fort redoutables, parce qu'elles peuvent pénetrer dans la fruiterie, & donner atteinte aux fruits; c'est pourquoi, voyez ci-après les conditions d'une bonne fruiterie.

FRUI

Conditions d'une bonne fruiterie.

La premiére condition d'une bonne fruiterie, eſt qu'elle ſoit impénétrable à la gelée ; le grand froid, comme j'ai déja dit, eſt l'ennemi mortel des fruits ; ceux qui ont été une fois gelés, ne ſont plus bons qu'à jetter.

La ſeconde, eſt que la fruiterie doit être ſur-tout expoſée au midi, ou au levant, ou du moins au couchant : l'expoſition du Nord lui ſeroit très-pernicieuſe.

La troiſiéme, eſt que les murs de la fruiterie doivent être pour le moins de vingt-quatre pouces d'épais : une moindre épaiſſeur ne garantiroit pas de la gelée.

La quatriéme, demande que les fenêtres, outre les panneaux ordinaires, doivent avoir de fort bons chaſſis doubles, & ſur-tout de papier, & qu'ils ſoient bien calfeutrés, & en même-tems il y ait une double porte pour l'entrée, enſorte que jamais dans le tems du péril, l'air froid de dehors ne puiſſe avoir liberté d'entrer, car il détruiroit l'air temperé qui eſt de longue main au dedans. On ne ſauroit avoir trop de précaution ; il ne faut qu'une petite ouverture négligée, pour faire en une nuit de gelée, un déſordre infini.

La cinquiéme, eſt de s'étudier à défendre les fruits du mauvais goût ; le voiſinage du foin, de la paille, du fumier, du fromage, de beaucoup de linge ſale, & ſur-tout de linge de cuiſine, &c. tout cela eſt extrêmement à craindre, & ainſi il faut que la fruiterie en ſoit tout-à-fait éloignée : un certain goût renfermé, avec une odeur de pluſieurs fruits mis enſemble, font encore un grand déſagrément, & par conſéquent, il faut que la fruiterie ſoit bien percée & aſſez élevée ; une élevation de dix ou douze pieds, en doit faire la juſte meſure ; il faut auſſi tenir ſouvent les fenêtres ouvertes, c'eſt-à-dire, auſſi ſouvent que le grand froid n'eſt point à craindre, ſoit la nuit, ſoit le jour ; un air nouveau de dehors, quand il eſt bien conditionné, fait des merveilles pour purifier & rétablir celui qui eſt renfermé de longue main.

La ſixiéme condition demande qu'il y ait beaucoup de tablettes, tenantes & enchaſſées les unes dans les autres, afin de loger les fruits ſéparément les uns des autres ; la diſtance raiſonnable de ces tablettes doit être de neuf à dix pouces, avec une largeur raisonnable de chacune, qui soit de dix-sept à dix-huit pouces, pour y en loger beaucoup ensemble, & en voir aussi beaucoup d'une seule vuë.

Il faut pour septiéme condition què les tablettes soient un peu en pente vers la partie de dehors, c'est à-dire, d'environ trois pouces dans leur largeur, & qu'elles soient bornées d'une petite tringle d'environ deux doigts, pour empêcher les fruits de tomber; on ne voit pas si bien d'un coup d'œil tous les fruits d'une tablette, quand elle est de niveau, que quand elle est de cette maniére, & ainsi on ne s'aperçoit pas si aisément de la pourriture qui survient à quelques fruits, & se communique à leurs voisins, quand on n'y remédie pas d'abord; cette pourriture à craindre, oblige, que sans y manquer, on visite au moins chaque tablette de deux jours l'un, pour faire éxactement la recherche de tout ce qui est gâté.

La huitiéme condition demande, que les tablettes soient garnies de quelque chose, comme de mousse bien séche, ou d'environ un pouce de sable fin, afin que chaque fruit posé sur la basse, comme il doit être, se fasse une maniére de nid, ou de niche particuliére, qui le maintienne droit, & l'empêche de toucher à ses voisins.

Il faut pour derniére condition, qu'on ait grand soin de nettoyer & balayer souvent la fruiterie, d'en ôter les toiles d'araignées, d'y tenir de petits piéges contre les rats & les souris, & même il ne seroit pas mal-à-propos d'y laisser quelque entrée sécrette pour les chats, autrement on a souvent le désagrément de voir les plus beaux fruits attaqués par ces animaux.

FUMERONS, sont des morceaux de charbons qui ne sont pas bien cuits, & qui se trouvent parmi le bon charbon.

GAL

GALANT. On apelle galant, les tournures des fruits d'odeur, lorsqu'ils sont en roquilles; ce qui se fait lorsqu'ils sont confits. *Voyez* TOURNURE. Après les avoir égoutés de leur sirop, on les tourne autour du doigt à une certaine grosseur; on les met ſur des feüilles de cuivre ſécher à l'étuve juſqu'à ce que vous voyez qu'ils ne poiſſent plus, & qu'ils ſoient en état de ſervir. On en met au tirage que l'on tourne de même, mais ceux-ci ſervent d'un moment à l'autre ; conſultez les mots de tirage, & tirer à l'étuve.

GARNIR. On dit garnir des jattes, un fruit, un ſervice ; c'eſt d'y mettre toutes ſortes de confitures ſéches.

GARNITURE, ſe dit de toutes ſortes de confitures ſéches, comme les fruits tirés au ſec ; les fruits à mi ſucre, tirés à l'étuve, les pâtes, les clarequets, les conſerves, les fruits tirés au caramel, les grillages, &c.

GATEAU, eſt une conſerve ſoufflée, dans laquelle on met des fleurs, à l'exception que l'on n'y met point de glace-royale.

GATEAUX de fleurs d'oranges, de violettes, de roſes, d'œillets, &c.

Maniére de les faire.

Prenez du ſucre clarifié ou autre, que vous ferez cuire à la grande plume ; mettez-y à proportion, des fleurs de quelle eſpèce qu'il vous plaira ; dès que vous verrez qu'elles auront jetté leur eau, & que le ſucre ſera revenu à la grande plume, travaillez-le alors avec une ſpatule, en frottant autour de la poële, & au milieu ; quand votre ſucre viendra à monter, & que vous le ſentirez léger ſous la main, jettez-le tout-de-ſuite dans des moules de papier un peu élevé, que vous aurez fait auparavant ; ne les rempliſſez qu'à moitié, pour lui donner l'aiſance de ſe bien lever.

Le gâteau de fleur d'orange grillée ſe fait de même, à l'exception que la fleur doit être grillée, ou faites-la griller avec un peu de ſucre dans une autre poële ; ſitôt que vous verrez que votre ſucre ſera à cuiſſon, mettez-y votre fleur, & la travaillez de même.

GAUFFRE, eſt faite avec une pâte liquide faite de différentes maniéres, que l'on fait cuire entre deux fers, leſquels s'ouvrent & se serrent ensemble par le moyen d'une charniére. *Voyez* Fig. Plan. 1. Let P. gauffrier à la Flamande, Let. R. gauffrier ordinaire. Les gauffres se cuisent à petit feu, ayant soin de tourner le fer de tems-en-tems; lorsque vous les jugez cuites, & que vous les voyez d'une belle couleur dorée, ôtez avec un couteau la pâte qui peut être autour du fer; ouvrez votre fer; levez votre gauffre; mettez-la sur un rouleau, pour lui donner une forme de tuile, ou roulez-la sur un petit bâton, ou faites-en des cornets. On donne aux gauffres, de quelle façon elles puissent être, toutes ces figures, à l'exception des gauffres à la Flamande, que l'on sert telles qu'elles sortent du fer. C'est à l'Officier d'en faire des assiétes le plus proprement qu'il lui sera possible, en mettant un papier découpé dessous.

GAUFFRES ordinaires. Prenez une livre de farine, demie livre de sucre en poudre, un peu de rapure de citron; mettez le tout dans une terrine; ajoutez-y six jaunes d'œufs; délayez le tout ensemble avec de l'eau; faites fondre un quarteron de beure avec un peu d'eau, que vous mêlerez avec votre pâte; battez bien le tout ensemble, & délayez bien votre pâte, de façon qu'il ne s'y trouve point de grumeaux, & qu'elle soit un peu claire.

Alors vous ferez chauffer votre fer, & le graisserez des deux côtés, avec du beure que l'on met dans le milieu d'un linge; vous coulerez votre pâte sur un côté du fer avec une cuillier, fermez tout-de-suite votre fer; mettez le sur le fourneau; faites cuire votre gauffre, & la levez comme je l'ai marqué ci-dessus.

GAUFFRES fines. Prenez six cuillerées à bouche pleines de farine, trois de sucre en poudre, un peu de rapure de citron, trois jaunes d'œufs, une chopine de crême & un verre de vin d'Espagne; délayez le tout ensemble, & les faites cuire comme les autres.

GAUFFRES au chocolat. Prenez la même dose qu'aux gauffres fines, à l'exception du vin d'Espagne; ajoutez-y un peu de crême de plus, avec trois onces de chocolat rapé: finissez-les de même que les autres.

On peut par la même raison en faire de différents goûts, en y mettant des infusions de caffé, de vanilles, &c.

GAUFFRES à l'Allemande. Prenez une livre de farine, une demi-livre de ſucre en poudre, la rapure d'un citron, un peu d'épice mêlée de canelle, de girofle, & de muſcade bien mis en poudre, ſix jaunes d'œufs ; délayez le tout enſemble avec trois chopines de vin du Rhin : faites-les cuire comme les autres.

GAUFFRES à la Flamande. Prenez une livre & demie de farine, dans laquelle vous mettrez un peu de levure de biere (*a*) gros comme une petite noix, une pincée de ſel ; vous caſſerez douze œufs, dont vous ſéparerez les blancs, & mettrez les jaunes dans votre farine qui ſera dans une terrine ; alors vous prendrez une livre de bon beure que vous ferez fondre dans une pinte de crême ; délayez-la avec votre farine, & la battez bien pour qu'il n'y reſte point de grumeaux ; foüettez enſuite vos blancs d'œufs, comme pour du biſcuit, & mêlez le tout enſemble ; mettez votre pâte pendant une couple d'heures dans une étuve, où le feu ſoit bien moderé, pour qu'elle puiſſe ſe lever.

Ayez un fer comme je l'ai marqué Planche 1. Let. P. mettez votre pâte dedans, & la conduiſez comme les autres. Obſervez que comme cette gauffre eſt fort épaiſſe, il ne faut point la cuire trop vite, pour qu'elle ait le tems de bien cuire ; faites attention qu'elles doivent être ſervies le plus chaudement que l'on pourra, c'eſt pourquoi il ne faut commencer à les faire cuire, qu'au moment que l'on eſt prêt à ſervir le fruit.

GELE'E. C'eſt le ſuc des fruits, qui a reçu une conſiſtence épaiſſe par le moyen du feu. On fait de la gelée de pluſieurs ſortes de fruits, comme vous verrez ci-après.

GELE'E de groſeilles rouges ou blanches. Prenez telle quantité de groſeilles meures qu'il vous plaira ; ôtez-leur la grape ; mettez-les dans une poële avec un peu d'eau, ſuivant la quantité que vous en aurez ; mettez-les ſur le feu pour les faire fondre, & leur donnez deux ou trois boüillons couverts ; jettez-les ſur un tamis ſous

(*a*) Il y a de certains Officiers qui ſe ſervent de biere en place de levure, mais elle donne de l'amertume, & occaſionne de l'aigreur à la pâte ; c'eſt ce que je conſeille de ne jamais faire.

lequel sera une terrine pour recevoir le jus ; laissez-les égouter pendant une heure ; repassez le jus par une étamine, pour le rendre plus clair. Alors mesurez votre décoction, soit dans une cuillier, ou autre chose ; mettez la même quantité de sucre clarifié, que vous ferez cuire à cassé ; alors jettez-y votre décoction, & la laissez cuire jusqu'à ce qu'elle fasse la nappe, *Voyez* NAPPE, ce que vous connoîtrez avec une écumoire, en la mettant dans votre gelée ; vous la sortirez de la gelée, & la balancerez un peu en l'air ; alors vous la pencherez, & si vous voyez la gelée qui est à l'écumoire tomber en nappe, votre gelée sera cuite ; écumez-la & l'empotez ; quand elle est dans les pots, il s'y fait encore une petite écume qu'il faut ôter avec une cuillier pour la rendre nette : couvrez-la un jour après.

Dans la saison on met de cette gelée dans des moules à clarequets, en observant ce que j'ai marqué à l'article clarequet.

GELE'E de groseille framboisée. Prenez telle quantité qu'il vous plaira de groseilles ; mettez-les avec un tiers de framboises ; faites-les fondre, & leur donnez deux ou trois boüillons couverts ; jettez-les sur un tamis, sous lequel sera une terrine pour recevoir le jus ; lorsqu'elles seront bien égoutées, passez le jus par une étamine pour le rendre plus claire. Alors mesurez votre décoction ; mettez la même quantité de sucre clarifié, que vous ferez cuire à cassé ; alors, vous y jetterez votre décoction, & la laisserez cuire, jusqu'à ce qu'elle fasse la nappe, comme je l'ai marqué ci-devant ; écumez-la bien, & la mettez dans des pots, & ne la couvrez qu'un jour après.

GELE'E de groseilles sans feu. Prenez des groseilles bien meures, & les plus propres que vous pourrez trouver ; écrasez-les sur un tamis pour en tirer le jus ; pesez votre jus, & par chaque livre de jus, mettez-y une livre de sucre en poudre ; délayez le tout ensemble ; passez-le alors par une étamine, & mettez votre gelée dans des petits pots, que vous exposerez pendant deux jours au soleil. Il est bon d'observer qu'il ne faut point du tout laver la groseille : cette gelée est meilleure, & a plus de goût que celle qui est cuite, mais elle n'est pas si transparente.

GELE'E de pommes blanche rouge. Prenez une trentaine de pommes de reinette ; coupez-les en quatre ; ôtez-leur la peau, & les nettoyez bien ; jettez-les fait-à-mesure dans de l'eau fraiche pour les empêcher de noircir ; coupez-les alors par petits morceaux, & les changez d'eau ; mettez-les dans une poële, avec environ deux pintes d'eau ; couvrez-les avec une feüille de papier, & les faites cuire sur le feu, jusqu'à la réduction d'une pinte ; jettez vos pommes sur un tamis, pour en égouter le jus ; ensuite passez votre jus par une étamine, & le mesurez ; Prenez même quantité de sucre clarifié, que vous ferez cuire à cassé, jettez-y votre jus ; faites cuire le tout ensemble, jusqu'à ce que vous voyez que votre gelée fasse la nappe ; écumez-la bien, & la mettez dans des pots, ou moules à clarequets ; si vous la voulez rouge, mettez-y un peu de cochenille préparée, & la mettez à même cuisson. Comme l'on a des pommes toute l'année, on n'en fait pas grande provision ; d'ailleurs la gelée de pomme ne sert que pour des clarequets, ou pour des compotes.

GELE'E de coings. Prenez une vingtaine de beaux coings, qui soient bien sains ; essuyez-les avec un linge ; coupez-les par morceaux ; faites-les cuire dans six pintes d'eau, jusqu'à réduction de deux pintes ; jettez-les sur un tamis, sous lequel sera une terrine ; laissez-les bien égouter ; passez votre jus par une étamine, & le mesurez ; prenez presque même quantité de sucre clarifié, (a) que vous ferez cuire à cassé ; jettez-y votre jus, & faites cuire le tout ensemble à la même cuisson que la gelée de pommes ; si vous la voulez rouge, mettez-y de la cochenille préparée ; écumez-la proprement, & la mettez dans des pots.

Il est bon de dire qu'après que tous ces fruits seront égoutés, l'on peut encore s'en servir, en les passant au tamis, soit pour faire des pâtes, des marmelades, ou des conserves.

(a) Il faut observer que plus il y a de sucre dans la gelée de coings, plus elle est sujette à devenir grasse, attendu que le suc des coings est déja gras par lui-même.

GE'NE'RALE, eſt la compote dont on a le plus. On dit donner de la générale, lorſque l'on donne de cette compote.

GERCER, ſe dit de la pâte de paſtillage. Ce défaut provient de ce que l'on ne l'employe pas tout-de-ſuite, ou que l'on y met trop de ſucre, en la rendant trop dure, ou lorſqu'aprés en avoir fait une abaiſſe, on la néglige, ou qu'on la laiſſe un peu ſécher avant que de l'employer. Ce défaut vient encore quand on ne couvre pas bien la pâte.

GIROFLE. Le girofle a la figure d'un cloux, & c'eſt le fruit ou ambrion des fleurs deſſechées d'un arbre des Indes, dont les feüilles ſont longues, aſſez larges & pointuës.

On doit le choiſir gros, bien nourri, entier, de couleur brune, facile à rompre, fort odorant, d'un goût piquant & aromatique; on s'en ſert dans pluſieurs choſes, où vous en trouverez l'employ.

GIMBELETTE, eſt une eſpèce de four. Prenez une douzaine d'œufs, dont vous mettrez le blanc & le jaune enſemble dans une poële; battez-les bien avec une livre & demie de ſucre en poudre; lorſqu'ils ſeront bien battus, mettez-y de la farine à telle quantité, juſqu'à ce que le tout forme une pâte maniable; mettez-y de la rapure de citron. Alors roulez votre pâte, & en formez des petits anneaux; lorſque vous aurez ainſi fini votre pâte, ayez de l'eau boüillante ſur le feu; arrangez vos gimbelettes ſur une écumoire, & les trempez un moment dans cette eau boüillante; ſortez-les & les mettez ſur une nappe pour les faire égouter; dreſſez-les enſuite ſur des feüilles de cuivre, & les faites cuire d'une belle couleur au four.

GLACE, eſt un terme d'Office, qui a différentes ſignifications; on dit la glace d'un biſcuit, d'un pain-d'épice, d'un fruit qui eſt bien tiré au ſec, d'une conſerve bien faite, d'une compote qui eſt brillante, d'un fruit tiré au caramel, &c.

GLACE. On entend par glace, les fruits glacés, les neiges, les mouſſes, les fromages, & toutes ſortes de choſes glacées, dont on imite la figure. *Voyez* FRUIT GLACE'.

GLACE, ſe dit des glaces étamées qui ſont encadrées, & ſur leſquelles on monte les fruits. Les glaces d'ordinaires que l'on met dans le milieu, ont dix-ſept pouces en quarré, & ceux des côtés ont dix-ſept pouces de longueur, ſur onze de largeur. *Voyez* Fig. Plan. 5. Let. A.

GLACE-ROYALE, ſe fait avec du blanc d'œuf, & du ſucre en poudre, que vous mêlez bien enſemble, juſqu'à ce qu'elle ſoit un peu épaiſſe; de cette maniére, elle ſert pour les conſerves ſoufflées, & ſi c'eſt pour glacer des maſſepains, &c. vous y pouvez ajouter un peu d'eau de fleur d'orange, & jus de citron.

GLACER, eſt lorſque l'on poudre légérement des biſcuits avec du ſucre, pour leur donner une glace, ou des compotes que l'on poudre de même, auſquelles on donne couleur, ſoit au four, ou avec une paile rouge. On dit encore glacer un maſſepain, un pain-d'épice. *Voyez* l'un & l'autre.

GLAÇON, ſe dit des durillons qui ſe trouvent dans les fruits glacés, lorſque les neiges ne ſont pas bien travaillées.

GOBELET. On apelle gobelet tout ce qui peut porter, & contenir quelque choſe, comme les gobelets à tiges, les gobelets à mouſſes, & les gobelets à neiges. Ils doivent être de verre, ou de cryſtal; il y en a de différentes figures, & de différentes hauteurs. *Voyez* leurs Fig. Plan. 3. Let. D. & Plan. 4. Let. B. gobelet à tige Let. D. Plan. 3. Let. E. gobelet à neige, Plan. 4. Let. C. gobelet à mouſſe.

GOBICHON, eſt un petit gobelet de la hauteur d'un pouce, ſur lequel on met un petit fruit cru, ou confi.; il y en a que l'on remplit d'eau, & dans leſquels on met des fleurs naturelles. *Voyez* leurs Fig. Plan. 3. Let. B. & Let. M.

GOMME, eſt un ſuc viſqueux, qui découle de certains arbres, & qui ſe congele. Celles que l'on employe dans l'Office,

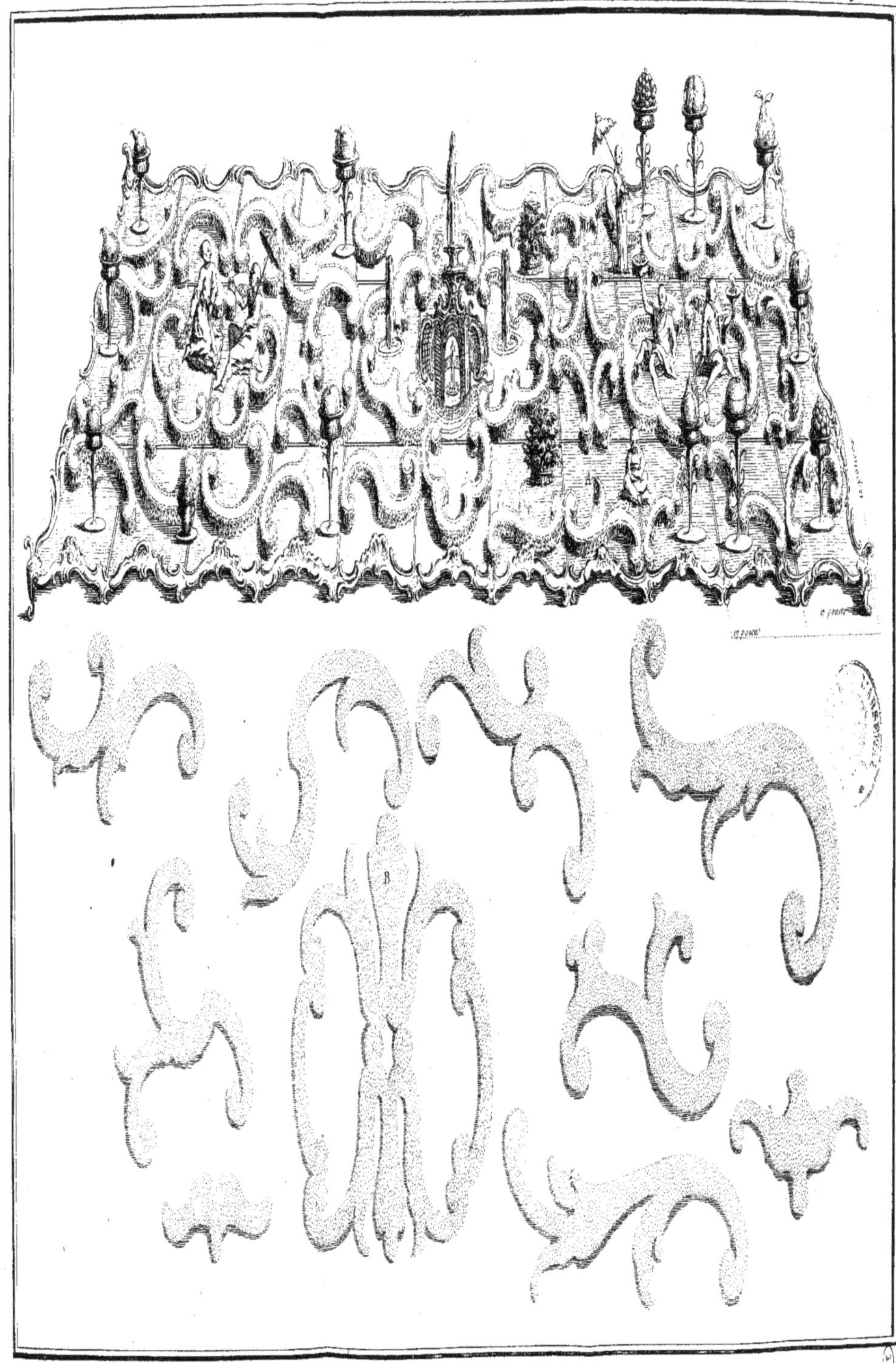

ſont la gomme adragante, la gomme-arabique & la gomme-gutte.

GOMME adragante, nous eſt aportée de la Syrie, & de Candie, en petits morceaux longs, menus, entortillés en maniére de verres blancs, luiſans & legers. Elle ſort par inciſion de la racine, & du tronc d'un petit arbriſſeau épineux, que l'on nomme barbe-renard, ou épine de bouc.

Il faut la choiſir en petits morceaux blancs, luiſans, legers, & où il n'y paroiſſe aucune ordure, & inſipide au goût. Elle ſert pour faire le paſtillage & les paſtilles, & le macaron de Carême. *Voyez* l'un & l'autre, vous trouverez la maniére de l'employer.

GOMME arabique, eſt une gomme qu'on nous aporte en groſſes larmes, ou morceaux blancs, tirant quelquefois ſur le jaune, clairs, tranſparens, gluans à la bouche & ſans goût; elle eſt tirée par inciſion d'un petit arbre épineux, qui croît abondamment dans l'Arabie heureuſe, & dans pluſieurs autres lieux.

On doit choiſir la gomme-arabique, ſéche, blanche, claire, tranſparente, nette, polie, de ſubſtance maſſive, ſe diſſolvant, ou ſe fondant aiſément dans l'eau; elle ſert dans les dragées, & dans le vernis pour le paſtillage. *Voyez* l'un & l'autre.

GOMME gutte. *Voyez* COULEUR.

GRAINER, terme d'Office, ſe dit d'une confiture, d'un ſucre cuit au caramel; c'eſt lorſque l'on y voit des petits grumeaux de ſucre gros comme de la graine. Ce défaut vient à quelques confitures lorſqu'elles ſont trop cuites, & que leurs fruits ſont d'une ſubſtance graſſe & acide, (*a*) au caramel; lorſqu'il n'eſt point à cuiſſon parfaite, ou qu'on le verſe lorſqu'il eſt encore boüillant, ou lorſque l'on n'y met point de jus de citron, ou lorſque le ſucre n'eſt pas bien clarifié, ou qu'il s'y trouve quelques ordures. Ce défaut vient encore, lorſque l'on employe de la mauvaiſe eau pour

(*a*) Le ſucre de ces confitures, par ſon trop de cuiſſon, ne peut pas pénétrer les pores du fruit avec lequel il eſt mêlé; les acides du fruit ne pouvant s'y joindre, font une agitation contre les parties ſalines du ſucre, & le font grainer.

clarifier le ſucre : (*a*) le tirage eſt encore ſujet à grainer, lorſqu'il eſt trop cuit. *Voyez* TIRAGE.

GRAISSER, eſt un terme qui ſe dit d'un ſucre que l'on cuit au caramel ; cette opération ſe fait en y mettant du jus de citron, comme je l'enſeigne à la cuiſſon au caramel, pour empêcher qu'il ne graine lorſqu'il eſt trop ſec par lui-même.

GRAS, eſt un terme d'Office, apliqué au ſucre, au tirage, aux pâtes & aux gelées. On dit ce tirage eſt gras, lorſqu'il n'eſt pas bien ſec ; cette pâte eſt graſſe, lorſqu'elle eſt poiſſante ; cette gelée eſt graſſe, lorſqu'elle poiſſe, & qu'elle n'eſt pas tremblante, & de bonne conſiſtence.

GRATECUL, eſt un fruit oval, ou oblong, gros comme un gland, verd au commencement, mais prenant une couleur rouge de corail à meſure qu'il meurit ; ſon écorce eſt charnuë, moëlleuſe, d'un goût doux, acide & agréable. Ce fruit renferme en ſa cavité beaucoup de ſémences oblongues, anguleuſes, blanches, dures, entourées d'un poil dur qui s'en ſépare aiſément. Ce fruit croît ſur le roſier ſauvage, qui eſt un arbriſſeau grand, haut, épineux, qui croît ſans culture dans les hayes & buiſſons ; ſa fleur eſt une roſe ſimple à cinq feüilles, à laquelle ſuccede ce fruit.

Maniére de le confire.

Prenez des grateculs, que vous fendrez d'un côté, & vuiderez de leur ſémence ; mettez du ſucre dans une poële avec moitié eau ; faites-le boüillir, & lorſqu'il boüillira, jettez-y vos grateculs, que vous aurez lavé auparavant ; donnez leur deux boüillons couverts ; retirez-les du feu ; mettez-les dans une terrine ; couvrez-les de papier, & les laiſſez ainſi juſqu'au lendemain ; alors égoutez-les, & faites cuire votre ſucre à liſſé ; attendez qu'il ſoit froid pour le jetter deſſus ; laiſſez-les ainſi encore une journée ; alors

(*a*) Pour employer le caramel grainé, il faut le décuire, le paſſer par une étamine, & le remettre à cuiſſon ſans y mettre du jus de citron, il vous ſervira de même.

vous les ferez frémir un moment, & au bout de quatre heures égoutez-les; faites cuire votre sucre à gros perlé; mettez-y vos grateculs, & leur donnez un boüillon couvert; écumez-les bien & lés empotez.

On les fait encore différemment, lorsqu'ils sont vuidés de leurs sémences; on les laisse ainsi jusqu'à ce qu'ils s'amolissent; pour-lors on les jette dans du sucre clarifié froid, & pour le reste on les conduit de même.

GRENADE, est un fruit gros comme une grosse pomme ronde, garnie d'une couronne; son écorce est dure comme du cuir; elle est divisée intérieurement en plusieurs loges, remplies de grains entassés les uns sur les autres, de belle couleur rouge, pleins d'un suc trè -agréable au goût, & renfermant chacunes en son milieu une semence oblongue, jaunâtre. Ce fruit croît sur un grenadier cultivé, dont les rameaux sont menus, anguleux, garnis de quelques épines; l'écorce est rougeâtre; ses feüilles sont petites, ressemblantes à celles du grand mirthe, mais moins pointuës, attachées par des queuës rougeâtres.

On en fait des compotes, des conserves & des neiges. *Voyez* l'un & l'autre.

GRILLAGE. Il y a plusieurs espèces de grillage, & qui ne different entr'eux que par la qualité de ce que vous employez, comme les amandes, les pistaches, les avelines, les noix, les pignons, & les boutons confits de fleurs d'orange, &c. On peut en faire en mêlant quelques-unes de ces espèces ensemble, & mettre dessus de la nompareille de toute couleur; pour-lors, ce grillage se nomme grillage à l'arlequine.

Manière de le faire.

Lorsque vos amandes, ou autres, seront mondées & coupées en long, préparez d'abord vos feüilles de cuivre, en les huilant avec de l'huile d'amande douce, pour que le grillage ne tienne point contre; faites fondre une livre de sucre, & y jettez une livre & demie de vos amandes, ou autres ; faites-les cuire jusqu'à ce qu'elles pétillent, & qu'elles commencent à roussir, cependant d'une belle couleur, en les remuant toujours avec une spatule ; mettez-y des dragées, & les jettez sur vos feüilles ; étendez vos amandes, & les aplatissez avec une feüille huilée que vous mettrez dessus ; lorsqu'il sera un peu froid, levez-le avec un couteau à pâte, & le coupez par morceaux, tels que vous le jugerez à propos ; conservez-le dans une étuve modérée : le grillage est au rang des garnitures pour les fruits.

On peut encore faire du grillage avec du miel, en mettant moitié miel, & moitié sucre.

GRILLE. Il y en a de différentes grandeurs ; elles sont faites ordinairement de fil de leton ; les grandes servent pour le tirage sur lesquelles on met les fruits que l'on tire, pour les égouter du surplus de leur sucre. *Voyez* Plan. 1. Let. M. Les petites sont celles à candy, que l'on met l'une sur l'autre dans leur moule, & toujours les fruits que l'on veut candir entre deux : ces grilles empêchent que les fruits ne s'attachent, lorsqu'ils se candissent. *Voyez* Plan. 1. Let. Z.

GRILLER, se dit des poires de bon-chrétien, que l'on met dans un fourneau ardent pour leur griller la peau. *Voyez* COMPOTE GRILLÉE.

Griller se dit de la fleur d'orange pralinée, que l'on étend sur un plafond, à laquelle on donne une couleur grillée à un four d'une chaleur modérée, en la remuant de tems-en-tems, pour qu'elle prenne couleur par-tout.

GROSEILLE. Groselier est un petit arbrisseau, qui pousse des rameaux durs & tortus ; ses feüilles sont presque rondes, vertes, dentelées autour ; ses fleurs sont disposées en petites grapes, dont les pédicules sortent des aiselles des feüilles ; chacune de ces fleurs est composée de plusieurs feüilles disposées en rose, & attachées au parois du calice ; quand ces fleurs sont tombées, il leur succéde des bayes, grosses environ comme celles du geniévre, rondes,

rondes, rouges ou blanches, molles, luisantes, remplies d'un suc rouge ou blanc, aigrelet & fort agréable au goût; elles renferment aussi plusieurs sémences : ces bayes sont les groseilles.

Elles s'employent de différentes façons ; on les confit entiéres; on en fait des gelées, des pâtes, des conserves, des sirops, des compotes, des eaux rafraichissantes & des neiges. *Voyez* l'un & l'autre article, où vous trouverez la maniére de les travailler. On en fait encore du jus, que l'on conserve pour l'Hyver. *Voyez* JUS.

Maniére de les confire entiéres.

Prenez quatre livres de belles groseilles égrenées, & faites cuire cinq livres de sucre à la plume ; jettez vos groseilles dedans, & les faites cuire à grand feu sept à huit boüillons ; ôtez-les du feu, & les laissez reposer une demi-heure ; égoutez-les alors, & remettez votre sirop sur le feu, & y ajoutez une demie chopine de jus de cerises, que vous aurez passé à la chausse ; faites cuire votre sirop à gros perlé ; jettez-y ensuite vos groseilles, & leur donnez deux boüillons couverts ; ôtez-les de dessus le feu ; écumez-les bien, & les laissez ainsi presque réfroidir ; mettez-les alors dans des pots ; lorsqu'elles seront tout-à-fait froides, vous pouvez mettre dessus un peu de gelée de groseille ; bouchez vos pots au bout de vingt-quatre heures.

GROSEILLE verte. Les groseilles vertes sont des fruits ronds, ou ovales, moux, charnus, gros comme des gappes de raisin, rayés, verds au commencement, & empreints d'un suc acide, mais prenant à mesure qu'ils meurissent une couleur jaunâtre, & d'un goût doux & agréable. Ils renferment plusieurs sémences menuës ; ils croissent sur un arbrisseau que l'on cultive dans les jardins ; il est fort rameux, & garni de toutes parts d'épines fortes & aiguës ; ses feüilles ressemblent assez aux feüilles du groselier ordinaire.

On les emploïe en compotes, en les vuidant de leur sémence, avec une petite videlle, & les faisant blanchir. On en fait des pâtes, & des conserves : suivez les mêmes principes que pour la groseille.

Maniére de la confire.

Prenez des groseilles lorsqu'elles sont encore vertes ; fendez-les par un côté avec un ganif ; ôtez leur toutes les sémences ; vous les mettrez alors dans de l'eau, que vous mettrez sur le feu, & que vous tiendrez bien modérée ; quand elles seront montées au-dessus de l'eau, vous les descendrez de dessus le feu, & les laisserez reposer dans leur même eau ; lorsqu'elles seront froides, vous les changerez d'eau pour les faire reverdir à petit feu, jusqu'à ce qu'elles soient bien mollettes ; alors vous les ôterez du feu, & les rafraichirez dans de l'eau fraiche ; égoutez-les bien, & les mettez dans un sucre clarifié ; vous leur ferez prendre sept à huit boüillons ; écumez-les bien, & les laissez ainsi jusqu'au lendemain, pour qu'elles prennent bien leur sucre ; alors vous les égouterez, & ferez cuire votre sirop à perlé, vous y glisserez votre fruit, & lui ferez prendre trois ou quatre boüillons couverts ; écumez-les proprement, & les empotez.

GRUMEAU, se dit d'une farine qui n'est pas bien délayée, soit dans les gauffres, ou dans les biscuits. Grumeau se dit des amandes, ou autres espèces semblables, lorsqu'elles ne sont pas bien pilées. Grumeau se dit encore des glaçons qui se trouvent dans les neiges, ou fruits glacés. *Voyez* GLAÇONS.

GUE'RIDON, est le nom d'un gobelet à tige, dont on ne se sert pas beaucoup à present ; car en mettant un drageoire, & un gobelet l'un sur l'autre, vous faites un guéridon. *Voyez* Plan. 1. Let. L.

GUIGNE, est une espèce de cerise noire, ressemblante au bigarreau, qui se sert de même, & que l'on peut confire comme les cerises.

HYP HOU HUI

HYPOCRAS, eſt une liqueur compoſée avec du vin, des pommes & des épices.

Manière de le faire.

Prenez quatre bouteilles de bon vin du Rhin, une douzaine de pommes de reinette coupées par tranches, quatre ou cinq cloux de girofle, un peu de canelle, une livre & demie de ſucre-royal, le zeſte d'un citron, un peu de coriandre; mettez le tout infuſer du jour au lendemain; paſſez-le à la chauſſe; filtrez-le, & le mettez en bouteille. On peut y mettre un grain d'ambre-gris, que l'on met dans un petit ſachet de linge bien propre, pour lui donnner du goût, (ſupoſé que l'on aime l'ambre;) il ne faut l'infuſer tout au plus qu'une heure.

HOULETTE, eſt un utenſile d'Office, qui eſt fait de fer-blanc en forme de houlette, avec laquelle on travaille les neiges dans les ſarbotieres, pour les rendre plus délicates, & les mieux faire prendre. *Voyez* Fig. Plan. 1. Let Q.

HUILE, eſt une liqueur graſſe, dont les particules ſont accrochées les unes aux autres, & qui prennent aiſément feu; on ne ſe ſert dans l'Office que d'huile d'olive, & d'amande douce. Le mot d'huile eſt encore attribué aux blancs d'œufs foüettés. *Voyez* BLANCHISSAGE.

HUILER, ſe dit d'un moule à caramel, ou des feüilles de cuivre que l'on frotte avec un pinceau huilé, pour empêcher que le ſucre, ou ce qui eſt mêlé avec du ſucre, ne s'attache après. Lorſque l'on huile des moules, il faut toujours les renverſer ſur du papier, pour travailler proprement.

JAS JAT IMP INC IND INF ING IRIS

JASMIN, eſt une fleur qui naît en maniére de petites ombelles aux ſommités des branches d'un arbriſſeau, qui pouſſe beaucoup de rameaux fort longs, noüés, plians, verds, s'étendant beaucoup, & tombant s'ils ne ſont ſoutenus par des perches, ou par une muraille : elles ſont petites, mais agréables, blanches, d'une odeur douce & très-odorante ; chacune d'elles eſt un tuyau évaſé par le haut, & découpé en étoile à cinq parties.

L'on met le jaſmin au candy ; on en fait des conſerves comme de la violette ; on en fait du ſirop. *Voyez* SIROP.

JATTE, eſt un plat rond de porcelaine, ſur lequel on met un plateau de même grandeur, & que l'on attache avec trois boulettes de cire, pour empêcher que le plateau ne ſe dérange, & ſur lequel on monte des cryſtaux & verres découpés. Il y en a de différentes grandeurs ; conſultez le mot de ſervice, vous y trouverez la quantité qu'il vous en faudra pour pluſieurs tables.

IMPRIMER, ſe dit d'une abaiſſe de paſtillage, que l'on imprime dans un moule pour en tirer l'empreinte, comme pour faire une figure, ou une fleur de paſtillage.

INCORPORER, terme d'Office : c'eſt de mettre une choſe avec une autre.

INDIGO. *Voyez* COULEUR.

INFUSION. C'eſt une préparation d'épices, ou autres choſes, qui ſe fait en les mettant dans de l'eau boüillante, ou autre liquide, pour les empreindre de leur goût, & en extraire le materiel.

INFUSION pour les glaces. *Voyez* FROMAGES GLACÉS.

INGREDIENS. *Voyez* PASTILLES.

IRIS de Florence, eſt une racine blanche, groſſe comme le

pouce, oblongue, laquelle on nous aporte de Florence, où elle croît sans culture ; sa tige est semblable à l'iris commun, mais ses feüilles sont plus étroites, & ses fleurs plus blanches. On doit la choisir bien nourrie, bien blanche, pesante, compacte, nette, ayant une odeur de violette douce & agréable : elle sert pour faire des pastilles de violettes, *Voyez* PASTILLES

JUS, est une substance liquide que l'on tire de plusieurs fruits, en les exprimant, ou en les faisant fondre sur le feu.

Maniére de faire le jus de groseille & d'épine-vinete, pour le conserver pendant l'Hyver.

Prenez lequel vous voudrez de ces fruits ; égrenez-le bien ; mettez-le ensuite dans une terrine, & le foulez ; laissez-le ainsi fermenter pendant cinq ou six jours dans un endroit chaud, ou une étuve modérée ; exprimez alors votre jus dans une presse ; passez-le dans une chausse, & pour mieux faire, filtrez-le ; mettez-le tout-de-suite dans des bouteilles ; mettez par-dessus de l'huile d'amande douce à la hauteur de deux doigts ; bouchez bien vos bouteilles, fisselez-les, & les mettez debout à la cave. Vous pourrez vous en servir pour faire des conserves, des sirops, rougir & donner leur goût à des compotes, telles que vous le jugerez à propos.

Maniére de faire le jus de limon & de citron, pour le conserver pendant l'Hyver.

Après que vous aurez levé les chairs de ces fruits, (que vous pourrez cependant employer comme vous le jugerez à propos ;) exprimez-en le jus dans une presse ; passez-le par une étamine double ; mettez votre jus dans un flacon ; bouchez-le légérement & l'exposez au soleil pendant une journée, ou mettez votre jus dans une étuve modérée pendant le même tems ; passez votre jus encore par une étamine, ou le filtrez ; mettez-le ensuite dans des bouteilles avec de l'huile d'amande douce à la hauteur de deux doigts ; bouchez bien la bouteille, & la fisselez ; mettez-la ensuite à la cave : j'en ai gardé moi-même pendant trois ans, & toujours bon.

LAIT, eſt une liqueur blanche, filtrée par les glandesd es mammelles, ou tettes femelles, & n'eſt à proprement parler, qu'un chyle déja digeré, travaillé, & deſtiné à ſoutenir & à nourrir l'animal qui le ſuce. Celui que l'on employe dans l'Office eſt le lait de vache : le lait de vache eſt celui qu'on tire du pis d'une vache.

La bonté du lait ſe connoît d'abord à ſa blancheur, & à ſon odeur ; on le connoît encore mieux, ſi en mettant une goutte ſur l'ongle, elle y demeure attachée comme une perle ſans couler ; le lait qui eſt d'une couleur bleuâtre n'eſt point gras : on s'en ſert pour faire des caillebottes. *Voyez* CAILLEBOTTES. Lorſque vous n'aurez point de crême, vous pouvez vous en ſervir pour faire des glaces.

LAITUE, eſt une plante connuë de tout le monde ; il y en a de trois eſpèces, dont on ſe ſert dans l'Office pour les ſalades.

Savoir la petite laituë, la laituë pommée & la laituë romaine.

La petite laituë eſt la laituë naiſſante, laquelle par la ſuite, devient pommée, par les ſoins des Jardiniers.

La laituë pommée a des feüilles grandes, repliſſées, tendres, blanchâtres, empreintes d'un ſuc laiteux, doux & agréable au goût.

La laituë romaine a la feüille longue, médiocrement large, légérement découpée ; cette laituë n'eſt bonne à manger, que quand elle eſt jaune, tendre, blanchâtre, pleine de ſuc, douce & de bon goût. La pommée & la romaine, ont chacune un chicon qui ont beaucoup de raport enſemble ; on cultive toutes ces laituës dans les jardins potagers : pour les mettre proprement en ſalade, conſultez le mot de SALADE.

LAMPROYE, eſt un poiſſon de Mer, cartilagineux, ayant le ventre blanc, le dos ſémé de taches bleuës & blanches, la peau liſſe, la chair molle & gluante ; il a la figure d'une anguille. Ce poiſſon n'a point d'os, il paſſe dans les rivieres au printems ;

lorsqu'ils sont marinés, on en met dans les salades cuites.

LEVER. On dit lever un clarequet, une conserve plate ou soufflée, un fruit glacé, &c. C'est les sortir de leur moule. *Voyez* CLAREQUET, CONSERVE ET FRUIT GLACÉ.

On dit lever la chair & l'écorce d'un fruit d'odeur; on dit encore lever les piéces d'un moule à caramel, pour en sortir la figure.

LEVURE de biere, est une écume grossiére, & visqueuse qui s'éleve aux bondons des tonneaux qu'on a remplis de biere nouvellement faite; on l'apelle levure, ou levain de biere, parce que le levain est tout ce qui peut faire gonfler, & élever une matiére pour la mettre en fermentation : on ne s'en sert que dans les gauffres à la Flamande.

LIME-DOUCE, est un petit fruit odorant, qui ne differe du limon que par sa rondeur & sa grandeur; il croît sur un arbre que l'on apelle Linconnier; ce fruit s'apelle lime, parce qu'il ne parvient pas à la même grosseur que le limon, étant cependant de la même espèce : on le confit comme le cédra.

LIMETTE, est un fruit odorant semblable à la lime-douce, & qui n'en differe que parce qu'il est aigre & amère; la limette croît sur un limonnier, sur lequel on a enté des branches d'oranges amères : on le confit de même que le cédra.

LIMONS, sont des fruits qui ne different des citrons, qu'en ce qu'ils sont plus ronds, & en ce que leur écorce est moins épaisse; il y en a des aigres & des doux; ils sont couverts d'une écorce jaune, ou citrine en dehors, blanche en dedans, odorante principalement en sa superficie, d'un goût aromatique; leur substance est vessiculeuse, divisée en célules remplies d'un suc doux ou aigre, fort agréable à l'odeur & au goût. Ce fruit contient des sémences comme celles du citron, & croît sur un arbre que lon nomme Limonnier; ses feüilles & ses fleurs sont semblables à celles du Citronnier ordinaire, de sorte que l'on ne le distingue que par son fruit : on les confit de même que les cédras, après les avoir tourné comme les citrons.

LIMONADE, est une liqueur fraiche, faite avec le jus, de l'eau & le zeste du citron.

Maniére de la faire.

Prenez six bons citrons, que vous zesterez dans quatre pintes d'eau fraiche ; exprimez-en le jus ; mettez-y du sucre à votre goût ; battez bien le tout ensemble, & le laissez infuser un moment ; passez le tout par une étamine, & le mettez dans des bouteilles.

LIMONADE portative. Je donne la méthode de la faire, comme étant une chose d'un très-grand secours pour les Seigneurs qui voyagent, d'autant plus que l'on ne trouve point des citrons par-tout. Zestez vingt-quatre beaux citrons, qui ayent beaucoup de jus, sur une feüille de papier ; exprimez-en leur jus ; passez-le par une étamine. Pilez, & passez au tâmis huit livres de sucre ; alors ayez un pot de terre vernissé, ou marmite d'argent, qui puisse contenir le tout ; rangez dans le fond de votre vase, à la hauteur de trois doigts, des petites verges bien propres, que vous tirerez d'un foüet, avec lequel on foüette le blanc d'œuf ; mettez dessus une étamine ; alors mettez un lit de sucre, un lit de zeste, jusqu'à ce que tout y soit ; jettez dessus le jus de vos citrons, avec très-peu d'eau ; bouchez ainsi votre vase en le bien lutant, avec du papier que vous colerez autour. Alors mettez votre vase dans une grande poële, que vous remplirez d'eau ; faites-la boüillir pendant dix heures consécutives ; alors tirez votre vase, & l'ouvrez lorsqu'il est chaud ; passez le tout par une étamine, & le mettez dans des pots, cela viendra comme du miel, ou comme une conserve moëleuse. Lorsque vous voudrez vous en servir, délayez de cette composition dans de l'eau fraiche, vous aurez une limonade parfaite.

LIQUEUR. Ce nom est attribué à toutes les compositions liquides que l'on fait pour les glaces.

LISSE'.

LIS

LISSÉ. Cuiſſon du ſucre. *Voyez* CUISSON.

LISSER, ſe dit de la dragée que l'on mene ſur le tonneau, pour la rendre bien unie, en la remùant continuellement, & lui donnant des couches legeres. *Voyez* DRAGÉE.

MAC

MACARON, eſt une eſpèce de four, fait avec des amandes douces ou piſtaches, du ſucre, & du blanc d'œuf. On fait encore des macarons de Carême, dans leſquels il n'y entre point d'œufs.

Maniére de les faire.

Prenez une livre d'amandes douces ou piſtaches, que vous aurez bien mondé, & laiſſez-les un moment à l'étuve pour leur ôter leur humidité; pilez-les bien en pâte fine, avec quelques blancs d'œufs, de peur qu'elles ne ſe tournent en huile. Etant bien pilées, prenez une livre & demie de ſucre en poudre, avec encore trois ou quatre blancs d'œufs, un peu de rapure de citron; mêlez bien le tout enſemble, (ſi vous voulez, foüettez vos blancs d'œufs en neige;) dreſſez vos macarons ſur du papier en forme de langue; faites-les cuire dans un four moderé; lorſqu'ils ſeront cuits, & d'une belle couleur dorée, retirez-les du four: pour les lever, laiſſez-les réfroidir.

MACARONS liquides de fleurs d'orange, ou d'abricots. Dreſſez ſur des feüilles de papier de la même pâte que ci-deſſus; faites un petit trou dans chaque macaron que vous aurez dreſſé; empliſſez-le de marmelade de fleur d'orange ou d'abricots, & le recouvrez avec la même pâte; faites-les cuire au four, & les glacez comme le maſſepain à l'Allemande. *Voyez* MASSEPAIN.

MACARON de Carême. Prenez un demi quarteron de gomme-adraganthe; mettez-la dans un petit pot de fayance;

mettez de l'eau avec, c'est-à-dire qu'elle surnage de l'épaisseur d'un doigt ; mettez votre pâte à l'étuve, & l'y laissez jusqu'au lendemain. Alors passez votre gomme par un tamis avec une spatule ; mettez-la dans un mortier, & la pilez bien, pour qu'elle se blanchisse ; vous pilerez à part vos amandes mondées, à la même quantité que ci-devant, avec un peu d'eau de fleur d'orange ; alors vous mettrez le tout ensemble, & le pilerez bien ; mettez-y ensuite cinq quarterons de sucre en poudre, & pilez le tout ensemble jusqu'à ce que vous voyiez que votre pâte soit comme la précédente : dressez-les sur du papier, & les faites cuire comme les autres.

MACHE, est une plante dont les feüilles sont oblongues, vertes, pâles, oposées l'une à l'autre deux à deux ; molles, assez épaisses, les unes entiéres, les autres crenelées, & d'un goût douceâtre ; sa racine est petite, fibreuse & blanche. On la cultive dans les jardins : on en fait des salades, lorsqu'elle est jeune.

MACIS, c'est la fleur de muscade. *Voyez* MUSCADE.

MANIER, se dit du sucre, de la cire ; manier quelque chose comme il faut, c'est de le bien faire, & de réussir.

MANILLE. On apelle manille du papier à sucre, plié, que l'on prend pour ôter les poëles de dessus le feu, pour empêcher de se brûler.

MARMELADE, est une pâte confite à demi liquide, faite de la chair des fruits qui ont quelque consistence, comme les abricots, les pêches, les prunes, les cedras, les oranges &c.

Observez que pour toutes les marmelades de fruits, il faut toujours une livre de sucre pour une livre de fruit.

MARMELADE d'abricots verds. Prenez des abricots verds, avant que le noyau soit formé, passez-les au sel comme je l'ai déja marqué à l'article des abricots verds ; faites-les blanchir jusqu'à ce qu'ils s'écrasent sous vos doigts ; rafraichissez-les, & les faites égoutter ; passez-les à travers d'un tamis avec une spatule, recevant ce qui passera dans une poële ; vous le ferez ensuite dessecher sur le feu, le remuant & retournant soigneusement avec une spatule, jusqu'à ce qu'il quitte son humidité. Alors faites cuire livre pour livre de sucre clarifié à la plume, que vous délayerez avec votre marmelade : faites-la un peu fremir, & l'empotez.

MARMELADE de cerises. Prenez de belles cerises des plus rouges, vous en ôterez les noyaux ; faites-les bien dessecher jusqu'à ce qu'elles soient reduites d'un tiers ; faites cuire du sucre clarifié à la grosse plume ; mettez-y votre fruit en le remuant bien avec une spatule, jusqu'à ce que vous voyiez que tout soit bien mêlé. Alors vous empoterez votre marmelade, & la laisserez refroidir, en la poudrant de sucre avant que de la couvrir.

MARMELADE de groseilles. Prenez de belles groseilles égrenées ; faites-les fondre sur le feu avec un peu d'eau ; versez-les sur un tamis, & ne prenez que les groseilles qui seront restées sur le tamis ; passez-les avec une spatule au travers dudit tamis, dessus une terrine ; faites cuire du sucre clarifié à la plume ; mettez-y votre pâte, & la remuez bien ; donnez-lui douze ou quinze boüillons, en la remuant toujours : écumez-la, & l'empotez.

MARMELADE de framboises. Prenez des framboises bien épluchées, que vous passerez à travers d'un tamis ; dessechez-les sur le feu, jusqu'à ce qu'elles soient reduites à moitié ; faites cuire du sucre clarifié à la plume ; mettez-y votre fruit ; donnez-lui douze ou quinze boüillons, en remuant toujours votre marmelade avec une spatule : écumez-la, & la mettez dans des pots.

MARMELADE d'abricots meurs. Prenez des abricots bien meurs, ôtez leur la peau & le noyau ; jettez les dans de l'eau boüillante ; couvrez-les, & les laissez un moment ; égoutez alors votre fruit, & le passez par un tamis ; pesez-le, & prenez autant de sucre clarifié, que vous ferez cuire à la grosse plume ; mettez-y votre fruit ; donnez-lui quatorze ou quinze boüillons, en le remuant toujours avec la ſpatule ; mettez-y alors les noyaux que vous aurez mondé ; donnez-lui encore deux ou trois boüillons, & le deſcendez du feu : laiſſez-le repoſer un moment, & l'empotez.

Autre manière.

On fait encore de la marmelade d'abricots, en les coupant par morceaux. Il faut peſer le fruit, & faire cuire même quantité de ſucre à la groſſe plume ; mettez-y votre fruit, & le remuez toujours avec une ſpatule ; faites cuire votre marmelade, juſqu'à ce qu'elle faſſe la nappe après la ſpatule ; ce qui ſe fait en ſortant la ſpatule, & la levant en l'air, comme je l'ai marqué pour la gelée.

MARMELADE de prunes. Prenez telle eſpèce de prunes qu'il vous plaira ; faites-les blanchir juſqu'à ce qu'elles ſoient molles ; jettez-les dans l'eau fraiche ; égoutez-les comme il faut, & les paſſez à travers d'un tamis ; deſſechez un peu votre marmelade ſur le feu ; faites cuire du ſucre clarifié à la groſſe plume ; mettez-y votre fruit ; faites-le fremir un moment, en le remuant toujours avec une ſpatule, & mettez votre marmelade dans des pots.

MARMELADE de poires de rouſſelets. Faites blanchir vos poires juſqu'à ce qu'elles ſoient molles ; rafraichiſſez-les, & leur ôtez la peau ; paſſez la chair à travers d'un tamis, après les avoir bien égoutées ; faites cuire du ſucre clarifié à la grande plume ; mettez-y votre fruit ; donnez-lui une douzaine de boüillons, en le remuant toujours avec une ſpatule, & l'empotez.

MARMELADE de cedra, & des fruits d'odeur. Levez les chairs & les écorces de vos fruits ; jettez les fait-à-meſure dans de l'eau fraiche ; faites-les blanchir de façon qu'ils s'écraſent ſous les doigts ; rafraichiſſez-les, & les paſſez par un tamis avec une ſpatule, ou pilez-les dans un mortier, & les paſſez de même ; faites cuire du ſucre clarifié à la grande plume ; mettez-y votre fruit ; donnez-lui une douzaine de boüillons, en le remuant toujours, & l'empotez tout-de-ſuite.

MAR

MARMELADE de fleur d'orange. Prenez de la belle fleur d'orange bien épluchée ; faites-la blanchir, jusqu'à ce qu'elle soit bien molle, en y exprimant un jus de citron ; rafraichissez-la en la passant par plusieurs eaux ; égoutez-la, & la pressez le plus que vous pourrez dans un linge ; mettez-la ensuite dans un mortier bien propre, & la pilez comme il faut, en y ajoutant du jus de citron. Prenez alors trois livres de sucre royal pour livre de fleur, que vous ferez cuire à soufflé ; mettez ensuite votre fleur pilée dans un poëlon à part ; délayez petit-à-petit votre fleur avec votre sucre, sans la mettre sur le feu ; lorsqu'elle sera ainsi délayée, mettez-la dans des pots.

MARMELADE de pêches. Prenez des pêches bien meures ; ôtez leur la peau & le noyau ; mettez-les un moment dans de l'eau boüillante, sans les mettre sur le feu ; égoutez-les, & les passez par un tamis ; faites cuire du sucre clarifié à la plume ; mettez-y votre marmelade ; donnez-lui une douzaine de boüillons, & la mettez dans des pots.

MARMELADE de verjus. Prenez de beau verjus, égrenez-le, & le jettez dans une poële d'eau boüillante pour le blanchir ; quand les grains seront montés sur l'eau, couvrez la poële avec des feüilles de cuivre ; ôtez-les du feu, & les mettez sur des cendres chaudes pour les faire reverdir l'espace de deux heures ; laissez-les réfroidir dans la même eau ; égoutez-les, & les passez par un tamis ; dessechez un peu votre marmelade, & lorsqu'elle sera dessechée, ôtez-la tout-de-suite de votre poële, de peur qu'elle ne prenne le goût de cuivre ; faites cuire du sucre clarifié à la grosse plume ; mettez-y votre fruit en le remuant toujours ; faites-le fremir un moment, & l'empotez.

MARMELADE d'épines-vinettes. Faites fondre avec une chopine d'eau quatre ou cinq livres d'épines-vinettes égrenées ; jettez-la sur un tamis pour l'égouter ; passez ce qui est sur le tamis par un tamis ; dessechez-le jusquà ce qu'il quitte la poële ; faites cuire du sucre clarifié à soufflé ; mettez-y votre fruit, en mélant bien le tout ensemble ; laissez-le fremir un moment, & l'empotez.

MARMELADE de roses de provins, & de violettes. Prenez une livre de ces fleurs bien épluchées, pilez-les bien ; faites cuire deux livres & demie de sucre clarifié à la plume ; mettez-y votre fleur, & la faites fremir un moment en la remuant toujours avec une spatule : mettez-la toute chaude dans des pots. D'autres les font blanchir dans une eau légere, & les achevent de même.

MARMELADE de coins. Prenez des coins qui soient beaux & jaunes ; coupez-les par quartiers ; ôtez-leur la peau & le cœur ; faites-les blanchir jusqu'à ce qu'ils soient bien tendres ; rafraichissez-les, & les égoutez ; passez-les alors par un tamis ; dessechez un peu votre marmelade ; faites cuire du sucre clarifié à la grosse plume ; mettez-y votre fruit, & lui donnez une douzaine de boüillons, en le remuant toujours avec une spatule : écumez-le, & l'empotez.

La connoissance de la cuisson de toutes les marmelades, est lorsqu'elles font la nappe. *Voyez* NAPPE.

J'ai donné la maniere de faire toutes ces marmelades, pour que l'on se precautionne de les faire dans les saisons, attendu que dans l'Hyver on n'a point de ces fruits : elles sont d'une très-grande ressource pour faire des pâtes & des glaces.

MARRON, est une chataigne qui croît aux pays chauds, sur le marronnier cultivé, que tout le monde connoît. On nous les aporte du Lyonnois, du Vivarez & de Limoges : on doit le choisir gros, charnu, & bien nourri.

On les sert de differentes maniéres, en glace, *Voyez* NEIGE & FRUITS GLACE'S, grillés, cuits à l'eau, glacés, en biscuit. *Voyez* BISCUIT, en compote. *Voyez* COMPOTE.

MARRONS glacés. Prenez de beaux marrons ; choisissez les plus plats ; ôtez-leur la premiere peau ; ayez de l'eau boüillante sur le feu dans une poële, dans laquelle vous aurez délayé deux cuillerées de farine ; faites-les blanchir, ce que vous connoîtrez en les piquant avec une épingle ; si elle ne résiste point, c'est une marque qu'ils le ſont ; ôtez-les de deſſus le feu ; tirez-les les uns après les autres, pour leur ôter la peau qui leur reſte ; mettez-les à meſure dans de l'eau tiéde ; égoutez-les enſuite, & les paſſez dans de l'eau fraiche ; égoutez-les encore, & les mettez dans du ſucre clarifié ; faites-les fremir un moment, & les mettez à l'étuve avec un peu de jus de citron juſqu'au lendemain ; vous les égouterez alors, & donnerez une douzaine de boüillons à votre ſucre ; vous y mettrez vos marrons, lorſqu'il ſera tiéde, & les remettrez à l'étuve pendant une journée : vous pourrez alors les égouter pour les tirer au ſec. *Voyez* TIRAGE.

MARRONS au caramel. Prenez de beaux marrons ; ôtez-leur la premiere peau ; faites-les cuire ſoit au four, ou ſous la cloche ; enveloppez-les un moment dans une ſerviette en les tirant du four ; épluchez-les, & leur mettez à chacun une petite brochette, pour les pouvoir tremper dans le caramel. (Tous les autres fruits qui ſe mettent au caramel, ſe tirent de même, à l'exception des fruits à l'eau-de-vie, que l'on a ſoin d'égouter.) Les marrons au caramel ſervent de garnitures pour les fruits ; on peut encore en faire des aſſietes, mêlées avec autre choſe : pour faire le caramel, *Voyez* CUISSON. Les marrons grillés, & cuits à l'eau, ſe ſervent chaudement ſous une aſſiete.

MASSEPAIN, eſt une eſpèce de four, dont il y en a de pluſieurs façons, comme le maſſepain commun, le maſſepain royal, le maſſepain de piſtaches, le maſſepain ſeraingué, le maſſepain fouré, & le maſſepain à l'Allemande.

MASSEPAIN commun. Prenez trois livres d'amandes douces, que vous aurez bien mondées ; égoutez les après les avoir lavées, & eſſuyées ; pilez-les dans un mortier de marbre ; joignez-y de tems-en-tems du blanc d'œuf, afin qu'elles ne deviennent point en huile ; quand elles ſeront parfaitement pilées, faites cuire une livre & demie de ſucre à la plume ; ôtez votre ſucre du feu, mettez-y vos amandes, & incorporez le tout enſemble avec une ſpatule ; alors vous tirerez votre pâte de la poële, & la mettrez ſur une planche, y poudrant du ſucre deſſus & deſſous : laiſſez la ainſi réfroidir ; alors faites-en des abaiſſes d'une épaiſſeur raiſonnable ; découpez-la avec des découpoires, ou formez-en telle figure qu'il vous plaira ; étendez-les ſur des feüilles de papier, & enſuite ſur des planches, pour ne les faire cuire que d'un côté à la fois à un four modéré : glacez-les alors ſi vous voulez, comme vous verrez ci-après.

MASSEPAIN royal. Pilez bien vos amandes ; après les avoir bien mondées & eſſuyées, arroſez-les d'eau de fleur d'orange; tirez enſuite cette pâte du mortier, & la deſſechez dans une poële avec une demie livre de ſucre en poudre pour une livre d'amandes, & un peu de rapure de citron. Alors vous en prendrez un morceau que vous roulerez de l'épaiſſeur d'un doigt ; coupez-la de la longueur, pour que vos morceaux puiſſent former un anneau ; paſſez enſuite vos anneaux dans du blanc d'œuf, que vous aurez mélé avec un peu de marmelade d'abricots ; roulez-les enſuite dans du ſucre en poudre ; ſoufflez-les en les tirant du ſucre ; rangez-les ſur du papier pour les faire cuire au four ; il s'élevera deſſus des cloches, qui feront un bon effet.

On peut encore les glacer tout-de-ſuite, avec une glace royale, en les trempant dedans, & les laiſſant égouter un moment ſur une grille : arrangez-les ſur du papier, & les faites cuire au four.

MASSEPAIN de piſtaches. Prenez une livre de piſtaches que vous aurez bien mondées & eſſuyées ; pilez-les bien dans un mortier de marbre, avec deux quartiers de cedra, & un blanc d'œuf ; lorſque votre pâte ſera bien pilée, faites cuire une demie livre de ſucre à la plume ; retirez-le du feu, & y mettez vos piſtaches ; délayez bien le tout enſemble. Sortez alors votre pâte du poëlon, & la mettez ſur une planche, avec du ſucre deſſus & deſſous, & la laiſſez ainſi réfroidir ; alors roulez votre pâte de l'épaiſſeur d'un doigt ; coupez-la de la longueur, pour que vos morceaux puiſſent former un anneau ; lorſqu'ils feront tous faits, trempez-les dans une glace royale, & les égoutez ſur une grille ; rangez-les ſur du papier, & les faites cuire de belle couleur au four.

MASSEPAIN seraingué. Prenez quelle espèce de pâte que vous voudrez, dont j'ai marqué la maniére de la faire ci-devant ; passez-la à la seraingue. *Voyez* SERAINGUE. Lorsqu'elle sera passée, mettez-la en long, en anneau, ou comme vous voudrez ; mettez-les sur du papier, & les faites cuire d'une belle couleur au four.

MASSEPAIN fouré. Prenez l'une ou l'autre de ces pâtes ; formez-en des abaisses un peu minces ; étendez dessus de la marmelade de quelle espèce que vous voudrez ; couvrez-la avec une autre abaisse ; coupez votre massepain par petits quarrés ; mettez-les sur des feüilles de papier, & de-là sur une planche, pour les faire cuire seulement d'un côté ; lorsqu'ils seront cuits d'un côté, faites-les cuire de l'autre : alors glacez-les comme les autres, & les remettez un moment au four.

MASSEPAIN à l'Allemande. Prenez une livre d'amandes douces bien mondées, & que vous aurez un peu séchées à l'étuve ; pilez-les dans un mortier de marbre, avec trois ou quatre blancs d'œufs, jusqu'à ce que vous ne sentiez plus aucun grumeau ; laissez votre pâte dans le mortier, & y mêlez petit-à-petit deux livres de sucre passé au tambour ; pilez le tout ensemble pendant une heure, (car plus la pâte est pilée, plus le massepain devient beau ;) il faut que cette pâte soit maniable, quoique ferme, c'est pourquoi mettez-y des blancs d'œufs autant qu'il en faudra pour lier votre pâte. Formez-en des abaisses, & lui donnez telle figure qu'il vous plaira ; rangez-les sur du papier, de-là sur des feüilles de cuivre, & les faites cuire au four : cette pâte peut aussi se seraingner ; si vous les voulez glacer, glacez-les avec de la glace-royale ; lorsqu'ils seront cuits, vous les remettrez un moment au four : vous pourrez donner à cette pâte tel goût qu'il vous plaira.

MATURITE' des fruits. La connoissance de la maturité des fruits dépend plus de l'expérience que du raisonnement ; tous les fruits d'Eté ne sont jamais meilleurs à manger, que lorsqu'ils se détachent de l'arbre, excepté les poires qui sont sujettes à se cotonner ; car pour celles-là, il faut les cueillir un peu avant leur maturité, pour qu'elles soient bonnes.

Les poires d'Automne, comme les beurrés, les moüille-bouches, les sucrés-verds, &c. & celles d'Hyver fondantes, quoiqu'elles se détachent facilement de l'arbre, ne sont pas bonnes à manger, jusqu'à ce que leur fermentation les ait meuries ; (*a*) le toucher donne une juste connoissance de la maturité des poires fondantes, des pommes, des pêches, abricots, figues, &c. Cela se fait en mettant doucement le pouce sur chacune, de crainte de les meurtrir ; & si le fruit obéït sous le pouce, vous pouvez vous assurer qu'il est dans sa maturité. Il n'y a que le goût qui décide de la maturité des poires qui sont cassantes, comme le bon-chrétien d'Hyver, le messire-jean, & d'autres de cette qualité qui sont toujours fermes. L'on ne peut juger de la maturité des pavies, des pêches violettes hatives & tardives, des brugnons, &c. que quand ces fruits se détachent d'eux-mêmes de l'arbre.

L'œil vous fait encore juger de la maturité des fruits rouges & du raisin, &c. Il juge avec certitude qu'une cerise, une framboise, une grape de raisin rouge ou noir, sont meurs, quand les uns & les autres ont par-tout cette belle couleur qui leur est naturelle ; & au contraire, si quelqu'endroit en est dépourvu, l'œil juge par-là que c'est une marque infaillible que tout le reste n'est pas encore dans sa juste maturité.

Vous connoîtrez les differentes espèces des fruits suivant leur saison, aux articles poire, pomme, pêche & prune : pour les conserver, *Voyez* FRUITERIE.

MELIMELUM, est une confiture de coings ou de pommes, que les anciens faisoient avec le miel des abeilles. (*b*) L'on fait cette confiture de la même manière que l'on confit le coing, à l'exception que l'on se sert de miel au lieu de sucre. *Voyez* COING.

MELIMELUM vient du mot latin de *mel* & de *malum*, qui veut dire miel & pomme.

(*a*) Les poires d'Automne & d'Hyver ne sont bonnes que lorsque leur fermentation les a fait meurir dans la fruiterie. *La Quint. tom. 1. pag. 215. & 216.*

(*b*) Mr. Lemery, en son Traité universel des Drogues simples, pag. 556.

MELON, eſt un gros fruit rond ou oval, cotté, de couleur verdâtre & jaunâtre, qui croît à une plante qui pouſſe des tiges longues, ſarmanteuſes, qui ſe couchent par terre; ſes feüilles & ſes fleurs ſont ſemblables à celles du concombre, mais elles ſont plus petites; cette plante eſt cultivée dans les jardins potagers. Le melon ſe ſert pour hors-d'œuvre avec la cuiſine: on en fait des glaces. *Voyez* NEIGE & FRUITS GLACE'S.

Pour choiſir un bon melon, il faut qu'il ne ſoit ni trop verd, ni trop meur, qu'il ſoit bien nourri, ayant la queuë groſſe & courte, qu'il provienne d'une plante vigoureuſe, qu'il ne ſoit point hâté par la trop grande chaleur, qu'il ſoit peſant à la main, ferme en le prenant, & non mollaſſe, ſec & vermeil par-dedans.

MELON d'eau. *Voyez* PASTEQUE.

MELLAROSE, eſt un petit fruit d'odeur ſemblable à une petite orange, & de la couleur du citron, quoiqu'un peu plus foncée; ce fruit provient d'une branche de bergamotte entée ſur un oranger: on le confit comme les autres fruits d'odeur.

MELLAROSE, eſt une boiſſon qui aproche beaucoup de la limonade.

Maniére de la faire.

Vous mettrez quatre pintes d'eau fraiche dans une terrine, & y zeſterez un cedra, deux oranges, une bergamotte, quatre citrons; vous y exprimerez le jus de ces fruits, & ajouterez encore le jus de deux citrons; au lieu de ſucre, vous y mettrez du miel de Narbonne à votre goût; battez bien le tout enſemble; paſſez-le par une étamine, & le mettez dans des bouteilles. Lorſque l'on a des mellaroſes, on ne met point de cedra ni de bergamotte.

MENER, ſe dit de la dragée. C'eſt de lui donner le mouvement pour la ſauter, ou de la remuer avec les mains ſur le tonneau, en la faiſant ſécher à meſure qu'on lui donne une couche.

MENTE domeſtique, ou baume, eſt une plante dont les

S ij

racines ſont traçantes & fibrées, enſorte qu'elles s'étendent, & pouſſent pluſieurs tiges hautes d'un pied, quarrées, un peu veluës, & chargées de feüilles qui ſont arrondies, d'un verd foncé, opoſées deux à deux, & d'une odeur forte; cette plante eſt cultivée dans les jardins potagers; elle a une odeur de citron. On s'en ſert pour garnir les ſalades : on peut en faire de la conſerve à la maniére de de celle d'ache.

MERAINGUE, eſt une eſpèce de four, dont il y en a de deux eſpèces, ſavoir les meraingues liquides ou jumelles, & les meraingues ſéches.

MERAINGUE jumelle. Prenez quatre blancs d'œufs frais; foüettez-les juſqu'à ce qu'ils ſoient bien en neige; mettez-y un peu de rapure de citron, ou ſucre de fleur d'orange; ajoutez-y pour chaque deux cuillerées de ſucre paſſé au tambour; mêlez bien le tout enſemble; enſuite avec une cuillier, formez vos meraingues rondes ou ovales ſur du papier; poudrez-les de ſucre avec une poudrette; mettez-les ſur une planche, & les faites cuire au four d'une belle couleur. Lorſqu'elles ſeront cuites, vuidez-les avec une petite cuillier, & y mettez un peu de confiture; joignez-en deux enſemble pour les rendre jumelles : elles ſe ſervent ſur des aſſietes avec du papier deſſous, & ne ſe font qu'au moment du ſervice.

MERAINGUE ſéche. Lorſqu'après avoir fait beaucoup de four, & que l'on deſire avoir des meraingues ſéches, pour-lors le four ſe trouve de la chaleur qu'il faut pour les cuire. Faites la même préparation que ci-devant; dreſſez-les le plus haut que vous pourrez ſur des feüilles de papier, & les mettez dans votre four; (ſupoſé que votre four n'ait pour ainſi dire plus de chaleur,) vous les y laiſſerez cuire.

On en dreſſe des grandes, leſquelles (lorſqu'elles ſont cuites) on creuſe, & on remplit de mouſſes ou de neiges, de telle façon que l'on ſouhaite.

MERISE, eſt une petite ceriſe douce & noire à longue queuë, qui croît ſur le ceriſier ſauvage. On en fait du ſirop. *Voyez* SIROP.

METTRE à la glace, c'eſt mettre la liqueur dans une ſarbotiere, mettre la ſarbotiere dans un baquet, & l'entourer de glace pilée & ſalée.

Maniére de mettre à la glace.

Lorſque vos ſarbotieres ſeront pleines de la liqueur que vous voudrez faire prendre, vous les mettrez dans des baquets faits exprès de la même hauteur & largeur que vos ſarbotieres, pour qu'il y ait du jeu autour de vos ſarbotieres de la largeur d'une main; vous emplirez alors tout ce vuide avec de la glace pilée & mêlée avec du ſel, juſqu'au couvercle; alors vous commencerez à la travailler: conſultez le mot de travailler.

METTRE au ſucre, c'eſt commencer à confire un fruit lorſqu'il eſt blanchi, en le mettant dans un ſucre leger.

METTRE au caramel, c'eſt tremper un fruit dedans. *Voyez* CUISSON.

METTRE enſemble, ſe dit d'une figure de paſtillage, ou de caramel, à laquelle on attache les bras, les jambes & ſes attributs. *Voyez* CUISSON A CARAMEL & PASTILLAGE.

MEURE, eſt un fruit dont il y en a de deux eſpèces, qui ſont la meure domeſtique, & la ſauvage; on ne ſe ſert point de cette derniere. La meure domeſtique eſt un fruit que tout le monde connoît, reſſemblante à une groſſe framboiſe, de couleur noire, remplie d'un ſuc viſqueux & doux, teignant en couleur de ſang; elle eſt remplie de ſemences preſque rondes; elle croît ſur un arbre que l'on nomme meurier noir, qui a beaucoup de grandes racines fortes, & ſe repandant au large: on le cultive dans les jardins potagers.

Les meures se servent pour hors-d'œuvre avec la cuisine; il faut les arranger comme il faut sur une assiete, avec des feüilles de vignes, & piquer dessus cinq ou six brochettes, pour donner l'aisance de les prendre sans se teindre les doigts. On les confit comme les framboises : on en fait du sirop. *Voyez* SIROP.

MIEL. Suivant Theophraste, on en distingue de trois façons, (*a*) comme je l'ai marqué à l'article confire. Sous le nom de miel, on entend ici le miel des abeilles; c'est un amas que les abeilles font de la rosée, & de la plus pure substance des fleurs aromatiques; ainsi il est de bonne ou mauvaise qualité, suivant les diverses plantes qu'elles paissent, parce qu'en suçant cette rosée, elles attirent encore une portion du suc de la fleur, ou des feüilles sur lesquelles elle est tombée. C'est pourquoi on ne doit employer dans les ouvrages d'Office que le miel de Narbonne, comme étant le plus blanc, le plus beau, le meilleur, & le plus agréable au goût.

Il doit être nouveau, épais, grenu, d'un blanc clair, d'une odeur douce, & un peu aromatique, d'un goût doux & piquant; ce qui rend ce miel distingué, est que les abeilles sucent en ce païslà, particuliérement les fleurs de romarin, qui y sont abondantes, & qui y ont beaucoup de force. On employe le miel dans plusieurs choses, comme dans les grillages, le nogat, les pains-d'épices, la mellarose & le melimelum. *Voyez* l'un & l'autre article.

MINCER, se dit des concombres, des bettes-raves, lorsqu'on les coupe minces comme une feüille de papier, pour en faire des salades.

MIRABELLE. *Voyez* PRUNE.

MI-SUCRE. Les confitures à mi-sucre sont celles que l'on

(*a*) Pline & Theophraste ont donné differentes descriptions du miel. Ils en distinguent de plusieurs façons; ils nomment la troisiéme espèce de miel *sal-indicum*, ou cannamelle. Dioscoride & Galien, le nomment *saccharum*, qui étoit le miel avec lequel les anciens confisoient. *Traité universel des Drogues simples*, *pag. 763*. Cependant plusieurs se servoient du miel des abeilles pour faire le *melimelum*, Voyez MELIMELUM.

a confit à plein ſucre, que l'on égoute, & que l'on tire à l'étuve; pour-lors, elles ſe trouvent à mi-ſucre.

MOIS. Il eſt bon de prevenir que ce n'eſt principalement que par raport au climat de Paris & des environs, que j'entre dans le détail des fruits, des fleurs & des ſalades qui ſe trouvent dans chaque mois, puiſque chacun fournit differemment des fruits, des fleurs & des ſalades, comme vous verrez ci-après.

JANVIER ET FEVRIER.

Outre les bonnes poires de l'échaſſerie, d'ambrette, d'épine-d'hyver, de ſaint-germain, de martin-ſec, de virgoulé, de bon-chrétien d'hyver, &c. on a les pommes de calville, les reinettes, les apis, les courpendus, les fœnoüillets, & quelques raiſins, ſavoir les muſcats ordinaires, les muſcats longs, les chaſſelas, &c. on a encore les bettes-raves, le celery, la chicorée blanche, des maches, & des reponſes que l'on met dans des ſerres pendant les mois de Novembre & de Décembre, la ſalade de petites laitues à couper avec leurs fournitures de baume, d'eſtragon, de creſſon alenois, & de cerfeüil tendre.

MARS.

Il ſe trouve ſouvent que lon a encore dans ce mois, tous les fruits que j'ai mentionné dans Janvier & Février, & ſur-tout des bons-chrétiens, & reinettes. On a abondance de raves, de petites ſalades, & de laitues pommées ſous cloche, qui ſont ordinairement des laituës (que l'on nomme crêpe-blonde;) elles ſe ſement en Novembre & Décembre, & que l'on replante ſur d'autres couches.

AVRIL.

On a amplement des raves & des ſalades avec leurs fournitures & les fruits d'hyver que l'on a conſervé dans la fruiterie; ordinairement c'eſt le bon-chrétien qui fait la cloture des fruits.

MOIS

MAY.

Dans le mois de May abondent toutes les verdures, ſoit en ſalades, en fournitures, & en raves. On a une infinité de toutes ſortes de fleurs pour garnir les ſervices, comme tulipes, giroflées de toutes les couleurs, les marguerites, les primes-verts, le bleu chargé, le bleu pâle, les chevrefeüiles, les printanniéres, les anémones ſimples, &c. On commence d'avoir de la violette, que l'on employe ſoit pour conſerve, pour ſirop, ou pour du candy ; des jonquilles, des narciſſes, quelques pieds d'aloüettes, des juliennes, des ancolées, des véroniques, &c.

On commence d'avoir à la fin de ce mois des fraiſes, des ceriſes précoces, des amandes & des abricots verds pour confire.

JUIN.

Les fraiſes qui commencent ordinairement à la fin de May, ſont ſuivies de fort près par les ceriſes précoces ; & vers la fin de Juin abondent les groſeilles, les framboiſes, les guignes & ceriſes hatives, & même les aigriottes. On a dans ce mois quelques poires, & ſur tout celles du petit muſcat, abondance de toutes ſortes de ſalades, avec leurs fournitures, des cornichons & des laituës romaines. On a beaucoup de fleurs de toutes eſpèces, & quelques pommes de reinette précoce.

JUILLET.

Le mois de Juillet eſt apellé vulgairement, & avec raiſon, le mois des fruits rouges ; de ſorte que juſqu'au quinze ou vingt, on a amplement de toutes ces ſortes, qui n'ont fait que commencer dans le mois précédent ; c'eſt dans ce mois que l'induſtrie des bons Officiers, fait de toutes ſortes de fruits rouges, un merveilleux uſage, ſous differentes figures. On a dans ce mois des melons, qui ſe trouvent accompagnés vers le quinze d'une grande abondance de figues ; en même-tems beaucoup d'avant-pêches, de prunes jaunes, & d'abricots ordinaires ; des calvilles d'Eté ; beaucoup

coup de poires, sçavoir les petits muscats, les cuisse-madame, les blanquets, le rousselet hatif, les muscats-robert, les poires sans peau, l'orange verte, &c. A l'égard des fleurs, on en a beaucoup pour garnir les services, sur-tout les capucines pour garnir les salades.

AOUST.

Le mois d'Août, est le mois où la plus grande partie des bons fruits abondent. C'est pourquoi dans les premiers jours de ce mois, on a autant que l'on veut de figues, de cerises tardives, de bigarreaux, & d'abricots. Les melons abondent encore jusqu'à la fin du mois ; de plus, dans la fin du même mois, on commence d'avoir des robines, des bons-chrétiens, des cassolettes, des rousselets, &c. Des prunes, qui sont les deux sortes de perdrigon, le blanc & le violet, la prune royale, la drap-d'or, la prune d'abricot, la sainte Catherine, les reines-claudes, les mirabelles, les imperiales, &c. Des pêches Madelaine, des mignonnes, &c. Des raisins precoces, des concombres, de la chicorée blanche, & toutes sortes de salades avec leur fourniture. On a beaucoup de fleurs d'orange.

SEPTEMBRE.

Quelle abondance qu'il ait pû paroître en Août, l'on peut dire que celle de Septembre ne lui est nullement inferieure. C'est le veritable mois, & l'abondance des bonnes pêches : on a les madelaines blanches & rouges, & les mignonnes, qui n'ont fait que de commencer dans le mois précédent ; c'est particuliérement dans ce mois, qu'elles foisonnent, & sont suivies par un grand nombre d'autres pêches, comme les bourdines, les chevreuses, les violettes hatives, les persiques, les admirables, les brugnons & les pourprées, &c. Ce mois donne encore abondance de toutes sortes de raisins, de chicorée, de pasteques, quelques pieds de celery, quelques fleurs d'orange. Ce mois-ci ne finit point qu'il n'ait encore donné les prunes tardives, qui sont les imperiales, les damas noirs, les petits perdrigons, &c. Quelques poires de beurée & de

MOIS

bergamotte, &c. Des pommes, comme la calville d'Eté blanche, le rambour.

OCTOBRE.

Le mois d'Octobre ne possede pas veritablement un si grand nombre de fruits à noyaux que son devancier, mais cependant il ne laisse pas que d'en avoir. Toutes les pêches admirables, & les pourprées tardives ne se consomment point en Septembre, & il y en a encore suffisamment dans ce mois. Il donne des pêches nivettes, en jaunes tardives, en violettes tardives, en jaunes lisses, toutes pêches excellentes pour l'arriere saison ; des pavies, on a abondance de raisins, soit le muscat ordinaire, soit le muscat long, soit les gennetins, les chasselas, les malvoisies, &c. Des poires très-exquises, comme les beurées gris, les bergamottes, les sucré-verd, les vertes longues, les crasanes, les marquises, les petits-oins, les bons-chrétiens, &c. Des chicorées & du celery ; des pommes, comme la reinette grise & blanche, la calville d'Automne, le fœnouillet, le courpendu, l'apis, la pomme violette, la cousinotte, &c. dont la plûpart vont presque jusqu'en Mars & Avril.

NOVEMBRE.

Dans ce mois, les fruits n'acquierent leur merite, que dans la fruiterie, & ne manquent pas de commencer en même-tems que finissent les fruits à noyaux, dont la destinée se termine ordinairement à la fin d'Octobre ; il reste quelquefois encore beaucoup de ces fruits que j'ai decris dans le mois d'Octobre ; joint que les bons raisins peuvent encore durer quelque tems, si on a eu soin de les cueillir devant les gelées, & de les conserver dans les fruiteries, comme les chasselas, tant les blancs que les noirs ; ils ont l'avantage d'être beaucoup plus faciles, soit à meurir, soit à conserver, que tous les muscats, qui finissent au commencement de Novembre, & les chasselas à la fin ; & même qu'aux Avents, ce mois est opulent & copieux en bonnes poires. La fruiterie bien garnie fournit une bonne partie de celles d'Octobre, au lieu que bien d'autres meuriſſent dans les mois de Novembre, de Décembre, de Janvier & de Février. Ces poires ſont les épines, les leſchaſſeries, les ambrettes, les ſaint-germains, les virgoulées, les bons-chrétiens, les martin-ſecs, les colmars, les petits-oins, les doubles fleurs, &c. On a abondance de pommes, comme les calvilles rouges, & quelques blanches, les apis, les reinettes blanches & griſes, les courpendus, les fœnouillets, &c. dont la plupart fourniſſent les mois de Décembre, Janvier, Février & Mars. On a de la chicorée, du celery, des bettes-raves, & quantité d'autres choſes confites pour des ſalades. C'eſt dans ce mois qu'arrivent les fruits d'odeur, & les olives de Provence & d'Italie.

DECEMBRE.

Je crois qu'il n'eſt pas néceſſaire de ſpécifier plus en détail les fruits de Décembre, étant également ceux de Novembre & de Janvier, ainſi il poſſede amplement les fruits de l'un & de l'autre; c'eſt dans ce mois que la plupart des principaux fruits de l'arriere ſaiſon ſe preſſent trop de meurir ſur ſa fin; il en mollit, & en pourrit une grande quantité, comme ſi en effet leur deſtinée ne permettoit pas qu'ils allaſſent plus loin. C'eſt pourquoi pour connoître le ſoin que l'on doit en avoir, *Voyez* FRUITERIE.

MOISIS. *Voyez* CONFITURE.

MONDER, ſe dit des amandes, des piſtaches, des avelines, des noix, &c. lorſqu'après les avoir échaudées, on leur ôte la peau; on les paſſe toujours à l'eau fraiche pour les avoir plus propres.

MONTER. On dit monter une jatte, un carré de glace, un dormant, un ſervice, un verre découpé, un gobelet; ils ſe montent & ſe collent avec la colle de poiſſon préparée, de la maniére que je l'ai marqué à l'article colle.

MONTER, se dit du sucre lorsqu'il est sur le feu, qu'il forme ses boüillons, & qu'il veut passer les bords de la poële.

Moyen d'empêcher le sucre de monter.

Lorsque vous aurez du sucre qui montera, & dont vous ne pourrez point joüir, jettez dedans gros comme une lentille de beurre frais, (*a*) vous serez sûr dans le moment qu'il ne montera plus, & par ce moyen, vous ferez cuire votre sucre à la cuisson à laquelle vous le destinerez. Il y a plusieurs Officiers qui y mettent de la cire blanche, mais à mon avis je suivrai toujours la méthode que j'enseigne, comme ayant expérimenté l'un & l'autre.

MOSCOUADE. *Voyez* SUCRE.

MOUDRE, se dit du caffé.

MOULE, c'est dans quoi on met ce que l'on veut en le coulant pour l'empreindre de sa forme. Il y a differens moules dont on fait usage dans l'Office ; il y en a de papier, de plomb, de fer-blanc & de plâtre.

MOULES de papier, sont ceux que l'on fait pour couler les conserves & les gâteaux.

MOULES de plomb sont ceux à caramel, à conserve, & à fruits glacés ; ils doivent être tous de dépoüille ; les moules à fruits glacés doivent avoir des charnieres, & s'ouvrir en deux piéces, à l'exception de quelques-uns qui s'ouvrent en trois piéces. J'ai donné la méthode de les lever à l'un & à l'autre articele. *Voyez* leurs Fig. Planche 6.

MOULES de fer-blanc, sont les moules à fromage, à cannelons, qui ne servent uniquement que pour les glaces. *Voyez* Plan. 6me. 1. 2. 3. 4. Les moules à candy dans lesquels on fait les candys.

(*a*) Mr. Lemery, Traité universel des Drogues simples. pag. 765.

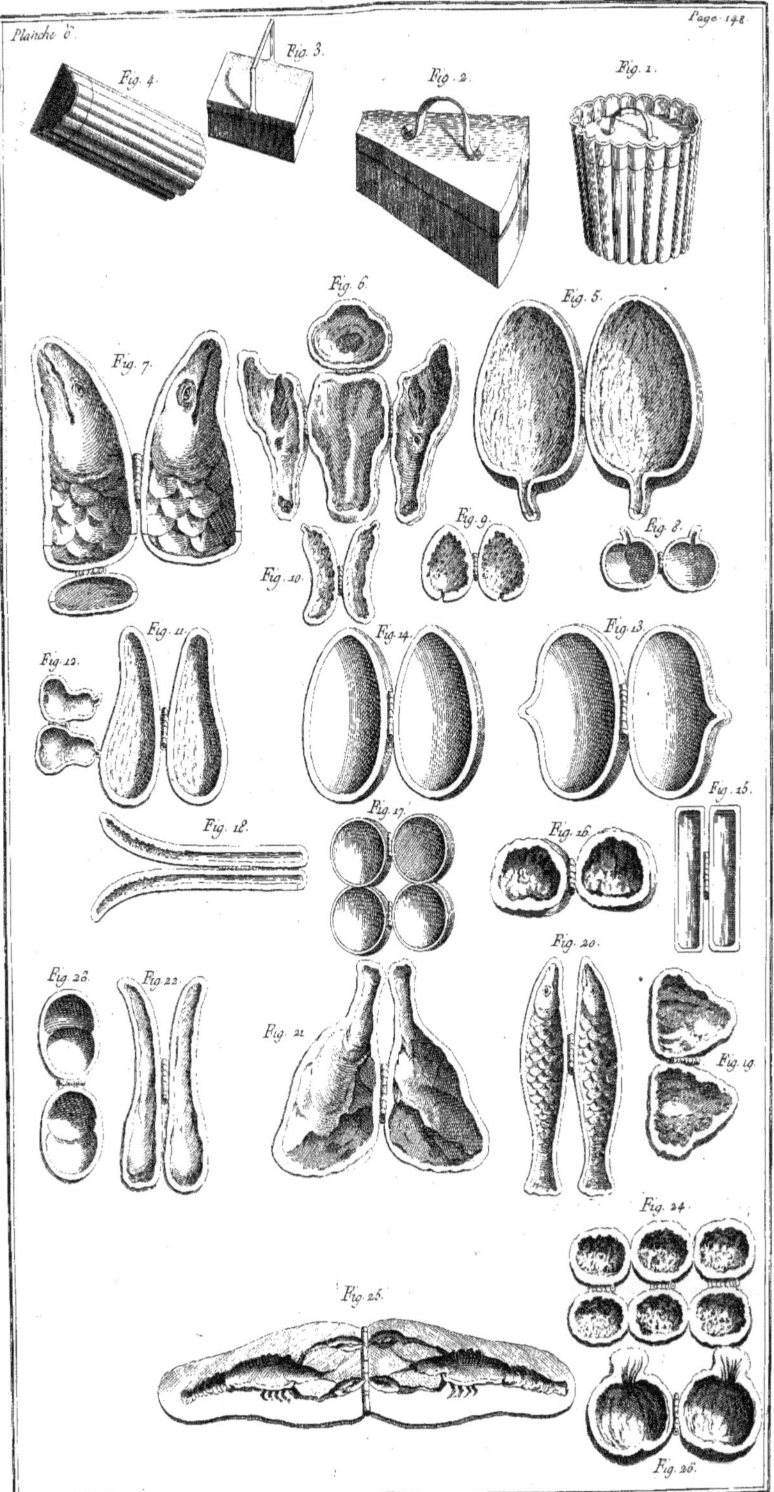
Planche 6.
Page 148.
Fig. 1.
Fig. 2.
Fig. 3.
Fig. 4.
Fig. 5.
Fig. 6.
Fig. 7.
Fig. 8.
Fig. 9.
Fig. 10.
Fig. 11.
Fig. 12.
Fig. 13.
Fig. 14.
Fig. 15.
Fig. 16.
Fig. 17.
Fig. 18.
Fig. 19.
Fig. 20.
Fig. 21.
Fig. 22.
Fig. 23.
Fig. 24.
Fig. 25.
Fig. 26.

Voyez leurs Fig. Planche 1. Let. L. N. Et les moules à pâte. *Voyez* leurs Fig. Plan. 1. Let. V. pour les petites pâtes, & *6. 6. 6.* pour les grosses pâtes.

MOULES de plâtre, sont des moules qui doivent être de dépoüille ; lorsqu'ils sont bien secs, ils servent pour y imprimer le pastillage ; vous trouverez la maniére de les lever, *Voyez* PASTILLAGE.

Maniére de les faire.

Quand on a quelques figures telles qu'elles puissent être à jetter en moule, elles doivent être modelées en cire, ou en terre glaize.

Pour cet effet, vous leur couperez les bras & les jambes, pour avoir plus de facilité à les mouler.

Après que vous les aurez huilées, couchez-les sur de la terre à potier ; choisissez les piéces que vous jugerez pouvoir se dépoüiller, & y faites un bord avec cette terre.

Cela fait, jettez-y du plâtre bien recuit & bien detrempé, c'est-à-dire, qui ne soit ni trop clair, ni trop épais ; levez-le après par piéces, & le parez au bord avec un couteau ; ensuite faites-y des petites hoches, graissez les bords d'huile d'olive ; rejoignez-les ensemble bien juste, & faites un bord de terre à l'endroit de votre figure qui sera dépoüillée.

Après cela vous y jetterez du plâtre (*a*) comme je l'ai dit ci-dessus ; vous releverez la piéce pour la parer ; vous la remettrez en sa place, & continuerez ainsi jusqu'à ce que vous aurez formé toutes vos parties.

Quand elles seront sorties, il faudra dresser votre moule par dehors avec un couteau, & lorsque votre plâtre sera dur, vous ôterez les piéces les unes après les autres, & les laisserez sécher à loisir ; vous rejoindrez alors toutes vos piéces, & les lierez avec de la fisselle : de cette maniére, vous aurez un creux de plâtre.

On moule ordinairement les figures de trois, quatre, six, dix

(*a*) Il arrive souvent que l'on ne réüssit point lorsque l'on se sert de plâtre éventé ; c'est pourquoi, lorsque vous vous en servirez, mêlez-y du sel en le gachant avec de l'eau tiéde, parce que le sel le fait rafermir.

ou douze piéces, selon qu'elles sont aisées ou difficiles, cela dépend du jugement de l'ouvrier.

Maniére de durcir les moules de plâtre.

Lorsque vos moules seront bien secs, vous étendrez toutes leurs piéces sur un clayon, & les mettrez dans un four que vous aurez chauffé modérément pour cela ; lorsque vos piéces seront un peu chaudes, vous les frotterez avec un pinceau, de la composition suivante.

Prenez deux livres de poix-resine blanche, avec une chopine d'huile de lin cuite avec de la litarge (vous la trouverez toute préparée chez les Peintres ou Droguistes ;) mettez fondre doucement tout ensemble, & lorsque le tout sera fondu, vous le passerez par une étamine ; alors vous frotterez avec vos moules chauds, & les remettrez dans votre four ; vous continuerez d'en frotter vos moules, & les remettrez à chaque fois au four, jusqu'à ce que le plâtre en soit bien imbibé. Lorsque vous verrez que le plâtre ne boit plus, vous lui donnerez une derniere couche, & passerez dessus un pinceau sec pour unir le dedans de votre moule, pour enlever le surplus de votre composition ; remettez-les alors encore un moment au four, & achevez de les sécher à l'étuve, vous serez sûr que vous aurez des moules durs comme de la pierre.

MOULIN à caffé, est un utensile d'office dans lequel on fait moudre le caffé lorsqu'il est torrefié.

MOULINET. Ce nom est attribué au bâton qui est dans la chocolatiere, avec lequel on fait mousser le chocolat.

MOUSSE, est une crême douce foüettée en mousse, à laquelle on donne tel goût que l'on veut, & que l'on fait glacer.

Maniére de les faire.

Ayez deux pintes de crême douce, que vous mettrez dans une

terrine ; ajoutez-y une bonne tasse de caffé fort, ou de chocolat fait exprès mettez-y du sucre en poudre à votre goût ; mêlez bien le tout ensemble ; passez-le par un tamis dans une autre terrine ; ayez encore une autre terrine vuide, sur laquelle vous mettrez un tamis ; alors foüettez votre crême, en frottant contre la terrine ; fait-à-mesure que votre crême moussera, enlevez la mousse avec une écumoire, & la mettez sur votre tamis ; continuez toujours de même jusqu'à ce que vous en eussiez assez pour remplir tous vos gobelets ; ayez une cave, ou petite breziere que vous serrerez bien de glace ; mettez-y vos gobelets, & les emplissez le plus que vous pourrez ; laissez-les ainsi jusqu'au moment qu'on demandera pour les servir.

On en fait de crême pure, en y laissant infuser quelques zestes de citron, ou d'autres fruits d'odeur, ou des essences. Les gobelets dans lesquels on les met doivent être beaux, & de belle grandeur. *Voyez* leurs Fig. Plan. 4. Let. C.

MOUSSELINE, n'est autre chose qu'une pâte de pastillage, à laquelle on donne telle couleur que l'on veut, ou qu'une pâte d'amandes ou de pistaches préparées comme pour le massepain, que l'on passe à travers d'un tamis, pour former de la mousse, ou le gazon d'un parterre. Mais à present pour plus grande propreté, on se sert de chenille. *Voyez* CHENILLE.

MUSCADE, est une espèce de noix, (*a*) ou le fruit d'un arbre étranger, grand comme un poirier, dont les feüilles ressemblent à celles du pêcher, mais elles sont plus petites ; sa fleur est formée en rose, d'une odeur agréable : après qu'elle est tombée, il paroît un fruit gros comme une noix verte, couvert de deux écorces ; la première est fort grossiére, & se fend à mesure que le fruit meurit & elle laisse paroître la seconde qui embrasse étroitement la noix ; cette seconde écorce est tendre, rougeâtre, ou jaunâtre & odorante ; elle se separe de la muscade à mesure qu'elle se séche ; & prend une couleur jaune, c'est ce qu'on apelle macis, ou fleur de muscade.

Les muscades dont nous nous servons dans les alimens, croissent

(*a*) M. Lemery, Traité universel des Drogues simples. pag. 580.

ſur le muſcadier cultivé ; elles nous ſont envoyées par les Hollandois, qui ſont les maîtres du Païs où les muſcadiers croiſſent. On doit choiſir les muſcades d'une groſſeur raiſonnable, bien nourries, peſantes, recentes, onctueuſes, d'une odeur agréable & aromatique.

Le macis doit être choiſi recent, entier, de couleur jaune, d'une odeur & d'un goût agréable ; l'un & l'autre ſervent dans pluſieurs choſes, où j'ai détaillé leur emploi.

MUSCAT. *Voyez* RAISIN.

NAP NEF NEI

NAPPE. On entend par nappe la cuiſſon des gelées, des marmelades, des compotes en gelées, & des pâtes ; c'eſt pourquoi lorſque vous ferez l'une ou l'autre de ces eſpèces, fait-à-meſure que vous verrez que ce que vous ferez s'épaiſſira, trempez dedans une écumoire, ou une ſpatule, & la reſſortez tout-de-ſuite en la ſoutenant un moment en l'air ; penchez-la alors, & ſi vous voyez que ce qui ſera après faſſe une eſpèce de nappe, votre confiture ſera à cuiſſon.

NEFLE. C'eſt le fruit que produit le neflier ; il eſt rougeâtre, & preſque rond ; il renferme quatre ou cinq oſſelets très-durs ; ſa peau eſt tendre ; ſa chair eſt dure, & d'un goût acerbe, mais elle s'amollit en meuriſſant.

Le neflier eſt un arbre de médiocre grandeur, & aſſez commun en france ; il reſſemble fort à l'aubepin ; il eſt fort épineux, & ſes feüilles ſont découpées de même. Lorſqu'ils ſont bien meurs, mettez-les au caramel comme les marrons : ſervez-les ſur des aſſiétes, ou garniſſez-en votre fruit.

NEIGE, ſe dit des blancs d'œufs que l'on foüette en neige.

NEIGE. Ce nom eſt apliqué à toutes les liqueurs, & compoſitions de fruit que l'on fait, & que l'on met à la glace, pour les ſervir en neige dans des gobelets, ou que l'on deſtine pour en faire des fruits, ou des fromages glacés.

C'eſt

NEI

C'est pourquoi je donne ici la méthode de les faire ; j'ai quatre choses à recommander à ceux qui les font.

C'est premiérement de ne les point trop sucrer ; cependant plusieurs se trompent souvent, par la fausse opinion qu'ont plusieurs Officiers, qui prétendent que la glace emporte la douceur du sucre. Je veux croire qu'une neige qui ne seroit point travaillée, diminuëroit de sa douceur, parce que le sucre comme étant un sel, se précipite au fond ; mais en la travaillant comme elle doit l'être, le sucre ne perd rien de sa qualité, & conserve toujours ses parties salines. (*a*)

Secondement, c'est de leur donner un bon goût & une bonne odeur, parce que la glace (*b*) diminuë beaucoup le goût & l'odeur des liqueurs.

(*a*) Voici ce que dit M. Dortous de Mairan dans sa dissertation sur la glace, sur le goût de la glace, *chap. 6. pag. 287.*

Je ne trouve ni par mon goût, ni par aucune experience certaine, que la congelation fasse rien perdre à l'eau, ni qu'elle y ajoute quelque chose. Je veux dire que l'eau me paroit avoir le même goût après avoir été gelée, qu'elle avoit avant de se geler. Il y a cependant des Physiciens * qui ont cru que l'eau de la mer devenoit douce en se gelant, & qui sans trop s'embarrasser de la certitude du phénomene, ne se sont apliqués qu'à en chercher la cause, mais ce n'est rien moins qu'une erreur de fait. Ils n'avoient aparemment goûté que de la partie exterieure des glaces, ou de quelques glaces minces qui s'étoient formées auprès des côtes ; car il est vrai que celles-là ont le même goût que la glace des rivieres, & cela n'est pas étonnant, puisque les rivieres qui se rendent à la mer fournissent une grande quantité d'eau douce auprès des côtes, laquelle par sa legereté surnage quelquefois assez long-tems & assez loin sur l'eau salée, avant que de se charger des mêmes sels. Si ces Auteurs avoient pris de la partie de ces glaces qui est sous l'eau, & du dessous de ces glaçons épais qui flottent dans les Mers du Groenland, & de la nouvelle Zemble, ils auroient trouvé que la glace en étoit aussi salée que la Mer même, &c.

Par la même raison, je n'attribuë la diminution de la douceur du sucre, qu'aux neiges qui ne sont pas bien travaillées, ni bien mêlées ; c'est ce que l'on voit ordinairement lorsque l'on en goûte la superficie, il semble véritablement que la douceur en est diminuée, parce que les parties salines du sucre se précipitent au fond de votre neige, & que le piquant de la glace ou de la neige, produit en la goûtant une constraction subite sur les fibres de la langue & du palais, c'est ce qui la fait paroitre moins douce ; d'ailleurs laissez fondre & revenir votre liqueur dans son premier état, vous ne lui trouverez jamais moins de douceur.

* *Voyage de la Baye de Hudson.* tom. 2. pag. 33.

(*b*) M. Geoffroy a observé que l'eau de fleur d'orange qui sent *l'empireume*, perd cette odeur par la gelée, parce que la glace cause de grands changemens au goût & à l'odeur des liqueurs spiritueuses & odorantes, en desunissant, ou en assemblant des parties heterogenes, qui étoient auparavant unies ou separées, & en alterant ainsi toute leur contexture.

Heterogene est un terme de Physique, qui signifie une chose qui est de differente nature & qualité, telles que peuvent être les liqueurs pour les fruits glacés, lorsqu'elles sont composées de differente nature & qualité de fruit.

Troisiémement, lorsqu'elles sont à la glace, & que la glace du baquet commence à fondre, ils doivent prendre garde que l'eau ne surnage la sarbotiére, de peur qu'elle ne sale la liqueur.

Quatriémement, c'est de les bien travailler, pour qu'elles se trouvent moëlleuses, délicates, & qu'il ne s'y trouve point de glaçons: consultez les mots, mettre à la glace, travailler une glace, & serrer de glace.

NEIGE de crême ordinaire. Prenez une douzaine d'œufs frais; séparez les blancs d'avec les jaunes; passez vos jaunes par une étamine dans une poële; délayez-les avec deux pintes de crême douce; mettez-y un peu d'écorce de citrons; faites cuire votre crême à petit feu, en la tournant toujours avec une spatule, jusqu'à ce que vous voyiez qu'elle veüille monter; ôtez-la du feu; mettez-y du sucre en poudre à votre goût: lorsqu'il sera dissous, passez votre crême dans une terrine par un tamis; laissez-la réfroidir, & la mettez dans une sarbotiére: pour la finir, *Voyez* mettre à la glace, prendre ou faire prendre une glace, & travailler une glace. Toutes les neiges demandent le même travail: la crême est sujette à se tourner en Eté; pour la travailler d'une autre maniére, *Voyez* FROMAGE GLACÉ.

NEIGE de crême au caramel. Prenez une livre de sucre en poudre, que vous ferez fondre & roussir sur le feu; délayez-y deux pintes de crême, & la faites cuire comme ci-devant; passez-la par un tamis, & la mettez dans une sarbotiére lorsqu'elle sera froide.

NEIGE de caffé & de chocolat. Lorsque vous voulez faire des neiges de crême de caffé & de chocolat, préparez votre crême de même que ci-dessus, à l'exception que vous n'y mettrez point de citron; mettez avec du caffé, ou du chocolat bien fort que vous aurez fait exprès, du sucre en poudre à votre goût, & la passez par un tamis.

NEIGE de canelle, girofle, vanille & safran. Préparez de la crême comme pour les neiges ordinaires, à l'exception que vous n'y mettrez point de citron; mettez-y de l'infusion de ces quatre eſpèces de laquelle il vous plaira ; mettez-y du ſucre en poudre à votre goût, & la paſſez par un tamis. *Voyez* FROMAGE GLACÉ, vous trouverez la maniére de faire les infuſions.

NEIGE à l'Italienne. *Voyez* FROMAGE A L'ITALIENNE.

NEIGE de piſtaches. *Voyez* FROMAGE DE PISTACHE.

NEIGE de piſtaches ſans crême. Lorſque vos piſtaches ſeront mondées, pilez-les bien avec un ou deux quartiers de cedra, en y ajoutant un peu d'eau, lorſque vous les pilerez ; de peur qu'elles ne ſe tournent en huile, paſſez-les par un tamis avec une ſpatule ; délayez vos piſtaches avec du ſucre clarifié & un peu d'eau, & les mettez dans une ſarbotiére.

NEIGE de citrons. Prenez une douzaine de beaux citrons ; mettez-les à l'eau fraiche, & les eſſuyez tout-de-ſuite, pour leur ôter le goût d'ambalage. (*a*) Ayez un morceau de ſucre en pain, & rapez-en une demie douzaine ſur ce ſucre qui vous ſervira de rape ; emportez la ſuperficie du ſucre qui aura touché votre fruit avec un couteau ; mettez ce ſucre dans une terrine avec une pinte d'eau ; exprimez-y le jus de vos citrons ; mettez-y du ſucre clarifié à votre goût ; paſſez le tout par une étamine, & le mettez dans une ſarbotiére. Obſervez que dans toutes les neiges de fruits d'odeur ou autres, il faut toujours y mettre une couple de verre de vin fin, & de prendre celui qui convient le mieux à la neige.

NEIGE de cedra. Prenez ſept à huit cedras ; rapez-les de même que les citrons ; coupez-les par quartiers, & les faites blanchir juſqu'à ce qu'ils s'écraſent ſous vos doigts ; rafraichiſſez-les & les égoutez ; paſſez-les par un tamis ; prenez cette marmelade que vous mêlerez avec ce que vous aurez rapé ; délayez le tout enſemble avec une pinte d'eau ; ajoutez-y le jus de douze citrons ; mettez-y du ſucre clarifié à votre goût ; paſſez-le tout par un tamis, & le mettez dans une ſarbotiére.

(*a*) Tous les autres fruits d'odeur qui ſortent des caiſſes où ils ont été embalés, demandent la même attention, non ſeulement pour les neiges, mais encore pour les boiſſons.

NEIGE d'orange. Prenez une douzaine d'oranges ; rapez-les comme les citrons ; exprimez-en le jus que vous mettrez dans une terrine avec une chopine d'eau, & la rapure de votre ſucre ſur lequel vous aurez rapé vos oranges ; ajoutez-y le jus de quatre citrons ; mettez-y du ſucre clarifié à votre goût ; paſſez le tout par une étamine ; mettez-le dans une ſarbotiére. Lorſque les oranges ſeront en neige, mettez-y un verre de ſirop de groſeille, & mêlez le tout enſemble ; avec cette neige, de même qu'avec celle de citron, vous pouvez emplir des puits d'orange ou de citron. *Voyez* PUIT.

NEIGE de bergamotte. Prenez quatre bergamottes, que vous raperez ſur du ſucre comme les citrons ; mettez votre rapure dans une terrine avec deux pintes d'eau ; exprimez-y le jus de douze citrons ; mettez-y du ſucre clarifié à votre goût ; paſſez le tout par un tamis, & le mettez dans une ſarbotiére.

NEIGE de fruits d'odeur. Vous pourrez faire des neiges d'autres fruits d'odeur, en les faiſant de même que ci-devant, & y ajouterez plus ou moins de jus de citron ou d'orange, ſuivant la qualité de leur eſpèce.

NEIGE de citrons de Madere. Prenez une douzaine de citrons de Madere ; mettez-les en marmelade, en les pilant dans un mortier ; délayez-les avec une chopine d'eau ; ajoutez-y le jus de quatre citrons, & du ſucre clarifié à votre goût ; paſſez le tout enſemble par un tamis, & le mettez dans une ſarbotiére.

NEIGE de pommes. Prenez ſept à huit pommes de reinette ou autres, ſuivant l'eſpèce des moules que vous aurez ; ôtez-leur la peau & le cœur ; mettez-les cuire avec une chopine d'eau juſqu'à ce qu'elles ſoient en marmelade ; paſſez-les par un tamis ; délayez cette marmelade avec un peu d'eau ; mettez-y le jus de deux citrons, & du ſucre clarifié à votre goût ; paſſez le tout par un tamis, & le mettez dans une ſarbotiére.

NEIGE de poires. Prenez telle eſpèce de poires qu'il vous

plaira ; coupez-les en deux, & les faites bien blanchir ; tirez-les du feu & les faites rafraichir ; alors, parez-les, & leur ôtez le cœur ; passez-les par un tamis ; mettez-y une pinte d'eau, & y exprimez le jus de quatre citrons ; mettez-y du sucre clarifié à votre goût ; passez le tout par un tamis, & le mettez dans une sarbotiére.

NEIGE de pêches. Prenez une douzaine de pêches bien meures ; ôtez-leur la peau & le noyau ; passez-les par un tamis ; délayez cette marmelade dans une chopine d'eau ; exprimez-y le jus de trois citrons ; mettez-y du sucre clarifié à votre goût ; passez le tout par un tamis, & le mettez dans une sarbotiére.

NEIGE d'abricots. Prenez deux douzaines d'abricots meures ; passez-les par un tamis ; délayez cette marmelade dans une chopine d'eau ; pilez bien cinq ou six noyaux d'abricots que vous mêlerez avec ; exprimez-y le jus de quatre citrons, & y mettez du sucre clarifié à votre goût ; passez le tout par un tamis, & le mettez dans une sarbotiére.

NEIGE de prunes. Prenez telle espèce de prunes qu'il vous plaira ; faites-les blanchir, & les rafraichissez ; égoutez-les & les passez par un tamis ; délayez cette marmelade avec de l'eau ; exprimez-y le jus de deux ou trois citrons ; mettez-y du sucre clarifié à votre goût ; passez le tout par un tamis, & le mettez dans une sarbotiére.

NEIGE de fraises, de framboises. Prenez environ deux ou trois livres de fraises, ou de framboises ; écrasez-les, & les passez par un tamis ; délayez-les avec une chopine de jus de groseille, que vous aurez fait fondre sur le feu ; ajoutez-y un peu d'eau, & du sucre clarifié à votre goût ; passez-les par un tamis, & les mettez dans une sarbotiére.

NEIGE de cerises. Prenez deux ou trois livres de cerises bien meures ; passez les par un tamis ; délayez-les avec une demie chopine d'eau ; exprimez-y le jus de deux citrons ; mettez-y du sucre clarifié à votre goût ; passez-les par un tamis, & les mettez dans une sarbotiére.

NEIGE de grenade. Prenez huit grenades, sortez-en tous les grains, & les écrasez par un tamis pour en avoir le jus ; mettez-y une bouteille de vin de Bourgogne ; exprimez-y le jus de quatre oranges ; mettez-y du sucre clarifié à votre goût ; passez le tout par un tamis, & le mettez dans une sarbotiére.

NEIGE d'avelines, de noix. Prenez une livre de l'une ou de l'autre espèce ; mondez-les, & les essuyez ; concassez-les, & les mettez sur un plafond ; mettez-les à un four temperé pour leur donner une couleur grillée pâle ; laissez-les refroidir, & les pilez bien avec un peu de crême ; passez cette pâte par un tamis ; délayez-la avec une pinte de crême, cuite de la façon de la premiére neige que j'ai enseigné ; mettez-y du sucre en poudre à votre goût ; passez le tout par un tamis, & le mettez dans une sarbotiére.

NEIGE de marrons. Enlevez la premiére peau à vingt-quatre marrons ; faites-les cuire au four, ou sous la cloche ; mettez-les un moment dans une serviette, pour que la chaleur pénetre par tout ; épluchez-les bien, & prenez garde de n'en point mettre de mauvais ; pilez-les avec de la crême ; délayez cette pâte avec une chopine de crême, cuite de la façon de la premiére neige que j'ai enseigné ; ajoutez-y du sucre en poudre à votre goût ; passez le tout par un tamis, & le mettez dans une sarbotiére.

NEIGE d'artichaux. Prenez trois ou quatre artichaux, dont vous ne prendrez que le cul ; faites-les blanchir jusqu'à ce qu'ils soient bien mollets ; pilez-les avec un quarteron de pistaches bien mondées, & un quartier d'orange confite, & un peu de crême ; passez cette pâte par un tamis ; délayez-la avec une chopine de crême, cuite de la façon de la premiére que j'ai enseigné ; ajoutez-y du sucre en poudre à votre goût ; passez le tout par un tamis, & le mettez dans une sarbotiére.

NEIGE de vin d'Eſpagne. Ayez une ſarbotiére vuide miſe à la glace; mettez dedans deux bouteilles de vin d'Eſpagne, deux verres de vin de Champagne, deux verres d'eau, deux verres de ſucre clarifié : vous trouverez toujours votre vin égal, la raiſon eſt que le vin de Champagne lui redonne ſa force, l'eau le fait prendre, & le ſucre lui redonne ſa douceur.

NEIGE de biſcuits d'amandes amères, de biſcuits à la cuillier & d'échaudés. Prenez l'une ou l'autre de ces eſpèces, que vous ferez bien ſécher à l'étuve; pilez-la, & la paſſez par un tamis. Préparez alors des mouſſes de crême ſans y mettre aucun goût; mettez-les dans une ſarbotiére, & les faites prendre, en les travaillant légérement; mettez-y ce que vous aurez fait paſſer au tamis, & le mêlez légérement enſemble; mettez-le tout-de-ſuite dans vos moules, enveloppez-les de papier, & les ſerrez de glace, vous ſerez ſûr que ce que vous ferez ſera auſſi léger que le naturel.

Lorſque vous n'aurez point les fruits en nature pour faire toutes les neiges que je cite, il faut avoir recours aux marmelades; ſi vous deſtinez les neiges pour en faire des fruits glacés, & qu'il y en ait de reſte, vous pourrez mettre le reſtant de votre neige dans des moules à canelons, ou autres moules de fer-blanc.

NERVER, ſe dit des feüilles, des fleurs de paſtillage, auſquelles on donne la figure naturelle, par le moyen d'un moule dans lequel on les imprime : le moule dans lequel on les imprime s'apelle nervoir. *Voyez* Fig. Planch. 7. Let. G.

NOGAT, eſt un compoſé d'amandes douces, ou pignons, de miel & de ſucre.

Maniere de le faire.

Prenez une livre de ſucre, que vous ferez cuire à la plume, mettez-y alors une livre de miel de Narbonne; mettez le tout dans une poële ſur un très-petit feu, & le remuez avec un rouleau continuellement pour le faire blanchir au moins pendant deux heures : vous connoîtrez ſa cuiſſon en mettant un couteau dedans, & le laissant filer, & lorsque le filet se casse net, il est cuit. Mettez-y des amandes, ou pignons en suffisance, que vous aurez pralinés au blanc ; mêlez bien le tout ensemble, & le versez sur du pain à chanter, que vous aurez étendu exprès sur des feüilles de cuivre ; couvrez-le de pain à chanter, & l'aplatissez comme le grillage avec un rouleau ; coupez-le par morceaux, & le gardez dans un endroit qui ne soit point humide : on en garnit des assiettes, & même les jattes si l'on veut.

NOÏSETTE. *Voyez* AVELINE.

NOIX, est un fruit assez connu de tout le monde ; pour le confire, il le faut prendre verd, & que son bois ne soit pas encore formé.

Maniére de confire les noix blanches.

Prenez de belles noix vertes ; parez-les proprement jusqu'au blanc, & les jettez à mesure dans de l'eau fraiche, dans laquelle vous aurez mis un peu d'alun de glace en poudre ; (*a*) faites boüillir de l'eau, & y mettez un peu d'alun ; jettez vos noix dedans que vous aurez piquées, & tandis qu'elles boüilliront quelque tems, faites-en boüillir d'autres sur un autre fourneau, dans laquelle vous mettrez aussi de l'alun de glace, où vous changerez vos noix pour les achever de blanchir ; piquez-les alors avec une épingle, comme les autres fruits que l'on fait blanchir : si elles quittent l'épingle, il faut les ôter, & les rafraichir ; égoutez-les, & les remettez dans une autre eau fraiche, dans laquelle vous mettrez encore de l'alun de glace, pour les maintenir dans leur blancheur. Ayez du sucre clarifié froid dans une terrine, & prenez vos noix une à une ; mettez-y un tailladin de citronade, & la jettez à mesure dans votre sucre : lorsque vous les aurez tous mis de cette maniére, vous les couvrirez avec un papier, & les laisserez ainsi reposer jusqu'au lendemain ; égoutez alors votre fruit ; donnez cinq ou six boüillons à votre sirop ; laissez-le tiédir, jettez-le par dessus votre fruit, & le couvrez. Le lendemain égoutez votre fruit, & augmentez votre sucre s'il est besoin ; faites-le cuire à perlé, & lorsqu'il sera tiéde, mettez-y votre

(*a*) L'alun les empêche de noircir.

fruit ; laiſſez-le ainſi repoſer dans une terrine juſqu'au lendemain ; alors égoutez-le, & faites cuire votre ſirop à ſoufflé, en augmentant toujours de ſucre s'il eſt beſoin, pour qu'il baigne dans le ſucre ; mettez-y vos noix, & leur donnez deux boüillons couverts ; mettez-les dans une terrine ; couvrez-les, & leur faites paſſer la nuit à l'étuve : enſuite vous les empoterez.

Maniére de confire les noix noires.

Prenez des noix vertes ; parez-les légérement ; faites-les blanchir comme les blanches, ſans y mettre de l'alun ; faites-les rafraichir, & les laiſſez dans l'eau pendant vingt-quatre heures, les changeant d'eau deux ou trois fois ; mettez-les au ſucre comme les blanches, & les achevez de même ; mettez dans votre ſirop un petit ſachet garni d'épices ſuivant votre goût.

NOIX en façon de cerneau. *Voyez* CERNEAU.

NOYER de ſucre, ſe dit lorſque l'on fait, ou l'on dreſſe une compote, & que l'on y met trop de ſirop.

NOYER, ſe dit des fruits que l'on met au ſucre lorſqu'il y en a par trop ; ainſi on dit : vous noyez cette compote, vous noyez ces fruits, parce que vous mettez trop de ſucre.

NOMPAREILLE. *Voyez* DRAGE'E.

NOUVEAUTE', ſe dit de toutes ſortes de fruits, qui, par le ſoin & l'induſtrie des Jardiniers, viennent dans leur perfection ou dans leur maturité devant la ſaiſon ordinaire, (a) & ſur-tout en Hyver & au Printems ; ainſi ce ſont des nouveautés que d'avoir des fraiſes & des concombres au commencement d'Avril, des poires au commencement de May, des ceriſes précoces à la mi-May, des laituës pommées au mois de Mars, &c. Nouveauté eſt relatif au mot de précoce.

(a) La Quint. Tom. I. page 79.

OEUF. On ne se sert dans l'Office que des œufs de poule; on clarifie le sucre avec le blanc. *Voyez* SUCRE, vous trouverez la raison pourquoi il se clarifie. On employe encore les œufs que l'on durcit pour garnir les salades.

Manière de connoître les œufs frais.

Aprochez-les un peu du feu, & s'ils jettent une petite humidité, c'est marque qu'ils sont frais.

OEUF. Petits œufs, ce sont des œufs composés, & que l'on met au caramel.

Manière de les faire.

Prenez les jaunes de douze œufs frais; passez-les par une étamine dans un poëlon; mettez-y un peu de sucre en poudre; faites-les cuire sur un feu doux, jusqu'à ce qu'ils soient en pâte; sortez votre pâte du poëlon, & la maniez avec du sucre en poudre, & un peu de rapure de citrons; formez-en des petits ronds, grands comme des grosses cerises; mettez-y des brochettes, & les tirez au caramel comme les marrons: on les sert sur des assiettes avec du papier dessous.

OEIL. On dit, cela a de l'œil, pour dire une chose bien faite, ou d'un fruit, dont la décoration flatte la vuë.

OEIL de melon, c'est l'endroit d'où sortent les bras: on le nomme aussi maille.

OEIL d'une poire, d'une pomme, c'est l'extrémité oposée à la queuë: cet œil est fait comme une petite couronne, qui est enfoncée aux unes, & non aux autres.

OEILLET, est une fleur qui vient sur une plante, dont les feuilles qui sortent de sa racine, sont longues, étroites, dures, de couleur d'un beau verd ; du milieu de ses feüilles, elle pousse des tiges de differentes hauteurs, qui portent à leurs sommités de belles fleurs à plusieurs feüilles, disposées en rond : leur odeur est aromatique, tirant beaucoup sur le girofle.

On s'en sert pour faire des sirops, des conserves & des candys, qui se font de même que la fleur d'orange. *Voyez* l'un & l'autre article.

OFFICE, est le lieu où l'on prépare les fruits & les ouvrages de sucre. L'Office est encore l'art de savoir faire toutes ses differentes espèces, qui sont, le four, le fourneau, l'étuve, le pastillage, les glaces, & la décoration. *Voyez* chaque mot séparément. Il est de l'Officier de faire les salades ; d'avoir soin de l'argenterie ; de tenir le pain ; & de le distribuer ; de faire blanchir le sel, & d'en garnir les saliéres ; de garnir les sucriers, les huiliers, d'avoir soin du linge de table, & autre qu'on lui met entre les mains, & de faire mettre proprement le couvert des Maîtres : il y a cependant des Maisons où l'on dispense les Officiers de ces dernieres choses.

OIGNON, est une plante assez connuë de tout le monde ; il y en a de deux espèces, le blanc & le rouge : ils se servent tous les deux pour des salades cuites. *Voyez* SALADE.

OLIVE, est un petit fruit oval, gros comme une mirabelle, qui croît sur l'olivier cultivé, dont les feüilles sont longuettes, pointuës, grosses, vertes par-dessus, & blanches par-dessous ; ses fleurs sont comme celles du saule, mais plus petites : les olives viennent ensuite, qui sont d'abord vertes, & enfin noires quand elles meurissent ; elles viennent dans les Païs chauds, comme dans la Provence & le Languedoc, où on les confit avec du sel & de l'eau, ou dans une lessive forte de chaux, ou de sarmens, pour les rendre bonnes à manger, car au sortir de l'arbre, elles ont un goût insuportable : on les envoye dans des petits barils ; elles servent pour des salades.

ORANGE, est une espèce de pomme ronde, belle, jaune & odorante, qui croît à un arbre que l'on nomme oranger. (a) Ses

(a) La Quint. *Traité des Orangers*.

feüilles ont la figure de celles du laurier, mais elles sont plus grandes, toujours vertes ; sa fleur est belle, blanche, & fort odorante, composée ordinairement de cinq feüilles, disposées en rond, & soutenuës par un calice : on cultive cet arbre dans tous les jardins, mais principalement dans les Païs chauds.

On les confit de même que les citrons, soit par quartiers, soit entieres tournées, soit par quartiers à jus, soit en marmelade, soit en conserve comme les citrons, &c.

Maniére de confire la fleur d'orange.

Epluchez bien votre fleur, & choisissez la plus blanche ; blanchissez-la de même que je le marque pour la marmelade de fleur d'orange ; passez-la dans plusieurs eaux fraiches, & y exprimez le jus de deux citrons ; laissez-la ainsi reposer dans l'eau jusqu'au lendemain ; égoutez-la, & la mettez dans un sucre froid clarifié ; couvrez-la avec du papier, & la laissez ainsi jusqu'au lendemain ; égoutez votre fleur, & donnez une vingtaine de boüillons à votre sirop ; attendez qu'il soit froid pour le mettre sur vos fleurs, continuez ainsi pendant deux jours ; alors égoutez votre fleur, & cuisez votre sirop à gros perlé ; mettez-y vos fleurs, & les tirez du feu ; remuez votre poële, pour que le tout se mêle, & les mettez dans des pots : pour empêcher que la fleur ne candisse dans les pots. *Voyez* CONFITURE.

La fleur d'orange se praline & se grille. *Voyez* PRALINER & GRILLER.

ORANGE amère. *Voyez* BIGARRADE.

ORANGEAT. *Voyez* DRAGÉE.

ORANGEAT, est une boisson que l'on fait comme la limonade, à l'exception que l'on prend des oranges en place de citrons.

OR-D'OEUVRE. Ceux de l'Office, sont les melons, les figues, les meures, le beure frais, les raves, & les petits artichaux nouveaux crus, qui se servent avec le service de cuisine.

ORG

ORGEAT, eſt une boiſſon fraiche, faite avec des amandes douces, du ſucre, de l'eau de fleur d'orange, & de l'eau.

Maniére de la faire.

Mondez une demi-livre d'amandes douces, avec une douzaine d'amères; pilez-les bien, & les délayez avec deux pintes d'eau, ſuivant la force que vous y voudrez donner; ajoutez-y du ſucre & de l'eau de fleur d'orange à votre goût; battez bien le tout enſemble; paſſez-le par une étamine, & le mettez dans des bouteilles.

On fait encore de la pâte & du ſirop d'orgeat, que l'on délaye avec de l'eau. Vous trouverez la maniére de les faire, *Voyez* PATE & SIROP.

PAIN

PAIN. Le mot de pain a differentes ſignifications dans l'Office pour le diſtinguer, comme les pains-d'épices, les pains à chanter & les pains de ſucre.

PAIN-d'épice. Mettez dans une terrine trois livres de belle farine, & deux livres de ſucre en poudre, avec du cloux de girofle, de la canelle, de la coriandre & de la muſcade, de chaque eſpèce un quart d'once, que vous reduirez en poudre, & paſſerez par un tamis; ajoutez-y une once de rapure de citron, & une once de citron verd confit, que vous couperez par petits morceaux, avec une livre & demie d'amandes douces pralinées au blanc. Quand vous aurez ainſi tout ceci préparé, faites boüillir une pinte de miel de Narbonne, dans lequel vous jetterez une goutte d'eſprit-de-vin; ſitôt que vous le verrez boüillir, ôtez-le tout-de-ſuite du feu, & verſez-le ſur votre farine, où vous aurez mis tout ce que j'ai marqué ci-devant; délayez le tout enſemble avec une ſpatule pendant l'eſpace d'une heure; mettez votre pâte ſur une table, & donnez à vos pains-d'épices, telle figure qu'il vous plaira; dreſſez-les ſur des feüilles de papier, leſquelles vous poudrerez auparavant de farine; faites-les cuire à un four doux; pour les lever, laiſſez-les réfroidir; broſſez-les, & les glacez de même que les biſcuits à l'Allemande apellés *Liſtlen.* Comme les pains-d'épices, pour être bons, dépendent des goûts, l'on peut modérer les épices, & l'on peut ſe ſervir de toutes ſortes d'écorces confites, & même y mettre des dragées.

PAIN à chanter, eſt une choſe aſſez commune, & que l'on trouve par-tout ; il ſert à mettre deſſus & deſſous le nogat : on en fait auſſi des rubans. *Voyez* l'un & l'autre.

PAIN, ſe dit encore du ſucre, lorſqu'il eſt en conſiſtence de pain de figure pyramidale.

PAPIER. Le papier eſt une choſe très-néceſſaire, & même une propreté dans les Offices ; on l'employe de differentes maniéres, ſoit pour couvrir, ou pour mettre deſſus & deſſous les confitures, ſoit pour mettre ſur des aſſiettes ; il doit être proprement découpé par le fer, pour garnir les verres découpés.

Maniére de découper le papier.

Prenez de beau papier, vous le frotterez légérement avec du ſavon blanc, qui ſoit bien ſec ; pliez-le alors en trois doubles, de la même longueur que votre feüille ; ayez un bloc dans lequel il y aura une maſſe d'une vingtaine de livre de plomb bien unie ; mettez votre fer ſur votre papier, & le frapez avec un maillet de bois ; lorſque le fer aura coupé le papier, détachez-le légérement l'un de l'autre ; remettez-le bien juſte à côté, & continuez de même.

Pour préparer le papier découpé, & le coler après vos verres ; dépoüillez-le de tout ce qui ſera inutile après ; mettez votre bande entre deux feüilles de papier, & le frottez avec quelque choſe d'unie pour unir votre papier découpé ; levez alors votre bande de papier découpé feüille à feüille, & en garniſſez vos verres découpés, en attachant votre papier avec de la colle de farine.

PAPILLOTTE, ſe dit de toutes ſortes de petites garnitures pour les fruits, que l'on envelope de papier en façon de papillotte, comme les diablotins, les pistaches au chocolat, &c. pour donner aisance de les empocher proprement.

PARER, se dit des fruits, d'une poire, d'une pomme, &c. C'est lorsqu'on leur enleve la peau proprement, en leur faisant des côtes avec le couteau. Parer, se dit encore d'un fruit que l'on nettoye proprement sans lui ôter la peau. Parer, se dit d'une figure de pastillage que l'on lime & que l'on grate avec un ganif.

PASTEQUE, (a) ou melon d'eau, est un gros fruit rond, charnu, couvert d'une écorce assez dure, mais unie & lisse, de couleur verte obscure, marbrée, ou parsemée de tâches fort vertes ou blanches ; sa chair est semblable à celle du concombre, ferme, rougeâtre, d'un goût doux & agréable ; elle renferme une pulpe, ou une substance moëlleuse, dans laquelle on trouve des semences oblongues, larges, aplaties, ridées, noires ou rousses ; leur écorce est dure ; en la cassant l'on trouve dedans une petite amande blanche & moëlleuse ; cette amande peut servir dans le sirop d'orgeat, comme les quatre semences froides. Ce fruit croît sur une plante qui pousse plusieurs tiges sarmenteuses, foibles, tendres, rampantes à terre, veluës, revetuës de feüilles grandes, assez ressemblantes à celles des autres melons : l'on peut confire ce fruit, de même que le cedra ; il sert comme les autres melons pour hors-d'œuvre : on cultive ces fruits dans les potagers, mais les meilleurs sont ceux qui croissent dans les Païs chauds.

PASTILLAGE, est le nom d'une pâte de sucre, laquelle, lorsqu'elle est employée, on fait sécher à l'étuve : on en fait differentes choses, comme des figures, des fleurs, des ornemens, du bâtonage, des pastilles, &c.

(a) Pasteque vient du mot Italien *Pasteca* ; c'est ainsi que les Italiens le nomment : c'est d'eux qu'on les tient en France.

PAS

Manière de faire la pâte de pastillage.

Prenez un quarteron de belle gomme adragante bien blanche; mettez-la dans un pot de fayence; jettez dessus une premiére eau pour la laver; égoutez-la, & la remettez; mettez-y de l'eau tiéde de deux doigts plus haut que la gomme; couvrez-la, & la laissez passer la nuit à l'étuve; passez-la alors dans une étamine, ou serviette blanche qui soit neuve; mettez votre gomme dans un mortier de marbre, avec un jus de citron; pilez-la jusqu'à ce qu'elle blanchisse; mettez-y petit-à-petit du sucre passé au tambour, & environ trois onces de farine de ris, *Voyez* FARINE; continuez à y mettre du sucre en pilant votre pâte continuellement, jusqu'à ce que vous voyiez qu'elle soit bien blanche, & un peu maniable; tirez-la du mortier, & la mettez sur une table bien unie & bien propre; maniez-la avec du sucre royal, jusqu'à ce qu'elle soit ferme; mettez votre pâte dans une terrine, & la couvrez avec une serviette légérement mouillée, pour l'empêcher de gerser: si vous jugez à propos, vous y pouvez mettre de l'essence de quelle espèce il vous plaira, pour lui donner du goût.

Vous pouvez colorer cette pâte si vous voulez, c'est pourquoi consultez le mot de couleur, vous trouverez toutes celles qui conviennent pour le pastillage.

Manière de tirer une Figure de pastillage.

Tous les moules sont bons pour le pastillage, soit de plomb, de plâtre ou de bois. Lorsque vos moules seront propres, bien essuyés & bien secs, prenez toutes les piéces de votre moule, & les poudrez légérement avec une poudrette, dans laquelle vous aurez mis de l'amidon. Alors, ayez une pierre de marbre, vous formerez une abaisse de votre pâte de la grandeur du morceau que vous voudrez faire, & de l'épaisseur de deux écus de six francs; imprimez votre pâte dans le morceau de votre moule; ôtez le surplus de la pâte en la rognant avec un canif; levez le morceau de pâte pour voir s'il est bien imprimé, repoudrez votre moule, & remettez votre pâte; rognez bien la pâte qui debordera du moule; continuez de faire les autres

autres morceaux qui se mettent ensemble, comme ceux d'un bras, d'une jambe & d'un corps ; alors, joignez-les ensemble, en mettant dans les jointures une petite abaisse de pâte de la largeur d'un demi doigt, que l'on moüille avec de l'eau, & que l'on pose proprement pour attacher les piéces ensemble. Lorsque votre bras, votre jambe, ou votre corps seront ainsi mis ensemble, fisselez votre moule, & le mettez à l'étuve avec un feu modéré, pour laisser sécher votre pâte dans le moule pendant sept à huit heures ; levez alors les morceaux de votre moule piéce par piéce, & mettez votre bras, votre jambe, ou votre corps sur un tamis à l'étuve, pour les achever de sécher comme il faut. Alors, prenez ce que vous aurez fait ; emplissez proprement avec la même pâte tous les vuides que vous trouverez ; remettez-les sécher encore jusqu'au lendemain ; alors, parez ce que vous aurez fait avec des limes ou ganifs, & les mettez ensemble avec la même pâte à l'étuve pour achever de les secher. Alors, vous y pourrez mettre le vernis. *Voyez* VERNIS. Observez que lorsque c'est une grande Figure, il faut la laisser plus long-tems à l'étuve, que l'on doit emplir de farine pour soutenir la pâte, & que l'on vuide lorsqu'elle est seche.

Maniére de faire les fleurs de pastillage.

Il faut avant tout, avoir du fil-d'archal, recuit de la grosseur, & le coupez de la longueur que peut être la tige de la fleur que vous voulez faire ; il faut les garnir de soïe platte de la couleur qu'ils doivent être ; alors, garnissez les bouts de votre fil-d'archal avec du gros fil ciré, pour former un petit bouton qui puisse tenir la fleur, & pour qu'elle ne puisse pas échaper ; formez ensuite avec votre pâte, le mieux que vous pourrez, le cœur, la graine, ou le calice de la fleur que vous voulez faire ; laissez-les ainsi sécher, & lorsqu'ils seront secs, donnez-leur la couleur ; formez des petites abaisses de votre pâte, le plus mince que vous pourrez, sur une pierre de marbre, & les découpez avec un découpoir de fleur. Nervez-les dans un moule de bois, que vous aurez fait faire exprès ; donnez le mieux que vous pourrez le pli à vos feüilles, pour qu'elles imitent la nature ; laiſſez-les ainſi ſecher à l'étuve ſur des tamis ; lorſqu'elles ſeront ſeches, maniez un peu de votre pâte avec un peu d'eau, pour la rendre plus maniable. Alors colez avec cette pâte vos feüilles contre la graine ou le cœur de votre fleur ; n'y mettez qu'un ſeul rang à la fois, & les laiſſez ſecher à meſure ; continuez ainſi juſqu'à ce que votre fleur ſoit de la groſſeur que vous voudrez ; lorſqu'elles ſeront ſeches, donnez-leur la couleur. (*Voyez* COULEUR pour le paſtillage.) ſi ce ſont des fleurs d'une ſeule couleur, comme les roſes, les jonquilles, les violettes, &c. il faut avant que de faire les feüilles, donner la couleur à votre pâte, en lui en donnant plus ou moins, ſuivant la couleur pâle ou foncée que pourront avoir les feüilles de la fleur ; pour mieux imiter les nuances, mettez alors vos fleurs de ſucre dans des vaſes de ſucre, & les garniſſez de feüilles vertes ſuivant leur nature avec du velin que vous découperez. *Voyez* Planche 7.

Explication de la Planche 7.

A. Table où l'on travaille les fleurs.
K. Pierre de marbre ſur-quoi on les découpe.
C. Nervoir.
D. Découpoir à fleur.
E. E. E. Morceaux de bois dans leſquels on met les fleurs pour les finir.

PASTILLES, ou Ingrediens. Les paſtilles ſont faites avec de la pâte de paſtillage, & elles ne ſont paſtilles, que lorſque la pâte de paſtillage eſt employée pour les paſtilles que l'on veut faire.

Il y a des paſtilles de toutes ſortes de façons, de cachoux, de ſafran, de parfait amour, de caffé, de chocolat, de fleur d'orange, de violette, de cédra, de bergamotte, d'ambre, d'orange, de canelle, de girofle, &c. Elles ſe trouvent differentes des unes des autres, tant par le goût, que par la figure qu'on leur donne. Il faut avoir ſoin lorſqu'elles ſont faites, de les faire ſecher à l'étuve ſur des tamis, & de les conſerver dans un endroit ſec.

PASTILLE de cachoux. Prenez un quarteron de cachoux brut ; concaſſez-le, & le mettez dans une poële à caffé ; faites-le brûler

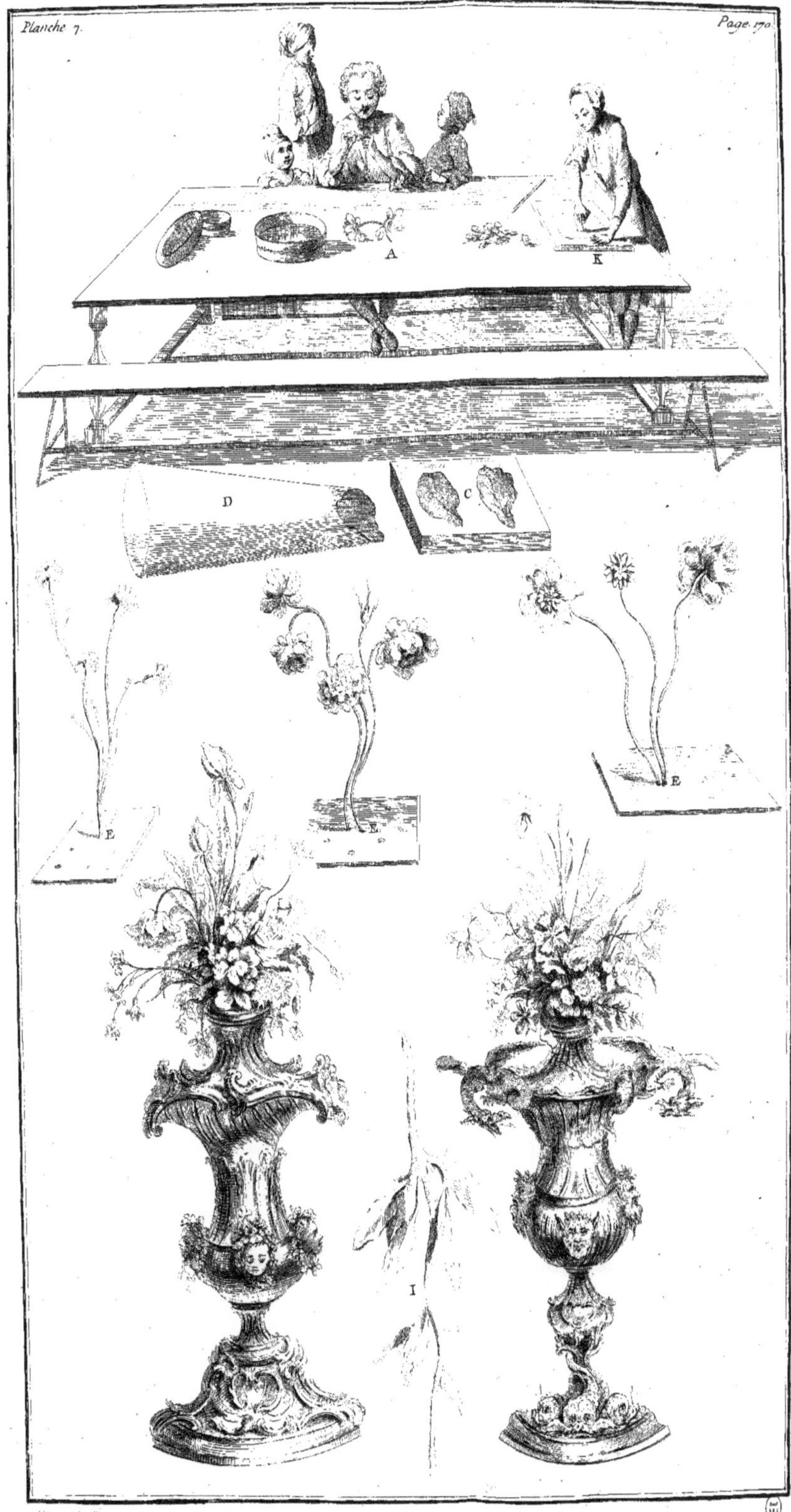
Planche 7.
Page 170.
A
K
D
C
E
E
E
I

comme le caffé, jusqu'à ce qu'il soit d'une couleur noire; laissez-le refroidir; alors pilez-le bien, & le passez au tambour; prenez un quarteron de fleur d'orange pralinée, que vous ferez bien secher à l'étuve; pilez-la bien, & la passez au tambour; prenez une livre & demie de pâte de pastillage, ou faites-en d'autre avec du sucre commun; incorporez votre cachoux & votre fleur d'orange avec la pâte dans un mortier, & la mettez en consistence maniable; faites de cette pâte des pastilles de la figure d'un grain d'épine-vinette, & les faites bien secher à l'étuve.

PASTILLE de safran. Prenez une demie once de safran; faites-le secher, & le broyez à sec sur un marbre, pour le mettre en poudre très fine; prenez deux livres de pâte de pastillage; incorporez-y votre safran; maniez tellement votre pâte, pour que le safran se communique par-tout; formez de cette pâte, des pastilles de la figure d'un grain de bled.

PASTILLE de parfait-amour. Prenez une livre de pâte de pastillage; mettez-y de l'essence de cédra à votre goût; mêlez dans cette pâte du carmin pour lui donner une couleur de rose; formez-en des abaisses minces, & les découpez avec un découpoir de la figure d'un cœur.

PASTILLE de caffé. Prenez une demi-livre de bon caffé torréfié, & passé au tambour; incorporez votre caffé avec deux livres de pâte de pastillage; formez avec cette pâte, des pastilles de la figure d'un grain de caffé.

PASTILLE de violettes. Prenez une once de racine d'Iris de Florence, que vous aurez passé au tambour; incorporez-la avec une livre & demie de pâte de pastillage dans un mortier; broyez bien sur un marbre un peu d'indigo avec du jus de citron; mettez-le dans votre pâte pour lui donner de la couleur; maniez bien le tout ensemble, pour que la couleur se trouve égale; formez des abaisses avec votre pâte, & lui donnez telle figure qu'il vous plaira.

PASTILLE de chocolat se fait de même que le caffé; donnez une autre figure à la pâte.

PASTILLE de fleur d'orange. Prenez une demie livre de fleur d'orange pralinée bien ſeche ; pilez-la bien, & la paſſez au tambour ; incorporez-la avec trois livres de pâte de paſtillage ; formez-en des abaiſſes, & donnez aux paſtilles, telle figure qu'il vous plaira.

PASTILLE de cédra, de bergamotte, d'orange, d'ambre, de canelle, de girofle, &c. Pour faire toutes ces paſtilles, il faut avoir des eſſences, & en mettre ce qu'il en faut pour donner le goût à votre pâte. Alors, formez-en des abaiſſes ; découpez-les avec des découpoirs, ou donnez-leur telle figure qu'il vous plaira, comme au girofle ; imitez la figure du cloux.

Lorſque vous aurez de toutes ces paſtilles, il faut les ſervir dans des très-petites caiſſes de papier que vous ferez exprès, ſoit ſur des aſſiettes, ou ſur votre fruit : les paſtilles ſont compriſes dans les garnitures des fruits.

PASTE, n'eſt autre choſe qu'une marmelade que l'on tire au ſec, & que l'on met dans des petits moules de fer-blanc pour leur en donner la figure : elles ſervent de garnitures dans les fruits.

Pour les faire, il faut avant tout, ranger vos moules de diſtance en diſtance ſur des feüilles de cuivre, *Voyez* Planche 1. Let. V. & de-là, dreſſez votre marmelade dedans les moules avec une cuillier, & les mettez tout-de-ſuite à l'étuve, juſqu'à ce que vous voyiez que vous puiſſiez lever vos moules ſans corrompre vos pâtes. Alors, enlevez vos moules, & remettez vos pâtes à l'étuve juſqu'au lendemain, avec un feu toujours égal & modéré ; lorſque vous verrez que vos pâtes ne poiſſeront plus, & qu'elles ſeront revêtuës d'un petit candy, (ſinon laiſſez-les à l'étuve,) vous pourrez les lever avec un couteau à pâte, que vous tremperez fait-à-meſure dans de l'eau chaude, & les mettrez ſur des tamis, ou lorſque vos pâtes ont un fort candy, chauffez vos feüilles ſur leſquelles ſeront vos pâtes ſur un fourneau, & les enlevez avec la main, ou avec un couteau à pâte.

J'ai décris pluſieurs façons de faire des marmelades, pour que l'on puiſſe avoir l'aiſance de faire des pâtes dans toutes les ſaiſons, quoiqu'il ſoit fort inutile de s'en ſervir lorſque l'on a les fruits en nature. C'est pourquoi préparez les marmelades de chaque fruit telles que je les enseigne à l'article des marmelades, & les desséchez de même ; alors faites cuire du sucre clarifié à la plume, & le délayez petit-à-petit, & légérement avec votre marmelade, & à telle quantité, jusqu'à ce que vous voyiez qu'en trempant le doigt dedans, le serrant contre le pouce, & le portant à l'oreille en les separant, vous l'entendiez faire du bruit ; alors, votre marmelade est bien, & vous la pouvez dresser dans vos moules, en observant tout le travail que j'ai marqué ci-dessus.

Lorsque vous êtes obligé de vous servir de marmelades faites & confites, il est bon de mêler avec un peu de marmelade de pommes sans sucre, pour leur donner du corps, en les travaillant de même.

Vous pourrez de cette maniére faire des pâtes

D'Abricots verds.
De Cerises.
De Groseilles.
De Poires.
De Cédra, & d'autres fruits d'odeur.
De fleur d'orange.
De Pêches.
De Framboises.
D'Abricots meurs.
De Prunes.
De Verjus.
D'Epines-vinettes.
De Coings.
De Pommes.

PASTE à la Nassau. Préparez vos moules comme ci-devant ; prenez six beaux coings ; ôtez-leur la peau & le cœur ; coupez-les en petits morceaux ; faites-les blanchir dans une chopine d'eau ; lorsqu'ils seront blanchis, mettez-y autant de pommes de reinette coupées de même ; ajoutez-y près d'une livre de sucre en pain ; laissez cuire le tout ensemble, jusqu'à ce qu'il n'y ait presque point de jus, en les remuant légérement avec une petite spatule ; dressez-les dans vos moules avec des fourchettes ; sitôt qu'elles seront toutes dressées, levez les moules, & mettez vos pâtes à l'étuve. Si vous les voulez rougir, mettez-y de la cochenille préparée : ces sortes de pâtes peuvent servir au bout de quatre heures, en les mettant dessus des cartes comme les clarequets.

PASTE à l'Italienne. Faites des moules avec de bon papier,

ronds, & de la grandeur d'un petit écu ; vous les formerez sur un calibre de bois que vous aurez fait faire exprès ; alors faites une marmelade d'une douzaine de pommes, que vous dessécherez bien, & rougirez avec de la cochenille préparée ; vous y mettrez du sucre cuit à la plume, comme aux autres pâtes, & quelque peu de plus, pour les rendre bien liquides.

Alors, versez-la dans vos moules de l'épaisseur de trois écus de six francs ; mettez-les tout-de-suite à l'étuve ; lorsque vous verrez qu'elles seront candies, ou croutées dessus, mettez-les sans-dessus-dessous, & les laissez ainsi à l'étuve, jusqu'à ce qu'elles vous paroissent croutées par-tout. Pour les lever, trempez vos moules dans de l'eau boüillante ; mettez-les sur une table, & un moment après vous pourrez ôter le papier facilement ; rangez vos pâtes sur des tamis, & les remettez un moment à l'étuve. Toutes les pâtes sont comprises dans les garnitures des fruits : toutes les pâtes qui n'ont plus d'œil, quoique toujous bonnes, se mettent au candy. *Voyez* CANDY.

PASTE au sucre en poudre, ou grosse pâte. Prenez telle espèce de fruit qu'il vous plaira ; faites-en de la marmelade, & la desséchez bien ; prenez alors une livre de sucre en poudre sur une livre de fruit ; délayez-le dans votre marmelade ; laissez-la fremir un moment, & la mettez dans des grands moules de fer-blanc de la même figure que les petits, *Voyez* Planche 1. Let. X. 6. 6. 6. mettez-les à l'étuve, & lorsque vous les verrez un peu fermes, levez les moules ; remettez-les à l'étuve jusqu'à ce qu'elles soient bien seches ; levez-les de vos feüilles, & les gardez dans des coffrets : lorsque l'on veut servir ces pâtes, on les coupe de la grandeur des petites pâtes.

PASTE d'orgeat. Mondez quatre livres d'amandes douces, un quarteron d'amères ; pilez-les bien en consistence de pâte fine avec de l'eau de fleur d'orange, & une livre des quatre semences froides ; mettez-y huit livres de sucre en poudre ; battez-bien le tout ensemble dans le mortier pendant une heure, & la serrez dans des pots. Lorsque vous voudrez vous en servir, délayez cette pâte avec de l'eau fraiche ; passez le tout par une étamine, & votre orgeat sera fait.

PASTE, se dit des massepains, du pastillage, du biscuit de toutes façons, & de toutes autres choses d'Office, où il y entre de la farine.

PASTE' d'hermite. On apelle pâté d'hermite une figue seche, dans laquelle on a mis une amande douce; on aplatit pour-lors cette figue, & on la coupe en deux; on met ces morceaux au caramel comme les marrons: on n'en fait ordinairement qu'en Carême, cela sert de garniture.

PAVIE, est une espèce de pêche qui ne quitte point le noyau. (a) Le nom de pavie, dans la plûpart des Provinces, est le terme général qui signifie, tant les pavies qui ne quittent pas le noyau, que les pêches qui le quittent; l'un & l'autre sont connus par leur grosseur, couleur, figure, goût, chair, eau, peau, noyau, &c. L'arbre qui les produit se nomme Pêcher.

On le confit de même que les pêches, & on l'employe de même dans toutes les maniéres du travail de la pêche. On en met à l'ambre, en mettant un peu d'ambre dans un petit sachet, & que l'on met dans le sirop pour leur en donner le goût: lorsque le pavie est bien meur, on le sert cru.

PEAU des fruits, c'est la superficie qui envelope la chair des fruits; les uns l'ont plus douce, les autres l'ont plus rude; les uns l'ont lisse & rase comme les cerises, les prunes, les pêches violettes, les brugnons, & les autres l'ont un peu veluë comme toutes les autres pêches & les coings; les uns l'ont plus moëlleuse & douce au toucher, comme les pêches meures; les autres l'ont plus ferme, comme les pêches qui ne sont pas encore meures, & les pavies, &c.

PESCHE, est un fruit qui a un goût délicieux; il est charnu, & contient un suc vineux fort agréable au goût. Il renferme un noyau composé de deux tables, qui sont creuses en dehors, & des fosses assez profondes. Il croît sur un arbre assez petit, dont les feüil-

(a) La Quint. tom. 1. Part. I. pag. 41.

les & les fleurs ressemblent à l'Amandier, à la réserve que les fleurs du Pêcher sont rouges ; son bois est léger & fragile, & sa racine peu profonde : cet arbre est cultivé dans les jardins.

Il y a des pêches de plusieurs espèces, & qui ne viennent que par l'artifice des Jardiniers, & de l'industrie de les enter, comme

La Pêche admirable.	La Pêche persique.
La Pêche mignone.	La Pêche violette.
La Pêche chévreuse.	La Pêche d'Italie.
La Pêche nivette.	La Pêche rossane.
La Pêche pourprée.	La Pêche Madelaine.

Le mérite & les bonnes qualités des Pêches.

Le mérite des pêches consiste aux bonnes qualités qu'elles doivent avoir.

La premiére, est d'avoir la chair si peu que rien ferme, cependant fine, ce qui doit paroître quand on leur ôte la peau, laquelle doit être fine, luisante & jaunâtre, sans aucun endroit de verd, & doit se déprendre fort aisément, sans quoi la pêche n'est pas meure : ce mérite paroît encore quand on coupe la pêche avec le couteau, qui est ce me semble, la premiere chose à faire à qui la veut agréablement manger, & pour-lors on voit tout le long de la taille du couteau comme une infinité de petites sources, qui sont les plus agréables du monde à voir. Ceux qui ouvrent autrement les pêches, perdent souvent la moitié de ce jus, qui les fait estimer de tout le monde.

La seconde qualité de la pêche, est que cette chair fonde dès qu'elle est dans la bouche : & en effet, la chair des pêches n'est proprement qu'une eau congelée qui se reduit en eau liquide pour peu qu'elle soit pressée sous la dent, ou d'autre chose.

Troisiémement, il faut que cette eau en fondant se trouve douce & sucrée, que le goût en soit relevé & vineux, & même en quelques-unes, musqué. Il faut que le noyau soit fort petit, & que les pêches qui ne sont pas lisses, ne soient que médiocrement veluës ; le duvet est une marque assez certaine du peu de bonté de la pêche : ce ce duvet tombe presque tout-à-fait aux bonnes, & particuliérement à celles qui sont venuës en plein air.

Je compterois enfin pour une des principales qualités de la pêche d'être grosses, si nous n'en avions pas de petites qui sont meilleures, comme les pêches mignones, les pêches violettes, &c. Mais au moins est-il vrai que si les pêches, qui doivent être assez grosses, n'aprochent pas de la grosseur qui leur convient, ou qu'elles la passent de beaucoup, elles sont constamment mauvaises.

Il n'y a véritablement, comme j'ai dit ci-dessus, que les pêches de plein-vent qui ayent toutes ces bonnes qualités au souverain degré, avec un je ne sçais quoi de relevé, qu'on ne sçaurois décrire ; les pêches des paliers en ont bien quelque chose, mais elles ne l'ont pas au point que je viens de dire pour les pêches de plein-vent.

Les mauvaises qualités des Pêches.

Elles consistent premiérement à avoir la chair molle, & presque en boüillie : les blanches d'Andilly sont fort sujettes à ce défaut.

En second lieu, à avoir la chair pâteuse & séche, comme la plûpart des pêches jaunes, & la plûpart des autres pêches qu'on a trop laissé meurir sur l'arbre.

En troisiéme lieu, à la voir grossiére comme les druselles, & les pêches bette-raves.

En quatriéme lieu, à avoir l'eau fade & insipide, avec un goût de verd & d'amer : telles sont d'ordinaire les pêches communes, autrement pêches de corbeil & de vigne.

En cinquiéme lieu, c'est un défaut d'avoir la peau dure, & d'être quelquefois si vineuses, qu'elles en tirent sur l'aigre.

Il ne doit pas être difficile après ces explications de juger des bonnes pêches, & parmi les bonnes de juger des meilleures ; non plus que de juger des mauvaises, & parmi ces mauvaises, de juger de celles qui le sont le plus. Il est certain qu'on ne trouve pas toujours parfaites toutes les pêches d'une certaine espèce qui le devroient être, ni même toutes les pêches d'un même arbre ne sont pas d'une égale bonté.

J'ai déja dit que c'eſt un grand defaut à la pêche d'être ou trop groſſe, ou trop petite ; c'en eſt un d'être trop meure, ou trop peu.

Les pêches, pour avoir leur juſte maturité, doivent tenir ſi peu que rien à la queuë ; celles qui y tiennent trop, & qui quelquefois emporte la queuë avec elles, ne ſont pas aſſez meures ; celles qui y tiennent trop peu, ou point du tout, & qui peut-être étoient déja détachées d'elles-mêmes, & tombées à terre, ſont trop meures, elles ſont paſſées ; il n'y a que les pêches liſſes, tous les brugnons, & tous les pavies, qui ne ſauroient preſque avoir trop de maturité ; ainſi à leur égard, ce n'eſt pas un defaut d'être tombés d'eux-mêmes.

L'Admirable. Elle a preſque toutes les bonnes qualités qu'on peut ſouhaiter, & n'en a point de mauvaiſes. Elle eſt une des plus groſſes & des plus rondes ; elle a le coloris beau, la chair ferme, fine & bien fondante, l'eau douce & ſucrée, le goût vineux & relevé ; elle a le noyau petit, & n'eſt point ſujette à être pâteuſe : elle meurit à la mi-Septembre.

La *Mignone*, eſt une des plus belles pêches que l'on puiſſe voir ; elle eſt aſſez groſſe, très-rouge & ronde, elle meurit des premiéres de la ſaiſon ; elle a la chair fine, & bien fondante, & le noyau très-petit ; véritablement ſon goût n'eſt pas toujours des plus relevé, il y a quelquefois quelque choſe de fade, mais cela n'empêche pas qu'elle ne ſoit belle & bonne : elle meurit à la mi-Août.

La *Chevreuſe*, eſt une pêche qui ne céde à aucune par ſa groſſeur & par la beauté de ſon coloris : elle a une belle figure qui eſt un tant ſoit peu longuette, la chair fine & fondante ; elle abonde en eaux ſucrées, & de bon goût : elle meurit au commencement de Septembre.

La *Nivette*, autrement la *Velouté*, eſt une très-belle & très-groſſe pêche ; elle a un beau coloris en dedans & en dehors, qui rend le fruit agréable à voir ; elle a toutes les bonnes qualités intérieures, ſoit de la chair & de l'eau, ſoit du goût & du noyau : elle meurit en Octobre.

PES

La *Pourprée*, elle marque son coloris par un de ses noms, & les qualités de son goût par l'autre ; elle est d'un rouge brun, enfoncé, dont la chair est pénétrée ; elle est ronde & assez grosse ; sa chair est assez fine, & son goût relevé : elle meurit à la mi-Septembre.

La *Persique* est d'un meilleur goût ; elle est longuette, & a toutes les bonnes qualités de la pêche ; son noyau est un peu longuet ; la chair qui lui est voisine, n'a qu'un tant soit peu de couleur : elle meurit à la mi-Septembre.

La *Violette* est d'un goût agréable & vineux, laquelle, lorsqu'elle est bien meure, se colore, & passe toutes les autres : son defaut est de ne point meurir, & de crevasser par tout quand la fin de l'Eté & de l'Automne sont trop humides ou trop froides : elle meurit en Octobre.

Celle d'*Italie*, est une espèce de persique hative, & ressemble en tout à la persique ordinaire par sa grosseur, par sa figure, qui est longuette, avec une tête au bout, par son coloris, qui est d'un bel-incarnat, un peu enfoncé, par son goût, sa bonne chair, & son noyau : celle-ci meurit à la mi-Août.

La *Rossane* ressemble en grosseur & figure à la *Mignone*, & lui est differente en couleur de peau & de chair, celle-ci l'ayant jaune ; l'une & l'autre prennent au Soleil une teinture très-forte, c'est-à-dire un rouge fort obscur : celle-ci est d'un fort bon goût, & n'a d'autre defaut que d'avoir un peu de penchant au pateu ; il faut pour en éviter le dégoût, ne l'a pas tant laisser meurir, & la cueillir au mois de Septembre.

La *Madelaine* ; il y en a de deux espèces, la blanche & la rouge ; elles sont rondes, plates, camuses, extrêmement colorées en dehors, & assez en dedans, sur-tout la rouge ; elles sont médiocrement grosses, & sujettes à devenir jumelles ; leur chair est assez fine, & assez de bon goût : l'une & l'autre meurissent à la mi-Août.

Lorsque ces pêches sont d'une bonne maturité, on les sert cruës ſur des gobelets, en mettant deſſous une petite feüille de vigne : on en fait des compotes, des marmelades, des neiges, des fruits glacés : on les met à l'eau-de-vie comme les abricots, en les faiſant un peu blanchir pour leur enlever la peau. *Voyez* l'un & l'autre, & lorſqu'elles ne ſont pas tout-à-fait meures, on les confit.

Manière de les confire.

Prenez vos pêches proprement, & leur ôtez le noyau pour les mettre par quartier ; ayez de l'eau boüillante ſur le feu ; jettez-y vos pêches pour les blanchir ; à meſure qu'elles monteront au-deſſus de l'eau, vous les tirerez, & les mettrez rafraichir dans de l'eau ; égoutez vos pêches ; mettez du ſucre clarifié ſur le feu ; donnez-lui un boüillon, & y mettez vos pêches ; donnez-leur deux ou trois boüillons, & les écumez bien ; mettez-les dans une terrine, & les couvrez ; laiſſez-les ainſi juſqu'au lendemain ; égoutez-les, & faites cuire votre ſirop à liſſé, en l'augmentant de ſucre s'il eſt beſoin ; mettez-y votre fruit, & lui faites prendre un boüillon ; ôtez-les du feu, & les remettez dans votre terrine juſqu'au lendemain à l'étuve : dès-lors vous pouvez les tirer à l'étuve, & les mettre à oreille comme les abricots.

Si vous voulez les mettre dans des pots, égoutez-les encore, & donnez quelques boüillons de plus à votre ſirop ; mettez-y votre fruit, & lui donnez un boüillon couvert ; écumez-le bien, & l'empotez.

PEPIN. *Voyez* FRUIT.

PERCE-PIERRE. *Voyez* CRITTE-MARINE.

PERLÉ. Cuiſſon du ſucre. *Voyez* CUISSON.

PERLER, ſe dit des dragées. *Voyez* DRAGÉE.

PERLOIR, eſt un entonnoir de fer-blanc, dont le trou eſt fort petit, & dans lequel on met du ſucre cuit à perlé, qu'on laiſſe filer doucement ſur les dragées pour les perler. *Voyez* Pl. 2. L. O.

PIERRE de marbre, eſt une pierre ſur laquelle on fait des abaiſſes de paſtillage ; la pierre de marbre eſt plus commode que les planches unies, parce que par ſa fraicheur elle empêche que la pâte ne ſe gerſe.

PIERRE ſafranée, eſt une pierre friable, facile à couper comme le talc, ſe ſeparant en parties droites & fermes, de couleur ſafranée, & luiſante : on en trouve en Eſpagne, & en Boheme. Cette pierre lorſqu'elle eſt bien broyée avec de l'eau ſur un porphyre, ſert à colorer les oranges glacées, dont elle imite la couleur.

PIERREUX, eſt un terme apliqué aux fruits qui ſont pierreux.

PIGNON, eſt une eſpèce de petites amandes longuettes & à demie rondes, qui ſe trouvent dans les pommes de pin, où elles ſont formées dans pluſieurs célules ou cavités. La coque des pignons eſt ligneuſe & fort dure, mais le fruit qu'elle renferme eſt tendre, d'un goût très-doux, & aſſez agréable : ce fruit vient en Provence & dans le Levant. On employe le pignon de toute maniére, comme les amandes douces, ſoit pour du grillage, du nogat, des pralines, ou pour faire des petits macarons.

PILASTRE, eſt le nom d'un verre à tige qui ſert à ſoutenir les verres découpés : il y en a de differente hauteur. *Voyez* leur Fig. Planche 3. Let. C. H.

PIMPRENELLE, ou pimpinelle, eſt une plante qui produit de ſa racine trois ou quatre tiges menuës, garnies de quantité de petites feüilles rondes, & la plus grande partie ſort dès le bas de la tige : elle ſert de fourniture dans les ſalades.

PIQUER. Ce terme à differentes ſignifications : on dit piquer un diablotin, c'eſt d'y mettre du canelas lorſque le chocolat eſt encore mou ; piquer un abricot, c'eſt d'y mettre du bâtonage coupé également. On dit encore piquer un fruit avec la pointe d'un couteau, ou une épingle, pour empêcher que la peau ne creve lorſqu'on les fait cuire, ou pour que l'eau pénetre mieux dans ſa chair.

PYRAMIDE ſe dit dans l'Office de pluſieurs fruits de même eſpèce mis les uns ſur les autres, comme des ceriſes, des prunes de toute eſpèce, & d'autres petits fruits, leſquels ſe dreſſent ſur des drageoires.

Pyramide ſe dit de la canelle, & de l'angelique au candy, du chocolat en diablotins piqués de canelas, des abricots, des pêches piqués de bâtonage au candy, lorſqu'étant mis artiſtement les uns ſur les autres, on leur donne une figure pyramidale.

Pyramide ſe dit encore du bâtonage que l'on met l'un ſur l'autre, & que l'on cole avec de l'eau. Je joins ici pluſieurs deſſeins de pyramides de bâtonage. *Voyez* Planche 8. C'eſt au chef à montrer aux Aprentifs la façon de s'y prendre, pour qu'ils puiſſent réuſſir; en leur faiſant faire du bâtonage qui ſoit plat, & d'autre quarré, pour qu'ils ayent plus d'aiſance à former les differens contours des deſſeins, & de leur faire faire les morceaux d'ornemens détachés, en leur donnant pour les guider des papiers détachés, coupés ſuivant le deſſein de la pyramide qu'ils doivent faire, & que l'on cole derriere un verre. *Voyez* Planche 8. Let. A. Cela leur donne une facilité de ſuivre les contours; d'ailleurs ceux qui ont envie de faire des pyramides de bâtonage, c'eſt à eux de ſe conſulter s'ils ont du deſſein, de la patience & de l'adreſſe. Pour faire le bâtonage. *Voyez* BATONAGE.

PISTACHE, eſt une amande de couleur verte mêlée de rouge en dehors, verte en dedans, d'un goût doux & agréable. Les piſtaches ont deux écorces; la premiére eſt tendre de couleur verdâtre mêlée de rouge. La ſeconde eſt dure comme du bois, blanche & caſſante. La piſtache croît ſur un arbre qui porte des feüilles faites comme celles du Terebinthe ordinaire, mais plus grandes, plus nerveuſes, quelquefois arrondies par le bout, quelquefois pointuës, rangées pluſieurs ſur une longue côte terminée par une ſeule feüille; les fruits naiſſent par grappe ſur des pieds qui ne portent point de fleurs. On nous les aporte ſeches de Perſe, des Indes, & des Iſles: on employe les piſtaches en biſcuits, en conſerves, en neiges, dans les

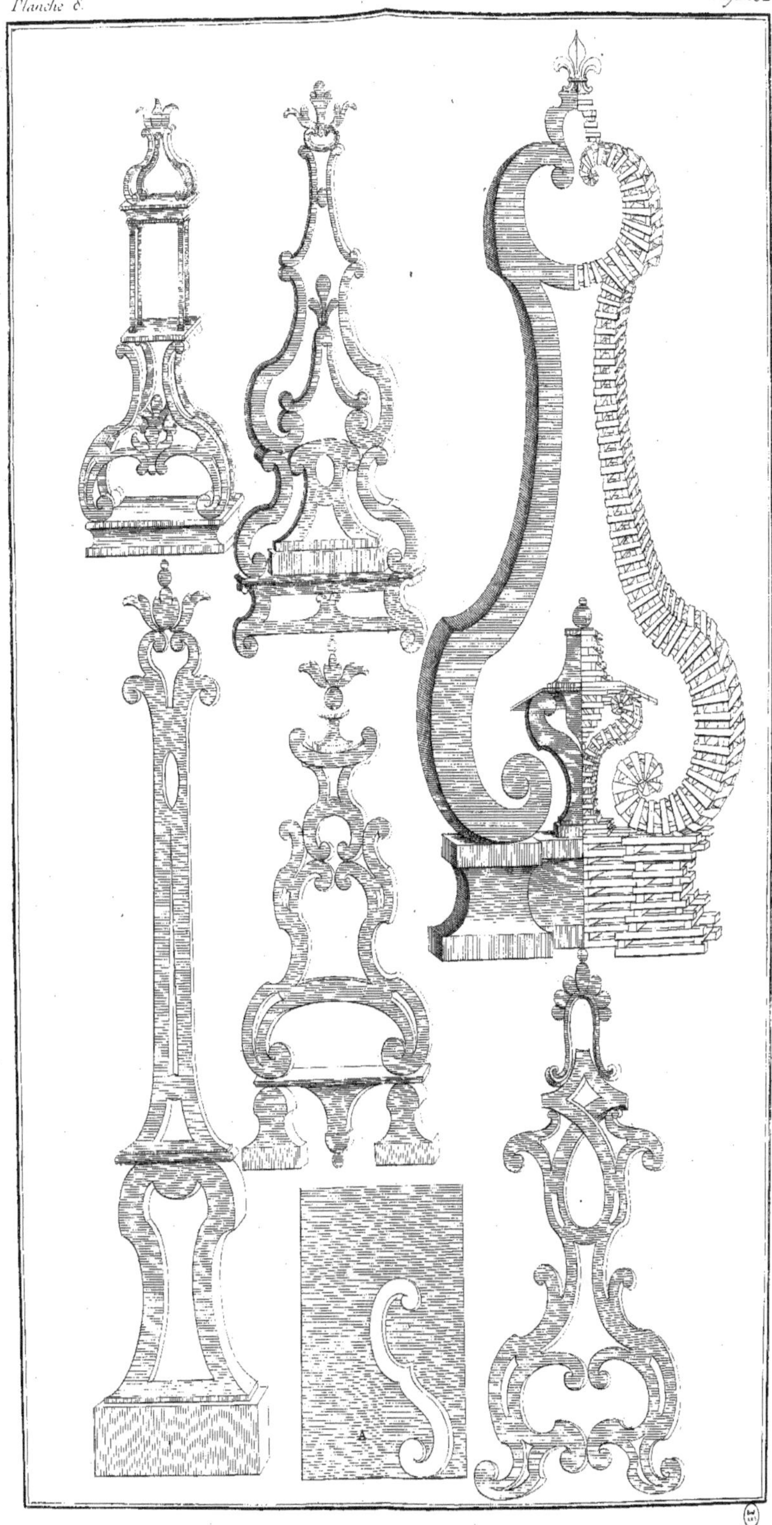
A

fromages glacés, en dragées, en pralines. *Voyez* l'un & l'autre, vous trouverez leur employe.

PISTACHE au chocolat. Ayez des pistaches bien mondées; faites dissoudre du chocolat comme pour les diablotins; prenez une pistache, & la couvrez de chocolat; mettez-la dans de la nompareille si vous le jugez à propos.

PLAFOND, utensile d'Office, est une espèce de feüille de cuivre, ronde, qui a un petit rebord. *Voyez* Planche 2. Let. L. Elle sert à differens usages.

PLATEAU, est une glace, ou un verre fondu tout uni, de la grandeur de la jatte sur laquelle vous le mettez pour monter vos verres découpés & vos gobelets. Les plateaux doivent toujours être de la grandeur des jattes: lorsqu'il y a du risque, & que l'on craint que le plateau ne se casse par la charge que l'on doit mettre dessus, il en faut faire faire de bois.

On apelle encore plateau des planches ausquelles on donne differentes figures, ausquelles on met des cadres, & que l'on fait faire exprés pour des dormans dans les grandes tables, & qui se joignent les uns avec les autres. *Voyez* Planche 10. A. A. A. coupe des dormans.

PLEIN-VENT. Fruits à plein-vent sont ceux qui naissent sur des arbres, qui s'élévent naturellement fort haut, & que l'on ne rabaisse pas.

PLEIN-SUCRE, terme d'Office. C'est une livre de sucre pour une livre de fruit: cependant ce n'est point une régle, car lorsqu'il faut confire de gros fruits comme cédra, orange, &c. il en faut davantage; c'est pourquoi plein-sucre veut dire nager dans le sucre.

PLUME, Cuisson du sucre. *Voyez* CUISSON.

POELES, ſont des utenſiles d'Office. Les poëles doivent être de diverſes grandeurs, les unes plattes, les autres creuſes, pour qu'elles puiſſent ſervir à differens uſages. *Voyez* Planche 1. Let E.

POELE branlante, eſt celle dans laquelle on fait la dragée, & qui eſt ſuſpenduë en l'air avec des cordes. La même ſert ſur le tonneau, comme je l'ai expliqué. *Voyez* DRAGÉE. Vous verrez ſa Fig. Planche 2. Let F. H. ſon foyer. I. la poële ſur le tonneau. K. le tonneau.

POELON, eſt une eſpèce de petite poële à queuë, les uns ſont grands, plats, & d'autres creux; il y en a qui ne ſont deſtinés que pour le caramel. *Voyez* Planche 1. Let. F.

POIRE, eſt un fruit connu de tout le monde, dont il y a des eſpèces fort differentes, que l'on diſtingue par la groſſeur, par la couleur, par la figure, par l'odeur & par le nom. Ce fruit croît ſur le Poirier cultivé; il a le tronc aſſez gros; ſon bois eſt de couleur jaunâtre; ſes feüilles ſont vertes, mais blanchâtres à leur extrémité inferieure; elles ſont arrondies, oblongues, & ſe terminent en pointes; ſa fleur eſt à cinq feüilles blanches diſpoſée en roſe; à cette fleur ſuccede un fruit charnu, gros par un bout, & plus menu du côté où il eſt attaché à la queuë.

Les poires ont differentes ſaiſons pour être employées ou pour être mangées. C'eſt pourquoi après avoir marqué les bonnes & mauvaiſes qualités des poires, je ferai leurs deſcriptions & les détaillerai ſuivant leurs ſaiſons.

Bonnes & mauvaiſes qualités des Poires.

Il faut que les poires cruës ayent en premier lieu la chair beurée, ou tout-au-moins tendre & délicate, ſucrée, de bon goût, & ſurtout quand il s'y rencontre un peu de parfum, telles ſont les poires de bergamotte, de verte-longue, de beurée, de l'echaſſerie, d'ambrette, de rouſſelet, de virgoulée, de ſaint-germain, de craſane, de petit muſcat, de cuiſſe-madame, &c.

En

En ſecond lieu, au défaut de ces premiéres, les poires doivent avoir la chair caſſante, avec une eaù douce & ſucrée, & quelquefois un peu parfumée, comme le bon-chrétien d'Hyver, le bon-chrétien d'Eté muſqué, le martin-ſec, & même quelquefois le portail, le meſſire-jean, &c.

En troiſiéme lieu, celles qui ont un aſſez grand parfum, ne doivent point avoir leur odeur renfermée dans une chair extrêmement dure, pierreuſe & pleine de mare, comme l'amadote, la groſſe queuë, le citron, le gros muſqué d'Hyver, &c. Cette dureté & cette pierre font un grand défaut dans toutes ſortes de poires.

Après avoir expliqué ce qui plaît dans les poires, il n'eſt pas difficile de deviner ce qui y peut particuliérement déplaire, & ſans doute, c'eſt premiérement une chair qui, au lieu d'être ou beurée, ou tendre, ou agréablement caſſante, ſe trouve pâteuſe comme celle de la belliſſime, du beuré muſqué, du beuré blanc, de la plûpart des doyennés, &c. ou aigre comme celle de la vallée ordinaire, &c. ou dure & coriaſſe comme celle de la bernardiere, &c. ou pleine de mare & de pierre comme celle du pernan muſqué, &c. ou d'un goût ſauvage comme les poires de foſſe, & une infinité d'autres.

A l'égard des poires à cuire, il faut les choiſir groſſes, ayant la chair douce & un peu ferme, & ſur-tout celles qui ſe gardent aſſez avant dans l'Hyver, comme le bon-chrétien, la colmar, &c.

Celles que l'on confit, que l'on garde avec leur ſirop, ſoit pour les tirer à l'étuve, ou pour les mettre au tirage, ſont les grands & petits rouſſelets, & les blanquets.

Poires d'Eté des mois de Juillet & d'Août.

Les Poires d'Eté ſont le petit muſcat, la cuiſſe-madame, le rouſſelet d'Eté, la blanquette, la poire à la reine, la belliſſime, le rouſſelet de Rheims, la caſſolette, la bergamotte, l'inconnu cheneau, la robine & la poire ſans peau.

Le *Petit muſcat*, eſt une des premiéres poires que l'on mange; elle eſt fort petite; elle a une odeur de muſc, & le goût très-relevé: elle eſt demie beurée.

La *Cuiſſe-Madame* eſt longuette & menuë, rouge & jaune : elle a la chair ferme, l'eau fort douce & ſucrée : elle eſt demie beurée.

Le *Rouſſelet* d'Eté reſſemble aſſez au rouſſelet ordinaire pour la figure & pour le goût ; il eſt en maturité vers la fin de Juillet : il eſt demi beuré.

La *Blanquette* eſt plus longue que ronde ; ſa peau eſt liſſée ; elle a l'eau relevée & ſucrée, & la chair caſſante : on la confit comme le rouſſelet.

La *Poire à la Reine* a pluſieurs noms ; elle ſe nomme le muſcat-robert, & la poire d'ambre ; elle eſt plus groſſe que le petit muſcat, plus jaune, & d'un goût très-relevé : elle a la chair tendre, c'eſt-à-dire qu'elle n'eſt ni beurée ni caſſante.

La *Belliſſime* eſt une poire qui a la figure d'une groſſe figue ; ſa couleur eſt un jaune foüetté de rouge : elle a le goût très-relevé, & la chair demie beurée : il la faut cueillir un peu verte, parce qu'elle eſt ſujette à cotonner.

Le *Rouſſelet de Rheims* eſt connu pour être une des meilleures poires qu'il y ait ; il eſt beuré & muſqué ; il vient plus gros en eſpalier qu'en plein-vent, mais il n'a pas un ſi grand goût que celui qui vient ſur les hautes tiges. Il y a encore une autre poire de rouſſelet qui eſt plus petite ; elle a un goût plus relevé, & n'eſt pas ſi ſujette à mollir ; elle ſe garde plus long-tems, & eſt excellente pour confire : la poire blanquette ſe confit de même.

Maniére de confire le Rouſſelet.

Prenez leſquelles vous voudrez de ces poires ; piquez-les à l'œil avec votre couteau ; faites-les blanchir, & empêchez que l'eau ne boüille ; lorſque vos poires ſeront un peu mollettes, rafraichiſſez-les dans une autre eau, & les parez proprement : obſervez de leur laiſſer la queuë, & les parez. Jettez-les fait-à-meſure dans de l'eau fraiche ;

égoutez-les alors, & les mettez dans un sucre clarifié, & leur donnez une vingtaine de boüillons; laissez-les ainsi reposer jusqu'au lendemain; égoutez-les alors, & faites cuire votre sirop à lissé; mettez votre fruit dedans; donnez-lui deux ou trois boüillons. Le jour suivant vous ferez cuire votre sirop à perlé, après avoir égouté votre fruit; mettez-y votre fruit, & lui donnez un boüillon; mettez-le dans une terrine que vous couvrirez avec du papier jusqu'au lendemain; alors vous égouterez votre fruit pour l'achever, en faisant cuire votre sirop à soufflé; mettez-y votre fruit, & lui donnez un boüillon couvert; écumez-le bien, & attendez qu'il soit un peu froid pour l'empoter, ou tirez-le à l'étuve.

La *Cassolette* est une poire qui a la figure d'une cassolette, ce qui lui en a fait donner le nom. Elle est verdâtre; son eau est très-musquée & sucrée; elle a la chair tendre & cassante; elle se garde assez long-tems, ce qui n'est pas ordinaire aux fruits.

La *Bergamotte d'Eté* ressemble assez à la bergamotte d'Automne: elle a l'eau sucrée, & la chair demie beurée.

L'inconnu cheneau est une poire qui est cassante, plus longue que ronde, qui a du rouge & du jaune, point pierreuse: son eau est sucrée & relevée.

La *Robine* se nomme aussi la Royale d'Eté; elle est petite, très-musquée, & a la chair cassante.

La *Poire sans peau* est longue, elle a la peau très-fine, & c'est ce qui lui a fait donner le nom de poire sans peau: elle est demie beurée; son eau est sucrée, & elle mérite d'être mise au nombre des excellentes poires d'Eté.

Poires du mois de Septembre.

Les poires du mois de Septembre sont le bon-chrétien d'Eté, le bon-chrétien musqué, l'orange rouge, l'orange musquée, le salviati, la verte longue, le beuré rouge, le beuré gris, la belliſſime, l'épine d'Eté, & la craſane.

Le *Bon-chrétien d'Eté* eſt connu de tout le monde ; il eſt jaune, liſſé, long, plein d'une eau ſucrée, & la chair demie caſſante. Quoiqu'il ne ſoit pas eſtimé des curieux, il a néanmoins ſon mérite lorſqu'il vient dans les terres chaudes.

Le *Bon-chrétien muſqué* eſt une poire longue, d'une groſſeur raiſonnable ; ſa peau eſt jaune, liſſée, foüettée de rouge lorſqu'on a ſoin d'ôter les feüilles qui la cachent au Soleil ; ſa chair eſt caſſante, d'un goût parfumé, & ſon eau très-ſucrée.

L'*Orange rouge* eſt une poire de la couleur d'un rouge de corail ; elle a l'eau ſucrée, & la chair caſſante : il faut la cueillir un peu verte, afin qu'elle ne ſoit point cotonneuſe.

L'*Orange muſquée* eſt une poire qui donne au commencement d'Août, & continuë pendant le mois de Septembre ; elle eſt médiocrement groſſe, plate, aſſez colorée, ayant la queuë longuette, la peau aſſez ſouvent tiétée de petites marques noires, & la chair aſſez agréable, mais ayant un peu de marc.

Le *Salviati* reſſemble entiérement par ſa figure à un beſidery, mais non pas par ſa couleur. C'eſt une poire aſſez groſſe, ronde, ayant la queuë longue, aſſez menuë, un peu enfoncée ; l'œil pareillement un peu enfoncé & petit ; le coloris d'un jaune rouſſâtre, blanchâtre ; celles où il y a de grands placards roux, ont la peau aſſez rude ; les autres où le roux n'eſt pas, l'ont aſſez douce ; la chair en eſt tendre, mais peu fine ; l'eau en eſt ſucrée & parfumée, tirant au goût de robine, plûtôt qu'à celui d'orange, mais cette eau y eſt en petite quantité.

La *Verte-longue*, autrement *Moüille-bouche*, eſt une poire ancienne que tout le monde connoît, & on peut dire que des deux noms qu'elle porte, le premier fait la véritable deſcription de ſes déhors, & que l'autre marque sa bonté intérieure; elle est longue & verte, même quand elle est meure : elle a la chair fondante, & l'eau très-relevée.

Le *Beuré rouge*, dit d'Anjou, est une grosse poire agréable à la vuë, qui est fort colorée : son beuré est si fondant qu'il en porte le nom; il a de l'eau très-sucrée, & en abondance.

Le *Beuré gris* n'est pas si haut en couleur que le rouge, mais son beuré est plus fin, à cause d'un parfum qu'il a, & que le rouge n'a pas : sa chair n'est pas seulement beurée, mais elle est très-fondante.

La *Bellissime* est une poire qui est rouge comme le vermillon; elle a la figure de la cuisse-madame, & son goût en aproche, mais elle est plus grosse; elle a l'eau sucrée, & la chair cassante : pour l'avoir dans sa parfaite bonté, il faut qu'elle se détache de l'arbre.

L'*Epine d'Eté*, est une poire qui ressemble assez à l'épine d'Hyver; sa chair est fondante, & son eau est très-sucrée & musquée.

La *Crasane* est une poire que bien des gens nomment bergamotte crasane; bergamotte à cause de sa chair, & crasane à cause de sa figure qui paroît comme écrasée. Elle est assez de la nature & de la couleur du beuré, cependant elle en est differente par sa figure plate : elle est à-peu-près de la forme des messire-jean; il y en a de très-grosses, de médiocres, & de fort petites; le fond de son coloris est verdâtre, jaunissant en maturité, & presque tout chargé de rousseurs; la queuë est longue, médiocrement grosse, courbée & enfoncée comme celles des pommes; la peau en est rude, la chair extrêmement tendre & beurée, quoiqu'elle ne soit pas toujours fort fine.

Poires du mois d'Octobre.

Les poires du mois d'Octobre sont le messire-jean doré, le messire-jean gris, la bergamotte d'Automne, la verte-longue panachée, la dauphine, le sucré verd, & le doyenné.

Le *Meſſire-jean doré* eſt une belle poire aſſez groſſe, de couleur dorée ; ſa figure eſt plate, & ſa peau un peu rude ; elle a la chair caſſante, & ſon eau très-ſucrée.

Le *Meſſire-jean gris* reſſemble par la figure au meſſire-jean doré, il ſe garde plus long-tems ; ſa chair eſt plus ferme, & plus caſſante.

La *Bergamotte d'Automne* eſt une groſſe poire, liſſée, plate, beurée & fondante ; & quoiqu'elle ſoit verte quand on la cueille, elle ne laiſſe pas de devenir un peu jaune en meuriſſant ; ſon eau eſt douce & ſucrée, accompagnée d'un petit parfum : elle ſe garde juſqu'au mois de Décembre.

La *Verte-longue panachée*, eſt rayée de verd & de jaune ; ſa chair eſt fondante, & ſon eau très-ſucrée : elle a la même bonté que la verte-longue ordinaire.

La *Dauphine*, ou *Lanſac.* Sa groſſeur ordinaire eſt comme celle des bergamottes, & il n'y en a de bonnes que les petites : ſa figure eſt entre ronde & plate par la tête, & un peu allongée vers la queuë ; ſa couleur eſt d'un jaunâtre pâle ; ſon eau eſt ſucrée & un peu parfumée ; elle a la peau liſſe, ſa chair jaunâtre, tendre & fondante ; ſon œil gros & à fleur ; ſa queuë droite & longue, aſſez groſſe & charnuë.

Le *Sucré-verd.* Le nom composé que porte le ſucré-verd, fait en même-tems connoître & ſon eau, & ſon coloris ; ſi la poire étoit un peu plus groſſe, on la prendroit pour l'épine d'Hyver, tant elle lui reſſemble dans ſa figure ; elle a la chair fort beurée, l'eau ſucrée, le goût agréable, n'ayant guéres d'autres défauts que d'être un peu pierreuſe dans le cœur.

Le *Doyenné*, autrement *Beuré blanc d'Automne*, eſt de la groſſeur & de la figure d'un beau beuré gris ; il a la queuë groſſe & courte, la peau fort unie, le coloris verdâtre, jauniſſant beaucoup en meuriſſant ; ſa chair eſt fondante, & l'eau en eſt douce ;

mais d'ordinaire cette douceur est peu relevée, quoiqu'elle soit accompagnée d'un petit parfum.

Poires du mois de Novembre.

Les poires du mois de Novembre sont la marquise, la bergamotte de crasane, la jalousie, la virgoulée, l'épine d'hyver, l'ambrette, le saint-germain & le martin-sec.

La *Marquise* est une grosse poire, qui ressemble par sa figure à un moyen bon-chrétien d'Hyver; elle est bien faite, & a la tête plate; l'œil petit & enfoncé; le ventre assez gros & allongé vers la queuë, qui est longue, passablement grosse, courbée, & un peu enfoncée; la peau en est assez rude; le coloris est d'un fond verd, avec quelques taches de rousseur comme on en voit au beuré; elle devient jaunâtre en meurissant; sa chair est tendre & fine, le goût agréable, l'eau assez abondante, & autant sucrée qu'il est à souhaiter pour une bonne poire.

La *Bergamotte de Crasane* est grosse & ronde, d'un gris verdâtre qui jaunit en meurissant; sa chair est fondante, & a l'eau sucrée; elle a une acreté agréable au goût, & qui lui donne une bonne qualité; son sucre est fin, & elle est très-estimée.

La *Jalousie*, ou *Petit beuré d'Hyver*, est une poire qui est assez grosse, un peu pointuë vers la queuë, & d'une couleur grisâtre, qui tire sur celle du martin-sec; elle a beaucoup d'eau; sa chair est fondante: elle a le défaut de mollir, si on ne la cueille pas un peu verte.

La *Virgoulée* est une poire d'une figure assez longue, & assez grosse, ayant environ trois ou quatre pouces de haut sur deux à trois de large; la queuë en est courte, charnuë & panchée, l'œil médiocrement grand, & un peu enfoncé; la peau lisse & unie, & quelquefois colorée, & qui, enfin de verte qu'elle étoit sur l'arbre, jaunit à mesure qu'elle aproche de sa maturité; & en meurissant devient tendre & fondante ; elle a beaucoup d'eau douce & sucrée, & le goût fin & très-relevé.

L'*Epine d'Hyver* est une fort belle poire, qui aproche un peu plus de la figure pyramidale que de la ronde, quoique cependant elle n'ait presque rien de menu dans sa taille, si ce n'est qu'elle finit si peu que rien en pointe grossiére vers la queuë ; cette queuë est assez courte & assez menuë, excepté l'endroit de sa sortie, où elle est un peu charnuë, du reste la poire est grosse par-tout, & cela d'environ deux ou trois pouces du côté de la tête ; elle a la peau satinée, & le coloris entre verd & blanc ; elle est tendre & beurée, ayant d'ordinaire la chair très-fine & très-délicate, le goût agréable, l'eau douce, & assaisonnée d'un petit parfum merveilleux.

L'*Ambrette* est estimée pour sa bonté ; elle est ronde, & ressemble beaucoup à l'échasserie par sa grosseur qui est médiocre, par son coloris qui sur l'arbre est verdâtre, ticté, quoique l'ambrette soit d'ordinaire plus couverte, & plus roussâtre ; sa chair est fine, beurée & fondante ; son eau est sucrée, & un peu parfumée.

Le *Saint-Germain* est une poire grosse & longue ; son coloris est verd & un peu ticté, quelquefois un peu roux, & jaunissant lorsqu'elle parvient à sa maturité ; elle a la queuë courbée, assez grosse & panchée ; elle a la chair fort tendre, beurée & fondante, grand goût & beaucoup d'eau, mais cette eau a souvent quelques pointes d'aigreur de citron qui plaît aux uns, & déplaît aux autres.

Le *Martin-sec* est de la grosseur d'un gros rousselet ; son coloris est d'un roux d'isabelle d'un côté, & plus foncé de l'autre ; sa chair est cassante, & assez fine ; son eau est sucrée, & un peu parfumée : cette poire se met ordinairement en compote.

Poires d'Hyver.

Les poires d'Hyver sont le colmar, le bezy de Caissay, le bezy de de Chassery, le bon-chrétien d'Hyver, l'angelique de Bordeaux, le petit-oin, & la double fleur.

La *Colmar* a la figure aprochant celle du bon-chrétien ; la tête en est plate, l'œil assez grand, & fort enfoncé, le ventre un tant soit peu plus gros que la tête, s'allongeant médiocrement & fort grossiérement pour parvenir à la queuë, qui est courte, assez grosse & panchée ; le coloris est verd, tiqueté comme les bergamottes, & quelquefois un peu teint du côté du Soleil. Cette poire jaunit en meurissant, ce qui arrive en Décembre & Janvier, & va quelquefois jusqu'aux mois de Février & de Mars ; la peau en est douce & unie, la chair tendre, & l'eau fort douce & fort sucrée.

Le *Bezy de Caissay*, autrement *Roussette d'Anjou*, est une petite poire de la grosseur à-peu-près d'un blanquet ; le fond du coloris est jaunâtre, chargé par-tout de rousseurs ; elle a la peau peu unie, la chair tendre, mais pâteuse, beaucoup de pierres ; l'eau un peu sucrée, & tirant au goût des cormes.

Le *Bezy de Chassery* est une poire qui est raisonnablement grosse ; elle est d'un rond oval, beurée & fondante ; son eau est sucrée & musquée : c'est la plus excellente poire *(a)* que nous ayons pour l'Hyver.

Le *Bon-chrétien d'Hyver* est une poire connuë de tout le monde, pour son espèce & sa qualité ; sa chair est cassante, & son eau est sucrée : elle dure jusqu'au Printems.

L'*Angelique de Bordeaux* est une poire dont la figure aproche beaucoup de celle du bon-chrétien d'Hyver, mais elle est plus plate, & moins grosse ; sa chair est cassante ; son eau est aussi sucrée que celle du bon-chrétien d'Hyver : elle se garde long-tems.

Le *Petit-oin* est une poire qui est à peu-près de la grosseur &

(a) M. Merlet, dans son Abregé des bons fruits.

figure des ambrettes ; ſon coloris eſt d'un verd clair qui eſt un peu tiqueté, & jaunit ſi peu que rien lorſqu'elle meurit ; elle eſt fort ronde ; l'œil eſt grand en dedans & en dehors, la queuë menuë, médiocrement longue, un peu courbée, & point enfoncée ; la peau un peu rude, le corps un peu raboteux, & pour ainſi dire plein de boſſes ; la chair extrêmement fine & fondante, ſans pierre ; l'eau très-douce, très-ſucrée, & agréablement muſquée

La *Double fleur* eſt une groſſe poire plate, qui a la queuë longue & droite, la peau liſſe, colorée d'un côté & jaune de l'autre ; elle a la chair moëlleuſe, & l'eau fort ſucrée.

Cette poire ſe ſert pluſieurs fois ſur des gobelets tant qu'elle conſerve ſa beauté, mais lorſqu'elle commence à la perdre, ou à noircir, elle vous ſert pour-lors à faire des compotes : il en eſt de même de toutes les poires d'Hyver.

Voilà en peu la deſcription des meilleures poires qui ſont à ma connoiſſance, quoiqu'il y en ait d'autres eſpèces dans differens climats : pour connoître leur maturité, & la maniére de les conſerver dans la fruiterie, *Voyez* MATURITÉ & FRUITERIE.

Toutes les poires en général ſe mettent en compote de toute façon, en marmelade, en neige, & fruit glacé. *Voyez* l'un & l'autre.

POIRES tapées, ou poires de Carême. Prenez des beaux rouſſelets ou autres, que vous piquerez à l'œil avec un couteau ; faites-les blanchir juſqu'à ce qu'elles deviennent molettes ; rafraichiſſez-les dans une autre eau, & les parez proprement ; jettez-les fait-à-meſure dans de l'eau fraiche ; égoutez-les alors, & les mettez dans du ſucre clarifié, ſuivant la quantité que vous en aurez, que vous ferez cuire au grand liſſé ; donnez-leur une vingtaine de boüillons, & les laiſſez ainſi repoſer juſqu'au lendemain ; égoutez-les alors, & les arrangez l'une contre l'autre ſur des clayons pour les faire ſécher à un four très-moderé ; vous aurez ſoin de les tourner de tems-en-tems pour qu'elles ſéchent également ; alors, vous les prendrez l'une après l'autre, les roulerez dans un peu de ſucre en poudre, les aplatirez un peu entre vos mains, & les ſerrerez tout-de-ſuite dans des coffrets.

POMME, eſt un fruit qui croît ſur le Pommier cultivé, qui eſt un arbre qui s'étend également en hauteur & en largeur; ſon écorce eſt épaiſſe, & garnie de mouſſe blanche ou cendrée en dehors, jaune en dedans; ſes feüilles ſont de médiocre grandeur, dentelées légérement tout-au-tour; ſes fleurs ſont blanches, & quelques-unes incarnates. Elles ſont à cinq feüilles diſpoſées en roſe; à ces fleurs ſuccéde ce fruit qui eſt charnu, auquel on a donné le nom de pomme, & dont il y a une grande quantité d'eſpèces differentes, ſoit par leur goût, ſoit par leur groſſeur, ſoit par leur grandeur, ſoit par leur nom.

Les pommes font une partie des fruits à pepin aſſez conſiderable, tant par leur bonté & leur durée, que par la commodité que l'on a d'en avoir. Parmi les pommes qui ſont bonnes à manger, ſoit cruës, ſoit cuites, il y en a ſept principales, ſçavoir, la reinette griſe, la reinette blanche, ou franche, la calville d'Automne, le fœnoüillet, la courpendu, l'api & la violette. Il y en a d'autres qui ſont moins bonnes, comme les rambours, les calvilles d'Eté, les couſinottes, les jeruſalem, les druë-permeins, les pommes de glace, les francatus, les hautes-boutés, les rouvezeaux, les chataigniers, les pommes-figues, ou pommes ſans fleurir.

Toutes les pommes ſe reſſemblent aſſez par leur figure plate & leur queuë courte, & preſque toutes par leur groſſeur, & même par leur chair caſſante, mais elles ſont toutes fort differentes par leur coloris; il n'y en a que deux ou trois plus groſſes que les autres, ſçavoir, les rambours, les calvilles & les pommes de glace, & trois ou quatre qui ſont plus longues que plates, ſçavoir, les calvilles, les violettes, les Jeruſalem & les glacées, & celles-la ſont plus groſſes vers la queuë que vers la tête; ainſi il faut les concevoir preſque toutes plates, ſans en faire d'autre deſcription.

Les *Reinettes* ſont diſtinguées par les deux noms de griſe & de blanche qu'elles portent, à cela près preſque auſſi bonnes les unes que les autres. La reinette blanche a la chair tendre, & n'a pas l'eau ſi relevée que la griſe, & ne dure pas ſi long-tems. La reinette griſe a la chair plus ferme que la blanche; elle a l'eau plus ſucrée & plus relevée, & dure plus long-tems. On s'en ſert utilement toute l'année ; elles ont devant le mois de Janvier une petite pointe d'aigreur qui déplaît à de certaines gens ; mais dès qu'elles commencent à la perdre entiérement, elles se chargent d'une odeur qui déplaît encore davantage, qui est l'odeur de la paille sur laquelle on les a mises pour meurir.

Les *Calvilles* d'Eté & d'Automne se ressemblent assez par leur figure longue, & par leur coloris, qui est un rouge de sang ; cependant la calville d'Eté est un peu plus plate, étant aussi moins colorée en dehors, & nullement en dedans, au lieu que celles d'Automne le sont beaucoup ; celles-ci sont les meilleures, & ont toujours la chair plus tendre que celle des autres ; on en conserve assez souvent depuis le mois d'Octobre qu'elles commencent, jusqu'en Janvier & Février. Il y en a de deux sortes, sçavoir la blanche & la rouge ; elles sont toutes les deux d'une chair fort tendre, & d'une peau très-délicate & unie ; la calville blanche est plus estimée que la rouge par son goût relevé ; elle est à côte de melon ; elle prend une petite couleur vermeille du côté qu'elle a été exposée au Soleil.

Le *Fœnouillet*, ou pomme d'anis, est d'une couleur qu'on ne sauroit bien expliquer ; il est gris, roussâtre par-tout, tirant à la couleur de ventre de biche, ne prenant guéres jamais aucune couleur vive ; il ne vient pas fort gros, & paroît aprocher de la figure longuette : la chair est très-fine, & l'eau fort sucrée, avec un petit parfum de ces plantes dont il porte le nom ; la pomme commence d'être bonne depuis le commencement de Décembre ; elle se garde jusqu'en Février & Mars : cette pomme est très-jolie, & le seroit encore davantage si elle ne se fanoit point.

Le *Courpendu* est tout-à-fait de figure de pomme, & d'une grosseur raisonnable ; il est gris-roussâtre d'un côté, & assez chargé de vermillon de l'autre ; la chair en est très-fine, & l'eau très-douce & fort agréable ; elle dure jusqu'en Mars, mais il ne lui faut pas donner le tems de devenir trop ridée, parce que dans ce tems-là elle devient insipide.

L'*Api* eſt une pomme aſſez connuë de tout le monde par la couleur qu'elle a extraordinairement vive & perçante ; elle commence à être bonne du moment qu'elle n'a plus rien de verd, ni auprès de la queuë, ni auprès de l'œil, ce qui arrive aſſez ſouvent dès le mois de Décembre. Parmi les autres pommes, il n'y en a point qui ait la peau ſi fine, & ſi délicate que celle-ci : elle dure depuis le mois de Décembre juſqu'en Mars & Avril.

La *Violette* a le fond du coloris blanchâtre, un peu tictée aux endroits où le Soleil n'a pas donné, mais chargée ou plûtôt rayée & foüettée d'une aſſez belle couleur de rouge enfoncé aux endroits qui ſont en vuë ; la couleur de la chair eſt fort blanche, la chair en eſt fort fine & délicate, l'eau extrêmement douce & ſucrée : on commence d'en manger dès qu'on la cueille juſqu'à Noël, & ne paſſe pas outre.

Le *Rambour* eſt une belle & groſſe pomme ; elle eſt verte d'un côté, foüettée de rouge de l'autre ; il y en a de toutes blanches, & d'autres plus rouges ; elles ne ſont bonnes proprement que pour être mangées en compote : elles commencent dès le mois d'Août, & durent très-peu.

Les *Couſinottes* ſont une eſpèce de calville, qui ſe gardent juſqu'en Février : elles ont l'eau fort aigre, & la queuë longue & menuë.

Les *Jeruſalem* ſont preſque rondes par-tout ; elles ont la chair ferme & de peu de goût, quoiqu'aſſez ſucrées, n'ayant rien de la mauvaiſe odeur qui ſuit la plûpart des pommes : elles ſe gardent long-tems.

Les *Druë-permeins d'Angleterre* ſont de la couleur des jeruſalem, mais elles ſont plus plates, plus douces & plus ſucrées. Les Anglois en font plus de cas que de la plûpart de nos pommes de France : ils font encore grande eſtime d'une autre qu'ils nomment *Guolden peppius*, qui a tout-à-fait l'air d'une pomme de paradis, ou de quelqu'autre pomme ſauvage : elle eſt fort jaune & ronde ; elle a peu d'eau, cependant aſſez relevée.

POM PON

Les *Pommes de glace* sont ainsi nommées, parce qu'en meurissant il semble qu'elles deviennent comme transparentes, sans cependant l'être ; elles sont tout-à-fait verdâtres & blanchâtres ; leur chair est très-ferme, & leur eau très-sucrée.

Les *Francatus* sont rouges d'un côté, & jaunâtres de l'autre ; elles se conservent long-tems, c'est ce qui en fait le principal mérite.

Les *Hautes-boutés* sont blanches, cornuës & longuettes, & durent long-tems ; elles ont la chair assez douce, avec si peu que rien d'aigrelet.

Les *Rouvezeaux* sont blanchâtres & colorées.

Les *Chataigniers*, qu'on apelle martrange en Anjou, sont blanches, rousses, avec un coloris assez sale & obscur.

La *Pomme sans fleurir* est verte, & sort de l'arbre tout de même que les figues sortent du Figuier ; elles se gardent long-tems : on la nomme quelquefois pomme-figue.

Voilà à-peu-près toutes les pommes que je connois, après en avoir fait une éxacte recherche ; & comme il y a très-peu de difference de bonté parmi elles, je donnerois toujours la préférence aux sept premiéres que j'ai marqué ci-dessus.

Les Pommes s'employent en compotes de toutes espèces, en gelée, en marmelades & fruits glacés. *Voyez* l'un & l'autre. Pour connoître leur maturité, & la maniére de les conserver, *Voyez* MATURITÉ & FRUITERIE.

PONCHE, est le nom d'une boisson angloise.

Maniére de le faire.

Prenez du meilleur vin que vous pourrez trouver ; mettez-en deux bouteilles dans une terrine avec quelques zestes de citron ; exprimez-y le jus de dix ; ajoutez-y un peu de canelle, un peu de girofle & une pinte d'eau ; mettez-y du sucre à votre goût, avec une demie bouteille de crême des Barbades, ou du Rack (a) si vous l'avez ; faites griller une croute de pain sur laquelle vous raperez un peu de muscade ; secoüez votre pain, & le mettez dedans ; laissez ainsi le tout un moment, & le passez par une étamine ; servez-le dans des seaux de porcelaine, ou dans des bouteilles.

PORCELAINE. On donne le nom de porcelaine à tous les meubles d'Office qui en sont faits, comme aux jattes, aux saladiers, aux compotiers & aux assiettes.

POSER, se dit des fleurs : c'est de les attacher sur les services avec de la cire verte, & de les mettre avec grace.

POUDRETTE, est un morceau d'étamine dans lequel on met du sucre ou de l'amidon, suivant l'usage que l'on veut en faire, & que l'on lie par le haut avec une ficelle pour qu'elle ne s'ouvre point. Elle sert à poudrer de sucre les fruits que l'on tire à l'étuve, ou à poudrer les moules dans lesquels on imprime du pastillage.

POURPIER, est une plante qui pousse des tiges à la hauteur d'environ un pied, grosses, rondes, droites, tendres, succulentes, lisses, rougeâtres, luisantes, se divisant en quelques rameaux, portant ses feüilles rangées alternativement, oblongues, assez larges, grasses, charnuës, polies, de couleur blanchâtre ou jaunâtre, d'un goût visqueux, & tirant un peu sur l'acide : le pourpier est employé dans les fournitures des salades.

POUSSER, terme d'Office, se dit d'une confiture lorsqu'elle vient en écume par-dessus. Ce terme s'aplique encore à un fourneau qui est bien allumé, & qui donne beaucoup de chaleur. Pour remédier aux confitures qui poussent. *Voyez* CONFITURE.

(a) Le Rack est une liqueur forte composée avec des Cannes à sucre, que les Anglois tirent des Indes. M. *Dampiere Anglois, dans son voyage autour du Monde.* tom. 2. pag. 58.

PRALINER. C'est conserver des fleurs, ôter l'humidité à des amandes, à des pistaches, à des pignons, &c. En les passant au sucre, pour que l'on puisse s'en servir à differens usages. On praline ordinairement de deux façons, c'est-à-dire en blanc & en rouge.

Manière de praliner en blanc.

Faites cuire du sucre à la plume, & y mettez votre fruit, soit amandes, pistaches ou pignons, &c. Conduisez ainsi votre sucre à cassé ; alors, tirez-le du feu, & le travaillez avec une spatule jusqu'à ce que votre sucre devienne en poudre ; jettez le tout sur un tamis pour ôter le surplus du sucre ; alors, servez-vous de vos amandes, pistaches ou pignons, &c. pour l'usage auquel vous les aurez destiné.

Manière de praliner en rouge.

Prenez une livre de sucre pour une livre d'amandes ou autres ; faites-le fondre avec un peu d'eau ; jettez-y vos amandes, que vous aurez bien treyées & bien frottées dans un linge propre pour en ôter la poussiére ; faites-les boüillir jusqu'à ce le sucre soit cuit à la grosse plume, ou jusqu'à ce que les amandes petillent ; *(a)* ayez soin de les remuer de tems en-tems, afin qu'elles ne s'attachent point à la poële ; retirez-les alors du feu, & les remuez avec une spatule jusqu'à ce qu'elles ayent pris tout le sucre qu'elles pourront prendre ; remettez-les ensuite sur un feu qui ne soit point apre, (c'est-à-dire un côté de la poële seulement ;) remuez-les légérement avec le restant du sucre, fait-à-mesure qu'il fondera, jusqu'à ce qu'elles soient d'une belle couleur ; mettez-les alors dans une boëte, & les mettez à l'étuve.

Manière de praliner les fleurs.

Mettez du sucre dans une poële ; cuisez-le à la grosse plume ; jettez-y vos fleurs ; laissez-les cuire, & revenir votre sucre à mê-

(a) Il y a de certains Officiers qui y mettent de la cochenille préparée, pour rendre les pralines de couleur d'écarlate.

me

me cuisson. Alors, ôtez-les du feu, & les travaillez avec une spatule jusqu'à ce que votre sucre devienne en poudre ; jettez alors vos fleurs sur un tamis pour ôter le surplus du sucre ; mettez vos fleurs pendant la nuit dans une étuve pour les achever de sécher, & de-là, serrez-les dans des coffrets, & les gardez en lieux secs.

PRALINES, se dit des amandes, pignons, avelines, pistaches, des tailladins de fruit d'odeur, des fleurs, &c. que l'on a pralinés de la maniére que j'ai marqué ci-dessus.

PRE'COCE. On apelle précoce tous les fruits qui sont hatives, comme les cerises, les fraises, les framboises, &c.

PRENDRE, ou faire prendre, se dit des liqueurs pour les neiges, ou fruits glacés. C'est lorsqu'elles sont mises à la glace dans des sarbotiéres, que l'on tourne & remuë pour les faire prendre en neige.

PRENDRE SUCRE, se dit des fruits que l'on a mis dans le sucre pour les confire. On dit ordinairement : ces fruits n'ont point encore assez pris de sucre, ou ils en ont pris assez.

PRE'PARER, se dit de toutes choses que l'on dispose pour être employées.

PROVISION, se dit de toutes les confitures en général, que l'on fait pendant la saison des fruits, pour employer pendant l'Hyver.

PRUNE. La prune croît sur un arbre médiocre, ayant les feüilles ovales & dentelées ; son fruit est aussi oval, charnu, ayant un noyau longuet & dure en dedans : l'arbre & le fruit sont assez connus. La prune est un très-bon fruit, que l'on sert de differentes maniéres.

On les sert cruës, en pyramides sur des drageoires que l'on pose sur des gobelets ; on les confit ; on en fait des compotes, des marmelades, des pâtes, des neiges & fruits glacés. *Voyez* l'un & l'autre.

Après avoir détaillé les bonnes & mauvaises qualités des prunes, je ferai la description de celles que l'on estime le plus, avec la maniére de les confire; toutes les prunes sont bonnes à confire, mais il faut les prendre avant leur maturité.

Bonnes qualités des Prunes.

Les bonnes qualités des prunes sont d'avoir la chair fine, tendre & bien fondante, l'eau fort douce & fort sucrée, le goût relevé, & en quelques unes parfumées.

La bonne prune est le seul fruit qui, pour être mangé cru, n'a que faire de sucre, comme les perdrigons, les saintes-catherines, les prunes d'abricots, les imperatrices, les reines-claudes, les mirabelles, &c.

Mauvaises qualités des Prunes.

Les mauvaises qualités des prunes sont d'avoir la peau dure, mais il n'y a point de prune, telle qu'elle soit, qui n'ait ce défaut, il ne s'y faut pas arrêter; mais les principaux défauts des prunes, sont qu'elles ayent la chair coriasse, farineuse, pâteuse, véreuse & aigre.

Les qualités indifferentes des prunes regardent la figure, la grosseur, la couleur, la raye, &c. & même d'être attachées au noyau, est une qualité indifferente, quoique d'ailleurs la prune soit bonne.

Le *Gros Damas* de Tours, est une bonne prune qui quitte le noyau; elle a la chair jaunâtre, & son eau fort sucrée; sa figure est longuette, sa couleur est violette tirant au noir.

La prune *de Monsieur*, est grosse, ronde, violette; elle quitte le noyau, & n'est pas d'un goût fort relevé, mais elle ne laisse pas que d'avoir son mérite.

Le *Damas rouge* est une prune qui quitte le noyau, & qui a l'eau fort sucrée; sa figure est ronde.

Le *Damas blanc* quitte le noyau, & eſt fort relevé; ſa figure eſt ronde, & ſa couleur tire ſur le jaune pâle.

Le *Damas violet* quitte le noyau; ſa chair eſt fondante, & ſon eau fort ſucrée; ſa figure eſt longuette.

La *Mirabelle* eſt une petite prune qui eſt de couleur d'ambre quand elle eſt meure; ſa figure eſt ovale, ſa chair fine & fondante, ſon eau très-ſucrée, elle quitte le noyau; il y en a de deux ſortes, la groſſe & la petite: elles ſont toutes les deux d'une égale bonté.

Maniére de la confire.

Prenez de groſſes mirabelles qui ne ſoient pas bien meures; ôtez-leur le noyau, ou piquez-les avec une épingle; jettez-les fait-à-meſure dans de l'eau fraiche; ayez une poële d'eau boüillante ſur le feu, dans laquelle vous mettrez un peu d'alun en poudre; (*a*) mettez-y vos mirabelles, & lorſque vous verrez qu'elles monteront ſur l'eau, vous les prendrez fait-à-meſure avec une écumoire, & les jetterez dans de l'eau fraiche pour les rafraichir; vous les égouterez alors, & les mettrez dans du ſucre clarifié qui ſera plus que tiéde, que vous aurez mis auparavant dans une terrine; vous la couvrirez d'une feüille de papier, & les laiſſerez ainſi repoſer juſqu'au lendemain dans une étuve; alors, vous les égouterez, & donnerez une vingtaine de boüillons à votre ſirop, & le retirerez du feu; vous attendrez que votre ſirop ſoit tiéde pour le remettre ſur vos mirabelles; vous les couvrirez encore de même, & les laiſſerez repoſer juſqu'au lendemain; vous les mettrez alors dans une poële avec leur ſirop, & les ferez fremir pendant un demi quart-d'heure; vous les remettrez encore dans votre terrine juſqu'au lendemain; alors vous les égouterez, & ferez cuire votre ſirop au grand perlé; vous y mettrez vos mirabelles, & leur donnerez quatre boüillons couverts; vous les écumerez bien, & les empoterez.

(*a*) L'alun de glace en poudre mis de cette maniére, empêche que les mirabelles ſe noirciſſent.

On peut les mettre à oreille comme les cerises quand on leur a ôté le noyau. *Voyez* CERISES. Les tirer à l'étuve. *Voyez* TIRER A L'ETUVE. On les met encore à l'eau-de-vie. *Voyez* EAU-DE-VIE.

Le *Damas d'Italie*, est une prune presque ronde, & d'un violet brun ; elle est beaucoup fleurie lorsqu'on la cueille ; elle a la chair très-ferme, son eau très-sucrée : elle quitte le noyau.

La *Reine-Claude* est une prune verdâtre, semblable au damas blanc ; elle est ronde, un peu plate ; elle a la chair ferme & épaisse, son eau est très-sucrée ; elle s'ouvre facilement lorsqu'elle est bien meure : cette prune est fort belle, & fort bonne étant confite.

Maniére de la confire.

Prenez des reines-claudes avant qu'elles soient bien meures ; piquez-les avec une épingle ; jettez-les fait-à-mesure dans de l'eau fraiche ; égoutez-les, & les mettez dans de l'eau boüillante que vous aurez sur le feu ; faites-y blanchir vos fruits, & empêchez que l'eau ne boüille, & qu'elle ne fasse que fremir ; lorsqu'elles seront un peu mollettes, ôtez-les du feu, & les laissez refroidir dans leur même eau jusqu'au lendemain ; vous les ferez reverdir dans la même eau, en les mettant sur un feu bien doux, & prenant garde sur-tout que votre eau ne fasse que fremir ; lorsque vous les trouverez assez mollettes, vous les mettrez fait-à-mesure dans de l'eau fraiche ; lorsqu'elles seront bien rafraichies, vous les égouterez, & les mettrez dans du sucre clarifié qui sera tiéde ; vous les laisserez reposer jusqu'au lendemain. Alors, vous égouterez vos fruits, & donnerez une vingtaine de boüillons à votre sirop, que vous remettrez sur vos fruits lorsqu'il sera tiéde, & les laisserez ainsi pendant vingt-quatre heures ; alors, vous égouterez vos fruits, & ferez cuire votre sirop à lissé ; attendez qu'il soit tiéde pour le mettre sur vos fruits. Le lendemain vous les égouterez encore, & ferez cuire votre sirop au grand perlé ; vous-y mettrez vos reines-claudes, & leur donnerez quatre boüillons couverts ; vous les écumerez très-soigneusement, & les empoterez ; vous pourrez tout-de-suite les tirer à l'étuve. *Voyez* TIRER A L'ETUVE.

La *Diaprée*. On l'apelle *Kwatche* dans ces païs-ci. Cette prune est oblongue, violette & très-fleurie ; elle quitte le noyau ; son goût est relevé, l'eau en est douce & sucrée ; elle est sujette à devenir véreuse. On n'en fait ordinairement que des compotes, des marmelades & des pruneaux.

L'*Ile-verte*, est une prune qui est longue & menuë ; son eau est douce & sucrée ; elle quitte le noyau, & elle est très-belle en confitures : pour la confire, il la faut prendre avant qu'elle soit tout-à-fait meure : elle se confit de même que la reine-claude.

La *Royale* est grosse & ronde ; son rouge est clair ; elle est bien fleurie ; elle a un goût fort relevé, qui ne cede en rien à celui du *Perdrigon* : elle quitte le noyau.

La *Sainte-Catherine* est une prune qui a la chair fine & fort sucrée ; elle est longuette, assez grosse ; sa couleur est d'un blanc jaunâtre, elle quitte le noyau ; pour la manger bonne, il faut qu'elle soit un peu ridée proche la queuë : elle fait de très-bons pruneaux.

Le *Drap-d'or*, est une espèce de damas ; il n'est pas bien gros ; sa peau est d'un jaune marqueté de rouge : il est d'un goût très-fin, & sucré.

Le *Perdrigon violet* est une prune assez grosse, longue & bien fleurie sur la peau, d'une certaine blancheur pâle, qui tâche de découvrir son coloris violet, tirant sur le rouge ; elle a la chair très-fine, l'eau sucrée, & le goût relevé.

Le *Perdrigon blanc* a presque les mêmes qualités que le violet ; il a la chair fine, tendre & bien fondante, & l'eau fort sucrée : il quitte le noyau.

L'*Abricotée* est une prune qui est blanche d'un côté, & un peu rouge de l'autre ; elle est grosse comme la sainte-catherine ; elle quitte le noyau ; son eau est très-sucrée, & son goût fort relevé ; elle se nomme prune de Tours, parce qu'elle y croît abondamment.

L'*Impériale*, est une espèce de perdrigon violet, & fort tardive ; elle a la chair fine, tendre & bien fondante ; l'eau en est douce & sucrée ; elle a le goût très-relevé.

La *Dauphine* est verdâtre & ronde, d'une bonne grosseur ; elle est très-sucrée, & très-excellente, mais elle ne quitte point le noyau.

Manière de conserver les Prunes bien fleuries.

Lorsque vous cueïllerez vos prunes, mettez-les dans une corbeille avec des feüilles d'orties par-dessous & dessus ; gardez-les dans votre fruiterie, pour que les prunes se rafraichissent ; elles seront d'un meilleur goût que celles que l'on cueïlle sur le champ.

PRUNEAUX, sont des prunes que l'on fait sécher dans un four d'une chaleur modérée, ou au Soleil ; pour cela faire, on les étend sur des clayons. On en fait des compotes en Carême ; on les fait revenir en les jettant dans l'eau boüillante ; pour-lors, on les y laisse pendant une heure, & on les égoute pour les mettre en compote ; on les met dans du vin de Bourgogne, ou de l'eau, (suivant le goût de ceux à qui on doit les servir) avec du sucre, & un peu de canelle, & on les laisse cuire tout doucement.

PUIT, est un ouvrage d'Office, qui se fait avec des citrons, ou des oranges que l'on vuide, & que l'on emplit de neige d'orange, ou de citron.

Manière de les faire.

Prenez de belles oranges, ou de beaux citrons ; ouvrez-les par un bout, de la grandeur qu'il y puisse entrer une cuillier ; vuidez-les proprement, & les lavez ; mettez-les égouter jusqu'à ce que vous ſoyez prêt à ſervir ; mettez ſur le morceau que vous aurez ôté une branche d'oranger ; empliſſez-les de neige de citrons, ou d'oranges (ſuivant l'eſpèce,) & les couvrez ; ſervez-les ſur des petits gobelets que vous aurez colé ſur un plateau, qui ſera poſé ſur une petite jatte ou aſſiette. Vous ferez vos neiges avec ce que vous ſortirez du dedans de vos fruits, de la même maniére comme je l'enſeigne à l'article Neige.

QUA QUI

QUATRE-MENDIANS, ſont des avelines, des amandes en coque, des figues, & des raiſins ſéches. On les tire de Provence, ou d'Italie : on ſert ſur des aſſiettes les quatre eſpéces à la fois, en caſſant les coques des avelines & des amandes.

QUITTER, en fait de prunes & de pêches, eſt un terme fort ordinaire ; car on dit : une telle prune ne quitte pas le noyau, une telle le quitte ; les pêches quittent le noyau, les brugnons & les pavies ne le quittent pas, c'eſt-à-dire, que quand le noyau ſe détache net de la chair du fruit, cela s'apelle quitter, & quand il ne s'en peut détacher, cela s'apelle ne pas quitter.

RAC RAF

RACORNIR, terme d'Office, qui ſe dit des fruits & des fleurs que l'on confit, qui ſe rident & durciſſent dans le ſucre ; ce défaut provient de ce que l'on ne les a pas bien blanchis, ou mis dans un ſucre trop chaud, ou que l'on les mene trop vite, n'ayant point eu pour-lors le tems de bien prendre ſucre.

RAFRAICHIR, ſe dit des fruits, leſquels après les avoir blanchis, on met dans de l'eau fraiche pour les rafraichir.

RAFRAICHIR, ſe dit encore des vins, des boiſſons

d'Office, comme orgeat, limonade, eau de groseilles, de fraises, &c. que l'on met dans de l'eau, ou de la glace.

RAISIN, est une baye ronde ou ovale, qui est le fruit de la vigne, ramassé en grapes ; elles sont vertes & aigres dans leur commencement, mais quand elles viennent à meurir, elles prennent diverses couleurs, & renferment un suc doux & agréable : on donne le nom de raisin à ce fruit.

Il y en a du blanc, du rouge & du noir ; on y trouve aussi quelques pepins : on cultive la vigne dans les Païs chauds, & tempérés.

On sert les raisins, lorsqu'ils sont bien meurs, sur des assiettes, avec des feüilles de vigne, en ôtant avec des ciseaux ce qu'il y a de mauvais dans la grape : on en fait du blanchissage, comme des cerises. *Voyez* BLANCHISSAGE.

Il y a quantité de raisins qui croissent dans nos climats, & qui sont bons à manger, c'est pourquoi je décrirai les meilleurs entre toutes les differentes espèces de raisins que la nature nous fournit.

Le *Raisin précoce*, est une espèce de morillon noir, qui prend couleur de très-bonne heure, ce qui le fait paroître meur long-tems devant qu'il le soit ; la peau en est fort dure, & quand il est meur il est fort doux : on en voit d'ordinaire dès le commencement d'Août.

Le *Chasselas blanc*, est un raisin fort doux, qui fait de belles grapes, & le grain gros & croquant : il se garde plus long-tems qu'aucun autre raisin.

Le *Chasselas noir* est plus rare & plus curieux que le blanc, de même que le rouge, dont les grapes sont plus grosses : ce dernier prend peu de couleur.

Le *Muscat* se tire principalement de Frontignan en Languedoc, d'où on nous les aporte dans des petites boëtes de sapin ; on l'apelle muscat, parce qu'il a un goût de musc fort agréable. Pour l'employer, il faut choisir les grapes les plus grosses, & dont les grains soient bien nourris ; il y en a de differentes espèces, des blancs, des rouges

rouges & des noirs : on en met à l'eau-de-vie. *Voyez* EAU-DE-VIE.

On confit encore les muſcats après les avoir égrenés ; travaillez-les de même que les ceriſes, en ajoutant dans votre ſirop un peu de jus des mêmes muſcats dès que vous les aurez mis au ſucre.

Ils peuvent vous ſervir pour compotes ; on en peut faire des glaces, en y incorporant du vin muſcat, ſi on le juge à propos.

Le *Damas*, il y en a de deux ſortes, le blanc & le rouge ; la grape en eſt fort groſſe & longue, le grain très-gros, long, ambré, & n'a qu'un pepin.

Le raiſin *d'Abricot* eſt ainſi apellé, parce que ſon fruit eſt jaune & doré comme l'abricot ; la grape en eſt belle & très-groſſe.

Le *Bourdelais*, eſt une eſpèce de gros raiſin blanc, & longuet qui fait de très-grandes & groſſes grapes ; il ne meurit preſque jamais, & par conſéquent il n'eſt propre qu'à en faire des confitures: vous le confirez de même que le verjus.

Maniére de garder, & conſerver le raiſin.

Préparez du ſable de riviere, & le faites bien ſécher au grenier ; alors faites cueillir le raiſin lorſque le Soleil donne deſſus ; car il faut qu'il ſoit ſec ; faites un lit de ſable dans une caiſſe d'un pouce d'épais, & y rangez votre raiſin ; coulez proprement du ſable deſſus, afin qu'il entre par-tout ; vous continuerez alors à les mettre de lit en lit. Lorſque votre caiſſe ſera pleine, vous la fermerez bien, de peur qu'il n'y entre aucun air ; mettez votre caiſſe en lieu ſec, ſans la beaucoup remuer.

Il faut que le raiſin ne ſoit pas trop meur, mais tant ſoit peu verd, comme de huit jours avant ſa maturité : le raiſin de cette maniére ſe garde juſqu'au nouveau.

RAREFIER. Ce terme eſt apliqué au jus des fruits que l'on deſtine pour en faire des ſirops, comme le jus de groſeille, &c.

Ce qui ſe fait en les expoſant au Soleil qui acheve leur fermentation.

RAVE, eſt une plante dont il y a pluſieurs eſpèces, qui pouſſent de leurs racines des feüilles grandes, oblongues, amples, ſe repandant ſur la terre, découpées profondément, rudes au toucher, de couleur verte brune, d'un goût d'herbe potagere; ſa racine eſt quelquefois blanche, rouge, ou noirâtre en dehors.

On ſert les raves pour hors-d'œuvre; pour cet effet, on les ratiſſe, on les dégarnit des plus groſſes feüilles, & on les lave proprement.

REPONSE, eſt une plante qui pouſſe une ou pluſieurs tiges à la hauteur d'un pied, grêles, anguleuſes, canelées, veluës, revêtuës de feüilles étroites, pointuës, empreintes d'un ſuc laiteux.

On cultive cette plante dans les jardins, & on la cueille étant encore jeune & tendre, avec ſa racine pour en faire des ſalades.

RESSUER, eſt un terme d'Office, qui ſe dit du biſcuit, & de tous les fours en général, leſquels après être cuits, on laiſſe refroidir ſur les mêmes feüilles ſur leſquelles on les a fait cuire, avant que de les lever.

REVERDIR, ſe dit de certains fruits qui ſont naturellement verds, qui ont perdus leur couleur lorſqu'ils ſont blanchis, comme la reine-claude, &c. On les laiſſe ainſi refroidir dans la même eau, & lorſque vos fruits ſont froids, vous les mettez avec la même eau ſur un petit feu pendant quelque tems pour les reverdir : faites attention que l'eau ne boüille point, & même ne faſſe tout-au-plus que fremir.

RIS, eſt une plante qui a la feüille comme le roſeau, & épaiſſe comme le porreau; ſa tige eſt fort haute, noüée & plus groſſe que celle du froment; l'épi qui croît à la ſommité de la tige produit ſes grains inégalement de côté & d'autre; ſes gouſſes ſont jaunes, rudes, canelées, de figure ovale; le grain qui eſt contenu dedans eſt le ris: on en fait de la farine pour mettre dans le paſtillage. *Voyez* FARINE.

ROCAILLE. On apelle rocaille toutes ſortes de morceaux

de conserves soufflées de differentes couleurs, que l'on arrange ensemble pour former des petits rochers, ou pour garnir des sujets d'eau.

ROSE, est une fleur qui a plusieurs feüilles grandes, belles & odorantes; elle croît sur le Rosier, dont les branches sont dures & armées d'épines fortes; ses feüilles sont en forme de main, attachées cinq ou sept sur une même pédicule.

Les roses dont on se sert le plus, sont les roses de Provins; elles se confisent de même que la fleur d'orange, à l'exception que vous devez vous servir de l'eau dans laquelle vous l'aurez fait blanchir, pour moüiller votre sucre : vous vous servirez toujours de sucre royal pour la confire.

ROSSANE, est le nom qui se donne à toutes les pêches & pavies qui sont de couleur jaune; *(a)* il y en a de differentes grosseurs, & aussi de tardives, & d'autres plus hatives. Il en est d'autres qu'on apelle mâles, & ce sont des pavies; & d'autres qu'on apelle femelles, & ce sont celles qui quittent le noyau. Les Jardiniers gascons, & la plûpart de leurs voisins, apellent du seul nom de rossane, les fruits qui sont également jaunes dedans & dehors, sans aucun rouge proche du noyau, & donnent cependant le nom de mirlicoton aux grosses rossanes tardives : ils apellent pavies ce qui, quoique jaune dedans & dehors, a du rouge près le noyau : ils apellent pêches-pavies ce qui a du rouge & du jaune dedans & dehors : ils apellent persets le fruit qui a la chair ou toute blanche, comme les pavies-madelaines, ou blanche ou rouge comme d'autres pavies, de quelle maniére qu'en soit la peau, soit toute rouge, soit rouge ou blanche. Ils apellent d'un nom général brugnons, toutes les pêches qui ont la peau lisse, & donnent le nom général de pêches, sans distinction, ni difference d'épitete, à toutes les autres pêches, au lieu que nous les apellons l'une chevreuse, l'autre bourdine, l'une pourprée, l'autre admirable, &c.

ROTIE. Ce nom est attribué au pain que l'on coupe par

(a) La Quint. Tom. 1. pag. 81.

tranche, & que l'on fait griller ſur une grille à un feu modéré, ſeulement pour lui faire prendre une couleur dorée, & maintenir par ce moyen, tendre l'interieur du pain.

On s'en ſert pour prendre le chocolat, ou pour manger avec du beure frais : on en met dans les ſalades cuites. *Voyez* SALADE.

ROTIE à l'huile. Faites griller des tranches de pain comme ci-devant ; trempez-les dans de l'huile fine pour les bien imbiber ; mettez deſſus du Parmeſan rapé, un peu de poivre concaſſé ; preſſez-y un jus de citron, & les arroſez encore d'un peu d'huile : lorſque vous les ſervirez, vous les mettrez ſur une autre aſſiette.

ROULEAU, eſt un morceau de buis, ou d'yvoire fait en forme de bougie, avec lequel on fait les abaiſſes de paſtillage : on en a encore des plus forts, qui ſont de bois dur, pour faire les abaiſſes de maſſepain.

RUBAN. On apelle ruban pluſieurs caramels de differentes couleurs que l'on met enſemble, & dont on forme des rubans que l'on plie comme on le juge à propos.

Maniére de les faire.

Faites cuire du ſucre clarifié au caramel dans pluſieurs poëlons, c'eſt-à-dire dans autant que vous voudrez avoir de differentes couleurs ; ayez des feüilles de cuivre bien propres & huilées ; coulez deſſus ſéparément de vos caramels de couleur, à la même quantité de l'un comme de l'autre ; vous les leverez ſéparément avec la pointe du couteau, pour en former des morceaux, juſqu'à ce qu'ils ſoient maniables. (*a*) Alors, vous étendrez les caramels de couleur comme des bâtons de cire d'Eſpagne ; vous les joindrez enſemble, les allongerez, & les rendrez minces autant que vous voudrez.

(*a*) Ces ſortes de caramel doivent être toujours agités légérement ſur la feüille de cuivre avec la pointe du couteau, juſqu'à ce que vous les puiſſiez manier avec les mains ; pour-lors, vous les mettez enſemble ; car il arrive très-ſouvent (faute d'expérience) que ceux qui ont l'envie d'en faire, laiſſent ſouvent trop refroidir leur ſucre, ce qui fait qu'ils ne peuvent point réuſſir.

Lorſque votre ruban eſt ainſi fait, vous le préſenterez au feu pour l'amolir, & pour le mettre de la figure dont vous le voudrez avoir. Pour cuire votre ſucre *Voyez* CUISSON, & pour faire les couleurs, *Voyez* COULEUR pour le caramel.

RUBAN. Ce nom ſe donne à du pain à chanter que l'on garnit de glace royale, & que l'on coupe de la largeur d'un ruban.

Maniére de les faire.

Faites de la glace royale, *Voyez* GLACE ROYALE. Separez-la en quatre parties égales ſur des aſſiettes ; dans l'une mettez-y du ſirop de groſeille, dans l'autre du jus de citrons & un peu de rapure ; dans l'une du jus d'orange & rapure, dans l'autre un peu de jus de citron, & du ſafran en poudre. Ayez du pain à chanter ſur lequel vous étendrez légérement de l'une ou de l'autre glace ; coupez-les tout-de-ſuite de la largeur de deux doigts ; mettez-les ſur des tamis, & les faites ſécher à l'étuve : ſervez-les ſur des aſſiettes. Cela porte encore le nom de coupau.

SAB.

SABLE, ſe dit du ſucre que l'on met en ſable pour imiter le ſable naturel pour garnir des parterres, ou les fonds des plateaux.

Maniere de le faire.

Lorſque vous avez des conſerves ſoufflées, il ne tient qu'à vous de les piler légérement, & de les paſſer au tamis. Si vous en voulez faire exprès, faites cuire du ſucre à la groſſe plume ; mettez-y votre couleur, comme pour les conſerves ſoufflées ; faites-le revenir à même cuiſſon. Alors, ôtez-le du feu, & le travaillez, en le remuant avec une ſpatule juſqu'à ce qu'il devienne en ſable : paſſez-le par un tamis.

Autre manière.

Lorſque vous êtes preſſé, & que vous n'avez pas le tems de cuire du ſucre pour faire du ſable, préparez vite votre couleur; mettez du ſucre en poudre dans une poële; échauffez-le un peu ſur un petit feu en le remuant avec la main; mettez-y de votre couleur qui doit être un peu forte, & remuez le tout enſemble avec la main juſqu'à ce que votre ſucre ſoit ſec, vous ſerez ſûr d'avoir d'auſſi beau ſable de cette façon comme des autres.

L'on ſe ſert quelquefois de petites nompareilles pour garnir les parterres.

SAFRAN, eſt une plante qui pouſſe quelques feüilles longues, fort étroites, canelées; il s'éleve d'entr'elles une tige baſſe, ou plûtôt une pedicule qui ſoutient une ſeule fleur diſpoſée comme celle du lys, mais plus petite, diviſée en ſix parties, de couleur bleu mêlée de rouge, & de purpurin: il naît dans ſon milieu une houpe partagée en trois cordons creux, découpée en crete de cocq d'une belle couleur rouge, d'une odeur agreable.

C'eſt cette houpe que l'on nomme ſafran: on cultive cette plante dans le Languedoc, & dans le Gatinois.

On doit le choiſir nouveau, bien ſeché, mollaſſe & doux au toucher, en longs filets, de très-belle couleur rouge, fort odorant & d'un goût balſamique agréable. On ſe ſert du ſafran pour les conſerves, pour les neiges, pour les paſtilles, & pour les couleurs. *Voyez* l'un & l'autre article.

SALADE, eſt un compoſé de differentes plantes potageres qu'on mange pour l'ordinaire cruës ou cuites, étant aſſaiſonnées de ſel, de poivre, de vinaigre & d'huile. Ainſi on fait un melange de laituës, ſoit pommées, ſoit non pommées, avec des fournitures, &c. ſoit de bettes-raves, d'anchois, d'oignons, de cornichons confits, &c.

On diviſe les ſalades en cruës & cuites. J'ai donné la deſcription de chaque choſe & de chaque plante dont on fait des ſalades cruës & cuites, pour avoir plus de facilté de les connoître, & de les avoir.

L'on me dira peut-être que c'eſt mal-à-propos que je m'étends ſur la maniére de faire les ſalades, comme étant une choſe aſſez ſimple que le monde connoît & peut faire ; cependant n'ayant eu juſqu'ici d'autre but que celui d'inſtruire ceux qui deſirent d'aprendre l'Office, il me ſemble qu'il eſt néceſſaire de leur enſeigner la maniére de les faire, & de leur faire entendre l'attention qu'ils y doivent prêter pour les ſervir proprement.

Je mets ici toutes ſortes de ſalades, pour les faire ſouvenir qu'ils en peuvent faire de pluſieurs façons, & que l'on garnit ſuivant les volontés des Maîtres, en leur recommandant toujours d'avoir pour principe de les bien éplucher, de les bien laver, & de les façonner avec goût & propreté.

SALADE de chicorée. Prenez de belle chicorée ; ôtez-en toutes les feüilles vertes, & la lavez proprement ; obſervez de ne la point laiſſer dans l'eau de peur qu'elle ne durciſſe ; ſecoüez-la bien, & lui coupez la racine pour la mettre dans un ſaladier.

Cette ſalade ſe peut faire tout le long de l'année ; lorſque votre ſalade eſt ainſi bien lavée, épluchée & rangée, vous la garnirez ſuivant la ſaiſon, ſoit avec des fournitures, ſoit avec des bettes-raves, des anchois, du thon, &c.

SALADE de chicorée cuite. Lorſqu'elle ſera préparée comme à la maniére précédente, c'eſt-à-dire bien lavée & bien épluchée, vous la ferez blanchir dans une eau où vous aurez mis un peu de ſel ; vous la rafraichirez, & la mettrez égouter proprement ſur une ſerviette ; alors, vous lui couperez les racines, & couperez la chicorée par bandes ; dreſſez-la dans un ſaladier, & la garniſſez de bettes-raves, de capres, de thon, &c. ſi vous le jugez à propos.

SALADE de petite laituë, eſt une ſalade d'Hyver & de Printems ; elle eſt ordinairement très-difficile à éplucher ; c'eſt pourquoi jettez-la dans une terrine pleine d'eau, & la tirez feüille à feüille ; ôtez-en les racines, & la relavez ; ſecoüez-la bien dans une ſerviette, & la dreſſez dans un ſaladier ; garniſſez-la de fourniture, ou de ce que vous jugerez à propos ſuivant la ſaiſon.

SAL

SALADE de laituë pommée & romaine. Ayez de belles laituës ; ôtez-leur toutes les feüilles vertes ; lavez-les proprement, & les secoüez ; fendez-les en quatre ; visitez bien les cœurs pour voir s'il n'y a point de vers, sans cependant les trop ouvrir, de peur que vous ne les rendiez difformes ; rangez-les proprement dans vos saladiers, & les garnissez de fourniture & d'œufs frais durs, si on le juge à propos.

SALADE de mache & de reponse. Epluchez bien l'un & l'autre, & enlevez la superficie de la racine de reponse ; lavez-les proprement, & les secoüez ; rangez-les dans des saladiers ; mettez dessus quelques bettes-raves que vous aurez mincé, ou quelques morceaux de thon coupés par tranches, si vous le jugez à propos : ces salades sont des salades d'Hyver.

SALADE de celery. Prenez des beaux pieds de celery ; ôtez-leur beaucoup de tiges, jusqu'à ce qu'il n'en reste plus que trois ou quatre ; parez les pieds le plus proprement qu'il vous sera possible ; lavez-les dans plusieurs eaux, (a) & les secoüez ; fendez-les en deux ou en trois suivant leur grosseur, & les rangez dans vos saladiers. Vous pourrez encore blanchir votre celery comme la chicorée, la garnir & la servir de même : le celery est une salade d'Automne & d'Hyver.

SALADE à la Vendôme, est une salade de Printems pour la manger bonne. Prenez de toutes les fournitures que j'ai marqué à l'article Fourniture ; épluchez-les soigneusement ; lavez-les séparément, & les rangez dans un saladier par compartiment.

SALADE de citrons & de bigarrades, sont des salades de toutes saisons, ausquelles on a recours lorsqu'il en manque d'autres ; il n'y a pas grand aprêt pour celles-ci ; il ne s'agit que d'en mettre une quantité honnête dans un saladier, ayant soin de les garnir de feüilles d'Orangers.

(a) La chicorée & le célery durcissent dans l'eau lorsqu'on les y laisse trop tremper.

SALADE

SALADE d'olives, est une salade d'Hyver ; il faut seulement les égouter de leur eau, les mettre dans un saladier, & y remettre une quantité raisonnable d'eau fraiche pour les maintenir, de peur qu'elles ne noircissent.

SALADE de concombres, est une salade d'Eté. Parez vos concombres ; coupez-les en deux, & les vuidez de leur graine avec une cuillier ; mincez-les proprement, & les mettez dans une terrine ; ajoutez-y du sel, & une couple d'oignons entiers, dont vous en piquerez un d'un seul cloux de girofle ; mettez-y un peu de vinaigre si vous voulez. Maniez vos concombres avec la main pour leur faire jetter leur eau ; laissez-les ainsi une heure ou deux ; alors, vous les presserez dans une serviette, & les étendrez dans un saladier avec une fourchette : vous les garnirez légérement de fournitures que vous couperez un peu.

SALADE cuite, est un composé de tout ce qui est cuit ou mariné, ou confit au vinaigre, comme oignons, (a) célery, bettes-raves, cornichons, capres, bled de Turquie, choux-cabus, perce-pierre, anchois, lamproye, thon, &c.

Pour la faire, commencez d'abord de faire des roties que vous imbiberez d'huile fine ; vous mincerez alors des bettes-raves, & les mettrez dans votre saladier avec vos roties ; vous les garnirez avec toutes ces espèces que j'ai marqué ci-dessus, si vous les avez ; vous formerez avec toutes ces espèces des compartimens, pour differencier leur couleur, & ferez votre possible pour la travailler le plus proprement que vous pourrez.

L'on peut encore mettre dans ces sortes de salades des œufs durs, du fromage Parmesan rapé, des blancs de poulardes mincés ; avec toutes ces espèces on peut faire des salades cuites de differente figure, & de different goût.

SARBOTIE'RE, est le nom d'un vase qui est fait ordinai-

(a) Les oignons doivent toujours se cuire au four, ou sous la cloche, parce qu'ils en ont plus de goût.

rement d'étain, ou de fer-blanc, & dans lequel on fait prendre en neige les liqueurs que l'on destine à être servies dans des gobelets, ou pour en faire des fruits glacés.

Les sarbotiéres doivent avoir chacune leur baquet, qui doit avoir une petite cheville au bas pour écouler l'eau s'il en est de besoin; de sorte que lorsque la sarbotiére est dans le milieu du baquet, il faut qu'il y ait une distance entre la sarbotiére & le baquet, de la largeur de quatre doigts. *Voyez* sa Fig. Planche 1. Let. D.

SAVON, est une composition qui se fait avec de l'huile d'olive, de la chaux, & des cendres de l'herbe apellée *Kali*, ou *Soude*: il ne sert que pour frotter le papier que l'on veut découper. *Voyez* PAPIER.

SEC, est un terme d'Office, qui comprend toutes les confitures séches, & celles que l'on a mises au tirage, ou tirées à l'étuve.

SEC, se dit encore des candys, des conserves, des pâtes, des grillages & du blanchissage, &c.

SEL, est une matiére piquante sur la langue, & qui se dissout dans l'eau; le sel dont on se sert dans l'Office est connu de tout le monde: on employe le sel pour faire prendre les glaces, & on le blanchit pour le mettre dans les saliéres.

Maniére de blanchir le sel.

La méthode la plus simple est de jetter dans un vaisseau de terre telle quantité de sel qu'on juge à propos, avec une pinte d'eau pour chaque livre de sel. On laisse ce sel se dissoudre pendant quelques jours; la bouë & les matiéres terrestres se précipitent peu-à-peu au fond du vase; alors, on verse proprement l'eau dans un autre vaisseau, sans permettre au sediment de se mêler. On fait boüillir cette eau jusqu'à évaporation; le sel imperceptible dont elle étoit remplie se raproche, tandis que l'eau monte en fumée; il se précipite en petites masses au fond du vase, & annonce sa netteté par sa blancheur; il devient encore plus blanc, lorsque vous passez votre eau à la chauſſe. Lorſqu'il eſt ainſi, vous achevez de le ſécher à l'étuve, pilez-le enſuite, & le paſſez par un tamis fin.

SEL. Paſſer au ſel, ce terme ſe dit des abricots, des amandes vertes & des cornichons, leſquels on met dans une ſerviette avec du ſel, pour leur ôter le duvet ou la boure, en ſecoüant la ſerviette par les deux bouts, comme je l'ai enſeigné à l'article des Abricots verds.

SEL. Effet du ſel dans la glace. (a) Les ſels ne font geler les liqueurs qu'en faiſant fondre la glace qu'on met tout-au-tour.

SEMENCE. Quatre ſemences froides, ſont celles de courges, de citroüilles, de melon & de concombre : elles ne ſont employées que dans la pâte & le ſirop d'orgeat. *Voyez* PASTE & SIROP.

SERAINGUE, eſt un utenſile d'Office, dans lequel on ſeraingue la pâte de maſſepains pour la friſer, ou lui donner une autre figure.

SERRE. *Voyez* FRUITERIE.

SERRER de glace, terme d'Office, c'eſt de bien enveloper, & de couvrir de glace pilée & ſalée toutes ſortes de moules à glace, dans leſquels on aura mis des neiges, pour les glacer au point qu'on en puiſſe tirer la figure. *Voyez* FRUITS GLACE'S.

(a) M. Dortous de Mairan, dans ſa Diſſertation ſur la glace, *Part. II. Sect. V. pag.* 353. s'explique ainſi.

Les ſels par eux-mêmes, & dans les mêmes circonſtances, ne ſont pas plus froids que la glace. Environnés d'air, ou de tel autre corps fluide ou ſolide qui ne les diſſout point, & qui n'en eſt point diſſout, ils prennent, comme la plûpart des autres corps, à-peu-près la temperature, le dégré de chaud ou de froid du milieu, ou du corps qui les environne. Ainſi de la glace briſée, & du ſel briſé mêlés enſemble, ne formeroient point par la ſimple juxtapoſition, ou par le contact mutuel de leurs parties non diſſoutes, un tout ſenſiblement plus froid que la glace; & par conſéquent, ce tout, ce mélange de ſel & de glace mis au-tour d'un vaſe rempli d'eau, ne la feroit pas plûtôt geler que la glace toute ſeule. Ce n'eſt donc que par la diſſolution, par la fuſion réciproque de la glace & des ſels, que les ſels mêlés avec la glace, produiſent ou accelerent la congelation de l'eau.

SER

SERVICE. On entend par ſervice tout ce qui comprend un deſſert, comme les jattes, les carrés ou piéces de glace montés avec des verres découpés, & gobelets garnis de toutes ſortes de confitures, les compotes, les aſſiettes & les glaces.

On en fait de different goût, & de differente grandeur, ſuivant les tables que l'on a à ſervir, comme vous verrez ci-après.

SERVICE de jattes. Pour une table de ſix à huit couverts, il faut trois jattes & quatre compotes, ou aſſiettes.

Pour une table de douze, neuf jattes, huit compotes.

Pour une table de dix-huit, quinze jattes, douze compotes.

Pour une table de vingt-quatre, vingt-une jattes, & ſeize compotes.

Pour une table de trente, vingt-ſept jattes, & vingt compotes.

Les neiges & fruits glacés ne doivent point être limités dans ces tables ; on releve les compotes, ou quelques-unes ſeulement pour y mettre des glaces ſuivant la ſaiſon.

SERVICE de glace. Les ſervices de glaces ſont differens des autres, en ce qu'ils ſe touchent & ſe joignent enſemble, & ſe ſervent par trois filets comme les jattes. *Voyez* leurs Fig. Planche 5.

Pour une table de douze couverts, il faut neuf piéces de glace, huit compotes.

Pour une table de dix-huit couverts, il faut quinze piéces de glace, douze compotes.

Pour une table de vingt-quatre couverts, il faut vingt-une piéces de glace, & ſeize compotes.

Pour une table de trente couverts, il faut vingt-ſept piéces de glace, vingt compotes.

Par la même raiſon, vous pourrez augmenter vos piéces de glace & vos compotes, lorſque vous avez des plus grandes tables.

Si vous avez des grandes tables qui ne ſoient point de figure ordinaire, ayez recours à faire faire des plateaux de bois qui vous ſerviront de dormants, comme je l'enſeigne à l'article Table, où vous en trouverez de plusieurs figures. Observez cependant que lorsque vous vous servirez de plateaux, de laisser du jeu de deux pieds & demi entre la table & les plateaux, pour que l'on puisse servir aisément la cuisine, & tous les autres services, comme celui de l'Office, qui doit être composé de jattes les plus égales que vous pourrez trouver. Vous les monterez à face, & mettrez une compote entre chaque jatte.

Vous pourrez relever toutes les compotes des services que j'ai marqué ci-devant, avec des assiettes de neiges & de fruits glacés.

J'ai donné les figures des pilastres, gobelets, crystaux & verres découpés de toutes façons, & de toute grandeur ; c'est à l'Officier de les voir, & de consulter son goût pour mettre bien un service ensemble. J'ai enseigné la façon de faire des Figures de caramel & de pastillage, & de faire généralement tout ce qu'il faut pour l'enjolivement & la garniture des services, pour qu'il puisse s'en servir, & former avec telle décoration qu'il lui plaira.

SERVICE de Campagne. Quoique l'on soit à l'Armée, on ne laisse pas que d'y faire bonne chere ; c'est pourquoi l'Officier doit faire sa provision de toutes sortes de confitures séches & liquides, & prendre le moins qu'il pourra d'utensile, de peur qu'il ne l'embarrasse ; c'est à lui d'aporter avec lui des plateaux de bois, ou des corbeilles d'ozier mises en couleur, pour qu'il puisse dresser dessus ces confitures séches, en les garnissant de papier découpé ; il peut dresser son fruit cru dans ces corbeilles avec des feüilles de vigne, & servir ensemble ces plateaux & ces corbeilles, moitié cru & moitié sec ; il peut mettre entre deux des compotes & des assiettes de four. Cette façon de servir est fort commode, & on ne risque point de casser les verres, ni les porcelaines. Quoique cette méthode n'a point le coup d'œil d'un fruit décoré, elle ne laisse point que de garnir bien une table, & d'avoir son mérite. *Voyez* sa Fig. Planche 12.

SERVIETTE à caffé, à chocolat, sont des espèces de

ſerviettes qui ne ſont deſtinées que pour cet uſage ; elles ſont ordinairement de Perſe, de toile fine, ou d'indienne. On les préſente aux conviez, lorſqu'on leur ſert le caffé ou le chocolat.

SIROP, c'eſt une compoſition à laquelle on donne une conſiſtence un peu épaiſſe, & qui eſt faite avec du ſucre, du ſuc de fruit, ou de fleurs.

SIROP de fleurs d'orange. Prenez deux livres de fleurs bien épluchées ; mettez-les dans une marmite d'argent, ou autre vaſe de terre verniſſé ; mettez deſſus huit livres de ſucre que vous aurez cuit à la petite plume ; bouchez bien votre vaſe, & le lutez. Ayez une poële d'eau boüillante ſur le feu ; mettez-y votre vaſe, & le laiſſez ainſi toujours boüillir pendant ſix heures ; alors, paſſez votre ſirop par une étamine ; attendez qu'il ſoit froid pour le mettre en bouteille.

SIROP d'œillet, ſe fait de même que celui de fleurs d'orange.

SIROP de violettes. Prenez une livre de violettes bien épluchées ; pilez-la bien dans un mortier avec un verre d'eau ; faites cuire quatre livres de ſucre à ſoufflé ; ôtez-le du feu, & le laiſſez un peu repoſer ; (a) alors délayez votre fleur dans votre ſucre, & le paſſez par une étamine ; attendez qu'il ſoit froid pour le mettre en bouteille. Il y en a qui font cuire de la racine d'Iris de Florence avec de l'eau, & qui moüillent leur ſucre avec.

SIROP d'orgeat. Mondez ſix livres d'amandes douces, & une livre d'amères ; pilez-les bien enſemble dans un mortier avec une livre des quatre ſemences froides, en y ajoutant un peu d'eau, de peur qu'elles ne tournent. Lorſqu'elles ſont bien pilées, broyez-les encore ſur une pierre avec un rouleau de fer ; délayez alors cette pâte dans une chopine d'eau de fleur d'orange, & deux pintes &

(a) La fleur perdroit ſa couleur ſi on la mettoit dans un ſucre trop chaud ; c'eſt pourquoi attendez qu'il ſoit d'une chaleur modérée.

demie d'eau ; paſſez le tout par une étamine en le preſſant, & le repaſſez ; faites alors cuire douze livres de ſucre à caſſé ; jettez-y votre lait d'amandes, & l'ôtez du feu.

Mettez-le ſur un fourneau qui ſoit doux, pour faire fondre le ſucre en le remuant toujours, & le faites ſeulement fremir pour incorporer votre lait d'amandes avec votre ſucre ; alors votre ſirop eſt fait ; paſſez-le par une étamine, & le mettez en bouteille lorſqu'il ſera froid.

Vous pourrez avec le reſte de vos amandes faire encore de bon orgeat.

SIROP de roſes ſe fait de même que le ſirop de violettes ; vous y pourrez mettre une larme de cochenille préparée.

SIROP de groſeilles, de framboiſes, de meriſes, de meures & d'épines-vinettes ; ces cinq eſpèces ſe font de même.

Prenez l'une ou l'autre eſpèce ; écraſez-les bien dans une terrine, & les laiſſez fermenter pendant quatre ou cinq jours ; alors, exprimez-en le jus dans une preſſe ; mettez le jus dans des bouteilles débouchées, & les expoſées pendant deux jours au Soleil pour les rarefier ; alors, vous filtrerez votre jus ; peſez votre jus, & prenez pour livre de jus, deux livres de ſucre en pain ; mettez le tout dans une poële, & la mettez ſur un feu doux pendant quatre heures ſeulement, pour que le ſucre fonde ; alors, vous le ferez un peu fremir ; paſſez votre ſirop par une étamine, & le mettez dans des bouteilles lorſqu'il ſera froid.

SIROP de capillaire. Prenez une livre de beau capillaire du Canada ; faites boüillir trois pintes d'eau, & y jettez votre capillaire ; mettez le tout dans une terrine, & le laiſſez infuſer juſqu'au lendemain. Alors, caſſez huit à neuf livres de ſucre dans une poële ; mettez votre eau de capillaire deſſus, avec un blanc d'œuf foüetté comme pour le ſucre clarifié. Clarifié votre ſucre ; mettez-y de l'eau de fleur d'orange à votre goût, & le cuiſez à perlé ; paſſez-le par une étamine, & le mettez en bouteille lorſqu'il ſera froid.

SIROP de limons. Prenez du jus de citrons ou de limons, comme je l'ai marqué à l'article Jus. Pesez-le, & sur chaque livre de jus, prenez deux livres & demie de sucre en pain, & le finissez de même que le sirop de groseille.

SIROP de jasmin se fait de même que celui de fleur d'orange.

SIROP de caffé. Prenez deux livres de bon caffé bien torrefié & bien moulu; faites du caffé avec une livre, & deux pintes d'eau; laissez-le reposer & éclaircir; tirez-le au clair, & refaites l'autre livre avec le caffé fait; laissez-le reposer & éclaircir; tirez-le au clair. Faites cuire une demie livre de sucre au caramel, & lui donnez même de la couleur un peu brûlée; jettez-y votre caffé pour faire fondre le sucre; alors, mettez-le dans un pot vernissé avec une demie livre de sucre en pain; bouchez soigneusement votre pot, & le mettez fremir sur de la cendre chaude pendant huit à neuf heures; passez-le alors dans une étamine, & le mettez dans des bouteilles lorsqu'il sera froid; bouchez-les soigneusement, & ne les mettez point dans un endroit chaud.

Lorsque vous voudrez vous en servir, versez de ce sirop dans une tasse, & de l'eau chaude par-dessus, vous aurez de très-bon caffé: il est fort commode pour les Voyageurs, quoiqu'il soit de grande dépense.

SIROP de vinaigre. Prenez quatre livres de framboises que vous ferez fermenter comme je l'ai marqué à l'article sirop de framboises; ajoutez-y deux pintes de bon vinaigre, & filtrez le tout ensemble; vous peserez alors votre jus, & mettrez trois livres de sucre pour une livre de jus: vous le travaillerez & conduirez de même que le sirop de framboises, de groseilles, &c.

SOUCOUPE, est une espèce de petite assiette que l'on met sous les tasses.

SOUCOUPE, se dit encore de plusieurs plateaux de verre qui ont des pieds sur lesquels on sert des gobelets garnis de neiges ou de mousses.

SOUFFLE'.

SOUFFLE'. Cuisson du sucre. *Voyez* CUISSON.

SPATULE, est le nom d'un morceau de bois avec lequel on remuë les marmelades.

SUCRE, est le sel essentiel d'une espèce de roseau, que l'on nomme Canne de sucre, ou Cannamelle, (*a*) qui croît abondamment en plusieurs endroits des Indes, comme au Bresil, & dans les Isles Antilles. Cette plante pousse un Roseau ou Canne, haute de cinq à six pieds, garnie de feüilles longues, étroites, aiguës, tranchantes, vertes ; il s'éleve du milieu à la hauteur de cette Canne, une maniére de flêche qui se termine en pointe, une fleur en forme de panache, de couleur argentée, & semblable à celle des autres roseaux.

Maniére dont se fait le Sucre.

Quand ces Cannes sont meures, on les coupe, on en sépare les feüilles, qu'on rejette comme inutiles, & on les porte au moulin pour y être pressées & écrasées entre deux rouleaux garnis de bandes d'acier ; il en sort un suc qu'on fait couler dans des chaudiéres, puis on l'échauffe par un petit feu pour le faire seulement fremir ; il pousse alors son écume la plus grossiére, qu'on enleve dans des écumoires ; on pousse ensuite le feu pour faire boüillir le sucre à gros boüillons, ayant toujours soin de l'écumer ; & afin d'en séparer l'écume plus facilement, on y jette de tems-en-tems quelques cuillerées de lessive forte. Quand il a été bien écumé, on le passe par un linge, & on le purifie encore une fois, en le faisant boüillir, y mêlant des blancs d'œufs foüettés avec de l'eau de chaux, & le passant par des chausses. On le fait cuire ensuite jusqu'à une consistence convenable ; ce sucre est ce que l'on apelle moscouade grise : lorsqu'elle est bien purifiée, elle devient cassonade.

(*a*) Les Cannes à sucre n'ont pas été inconnuës aux anciens ; plusieurs en ont parlé, & ont apellé le sucre sel d'Inde, qui couloit de lui-même comme une gomme ; les Indiens l'apelloient *Sacanamba*, & les Latins, Cannamelle de *Canna* & de *Mel*, qui étoit le miel, suivant Saumaise, avec lequel les anciens confisoient.

SUCRE en pain. Le ſucre en pain eſt une caſſonade clarifiée par le moyen des blancs d'œufs, & de l'eau de chaux, & paſſée par des chauſſes. On la cuit ſur le feu, & on la verſe dans des moules faits en forme pyramydale, & percés au fond de quelques petits trous que l'on a bouchés, mais qu'on débouche lorſque le ſucre eſt preſque froid, afin que le ſucre, ou la partie la plus glutineuſe s'en écoule ; plus on réïtere à clarifier le ſucre, plus il eſt blanc, juſqu'à ce qu'il devienne ſucre-royal.

On choiſit le ſucre beau, blanc, ſec, difficile à caſſer, cryſtalin en dedans lorſqu'il eſt rompu, ayant un goût doux fort agréable : on enveloppe ordinairement le beau ſucre dans du papier bleu.

Maniére de clarifier le ſucre.

Caſſez cinq ou ſix pains de ſucre dans une poële ; prenez un blanc d'œuf, (*a*) battez-le avec de l'eau, & le jettez ſur votre ſucre ; moüillez-le ſuffiſamment avec de l'eau ; mettez-le ſur le feu ; faites-le cuire ; lorſque vous verrez que votre ſucre montera, jettez-y un peu d'eau fraiche ; laiſſez-le monter juſqu'à trois fois, & y mettez toutes les fois un peu d'eau fraiche ; retirez un peu votre poële du feu pour ne le faire boüillir que d'un côté, en y ajoutant de tems-en-tems de l'eau fraiche ; écumez-le proprement, & lorſqu'il ne jettera plus d'écume, (*b*) paſſez-le par une étamine

SUCRE de fleur d'orange, eſt celui qui reſte lorſque l'on praline les fleurs : on s'en ſert dans pluſieurs choſes pour leur donner du goût.

SUCRIER, eſt un meuble dans lequel on met du ſucre ; il y en a de deux eſpèces, ſçavoir, les ſucriers pour les cabarets, dans leſquels on met du ſucre caſſé par morceaux, & les ſucriers d'argent, dans leſquels on met du ſucre en poudre.

(*a*) Le blanc d'œuf, par ſes parties viſqueuſes, accroche les particules groſſiéres & opaques qui demeurent dans le ſucre.

(*b*) Obſervez que le ſucre ſe graiſſe lorſque l'on ne l'écume pas bien, & que l'on n'a pas ſoin d'eſſuyer les bords de la poële avec une eponge.

Fig. 1.

Fig. 2.

Fig. 3.

Fig. 4.

Fig. 5.

Fig. 6.

Fig. 7.

Fig. 8.

Aujourd'hui l'on ne se sert pas beaucoup de ces derniers sucriers; on a des petites jattes en façon de timbale, dans lesquelles on met du sucre en poudre, & que l'on prend avec une cuillier d'argent, percée comme les cuilliers à olive.

SURTOUT, est une machine d'argent que l'on met dans le milieu d'une table pendant tous les services : on la garnit ordinairement d'huiliers, de sucriers, de citrons & de bigarrades. Il y a d'autres surtouts ou dormants que l'on fait avec des ouvrages d'Office, & que l'on décore avec du caramel, du pastillage & des fleurs artificielles. *Voyez* leurs Fig. Planch. 11. & 13.

TABLE. On entend par table où se mettent les Conviés pour manger; il y a differentes grandeurs & differentes figures de tables; c'est pourquoi je donne ici le plan de quelques-unes, avec les proportions que l'on doit garder pour les dormants, comme je l'ai déja marqué à l'article Service.

Comme les tables dépendent toujours du goût des Maîtres-d'Hôtel, c'est à l'Officier de se conformer à la figure de la table, & lorsqu'on lui demande des dormants, c'est à lui de les faire de façon qu'il y ait toujours deux pieds & demi de jeu de largeur entre la table & les dormants. Il pourra donc suivre le plan de mes tables, ou d'en inventer des plus belles qui prennent d'autres contours, en suivant toujours les régles que je donne pour le fruit; c'est à lui d'avoir des jattes montées en suffisance, pour les mettre d'un pied de distance l'une de l'autre. Au reste il ne doit rien épargner pour embelir & décorer ses dormants, & pour donner le coup d'œil à la table.

Des sections & pratiques Géométriques. Planch. 9. Fig. 1.

La façon de décrire un oval, est de couper la ligne A. B. en deux également, & de tirer la droite M. K. Menez G. H. sur la moitié de la largeur du diamétre; portez G. C. à C. F. Coupez C. F. en deux également en D. par le moyen des sections F. E. F. H. C. E. C. H. Portez C. D. ou D. F. en O. ou en N. c'est ce qui fait le centre du cercle sphérique de l'oval. Faites une section de H. en I. De part & d'autre, ouvrez votre compas depuis I. G. I. Faites une section I. K. & décrivez le grand cercle I. G. I. K. M. U.

Maniére de trouver la quatriéme partie d'une table en contour, Planch 9. Fig. 2. *Pour l'ensemble de la table*, Fig. 3. Planc. 10.

Tirez R. O. Elevez la perpendiculaire R. S. par la premiére Figure Planche 9. A. B. M. K. Ensuite tirez les rayons R. N. R. M. R. K. R. L. R. I. R. H. R. G. Vous transportez ensuite la pointe de votre compas en O. Vous faites une section en G. & de suite O. H. O. I. O. K. O. L. O. M. Toutes ces sections étant faites, prenez-les pour centre, P. pour centre du cercle I. G. pour centre du cercle 2. H. pour 3. I. pour 4. L. pour 5. M. pour 6. K. pour 7. N. pour 8. O. pour 9. C'est le moyen de trouver la quatriéme partie de cette table complette.

Maniére de désigner telle Figure que l'on voudra, par le moyen d'une échelle quarrée. Figure 4. Planche 9.

Sur tel dessein, & de quelle forme elles puissent être, pour les mettre en grandes, ou plus petites formes, vous vous servirez d'un nombre de carreaux établis sur leur longueur & largeur également quarrés par-tout, & si vous voulez désigner une partie d'ornement, ou de figure beaucoup plus grande, vous compterez le nombre des carreaux que vous aurez tracé sur leur longeur, & l'autre nombre sur leur largeur, en les établissant avec la même égalité dans leur grandeur, & vous verrez combien les parties de cette Figure occuperont de place sur les carreaux ; vous en compterez les distances, & vous les poserez dans leur même forme. Cette Figure deviendra proportionnée à la petite, si l'on suit éxactement cette régle ; comme si l'on vouloit un dormant de goût, en prenant la quatriéme partie de la Fig. 6. Planche 9. vous trouverez la même Figure, en observant les mêmes régles.

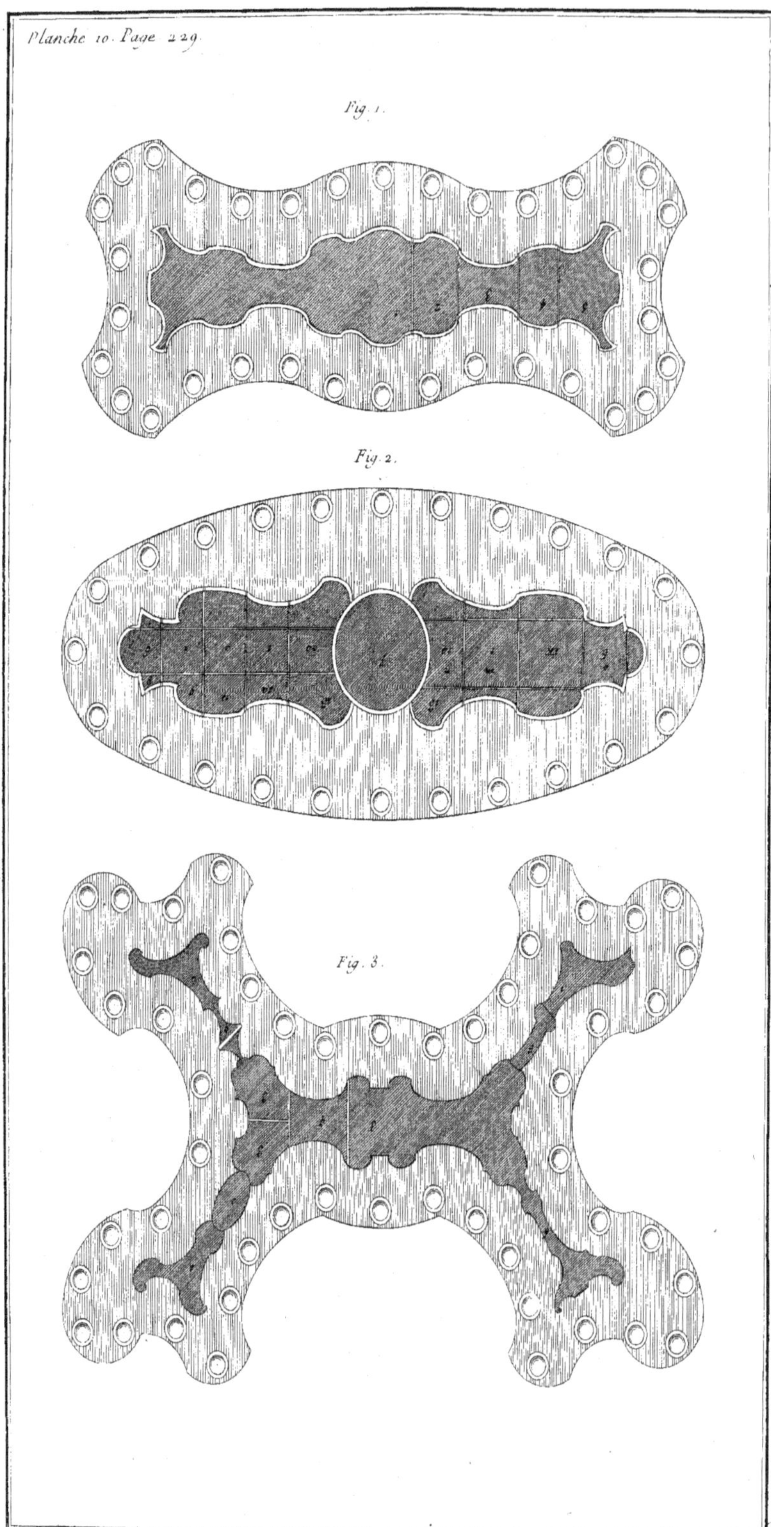
Planche 10. Page 229.
Fig. 1.
Fig. 2.
Fig. 3.

Maniére de trouver la quatriéme partie de la table. Figure 5. Planche 9. & Figure 1. Planche 10.

Tirez A.B. élevez la perpendiculaire B.G. par la premiére Figure ; continuez G.B. jusqu'en E. Décrivez le rayon A.D. A.C. Transportez le compas B. de B. en C. Faites une section B.D. G.E. E. pour le cercle G.I.F. D. pour 2. C. pour 3. A. pour 4. Par ce moyen, vous trouverez la quatriéme partie de la table premiére, Planche 10.

La quatriéme partie de la table ovale, Fig. 3. se fait par les mêmes régles de la Fig. 1. Planche 9. avec leur position sur les traiteaux C.A.B.

Maniére de décrire un oval en forme de table. Fig. 7. Plan. 9.

La ligne donnée A.B. & la longueur d'un oval à faire ; divisez A.B. en trois parties égales A.G.D.B. des points G.D. Décrivez les cercles A.O.D. G.H.B. Menez les droites F.G.O. H.D.E. du point E. Décrivez l'arc H.I. & l'arc O.S. du point F.

Maniére de désigner la Figure 8. Planche 9.

Si l'on se déterminoit à faire quelque portion de table de goût, & que l'on voulut désigner une quatriéme partie, vous suivrez le trait des contours que vous en aurez donné à la main, en cherchant avec le compas le centre pour la valeur du cercle de chaque contour. Vous commencerez donc alors à tirer une ligne A.B. en élevant la perpendiculaire A.L. Vous chercherez le centre C. le centre B. le centre D. le centre E. le centre F. & les centres H.G.I.K.L. Lorsque vous les aurez trouvé, vous fortifierez chaque trait avec du crayon rouge ou noir ; vous plierez votre papier à la ligne A.B. pour le calquer sur une autre largeur, pour en avoir la moitié, que vous doublerez pour avoir le tout ; & pour l'éxécution de cet ensemble, vous observerez les mêmes régles de la Figure 4. même Planche, pour la désigner en grand dans les longueur & largeur que vous jugerez à propos, suivant la grandeur de la Sale que vous aurez.

Observation pour le Plan Géométral. Figure 1. Planche II.

Tirez O. A. Elevez la perpendiculaire T. S. par la premiére, Planche 9. Menez les points A. N. N. U. Y. U. I. paralelles à M. Y. Prenez I. M. pour centre, A. I. Q. 2. pour section, K. 2. & 2. K. pour section du centre; 2. K. pour portion du cercle, A. 3. 1. pour centre du cercle; 4. L. pour un autre, en formant un grand cercle A. L. 4. A. H. O. 5. pour centre du cercle A. 5. H. A. 6. F. pour centre du cercle qui sort de A. S. 7. A. T. G. pour section; 7. & G. pour centre; A. P. C. pour section; P. C. pour centre; A. 9. D. pour section, D. 9. pour centre.

R. Places des chaises.
10. Assiettes.
11. Dormants.
12. Coupe des dormants.
14. Echelle.

TACHE, s'attribuë aux fruits crus qui sont tachés, & aux fruits qui ont été mis au tirage; c'est lorsqu'il y a du blanc dessus, & qu'ils ne sont point glacés par-tout.

TACHE s'attribuë encore aux conserves, lorsqu'elles ont des taches blanches.

TAMIS, est un utensile d'Office, dans lequel on passe du sucre, du fruit, & toutes autres choses, ou sur lequel on met des fruits à mi-sucre pour sécher à l'étuve.

TAMBOUR, est un utensile d'Office, ressemblant à un tambour, dans lequel il y a deux tamis, un de crin & un de soïe pour passer le sucre en poudre, & le rendre très-fin.

TASSE. On apelle tasse un vase dans quoi on prend le caffé, le chocolat & le thé. Elles sont ordinairement de porcelaine, mais celles à chocolat sont plus grandes & plus hautes.

TAILLADIN. Le tailladin n'est autre chose que l'écorce

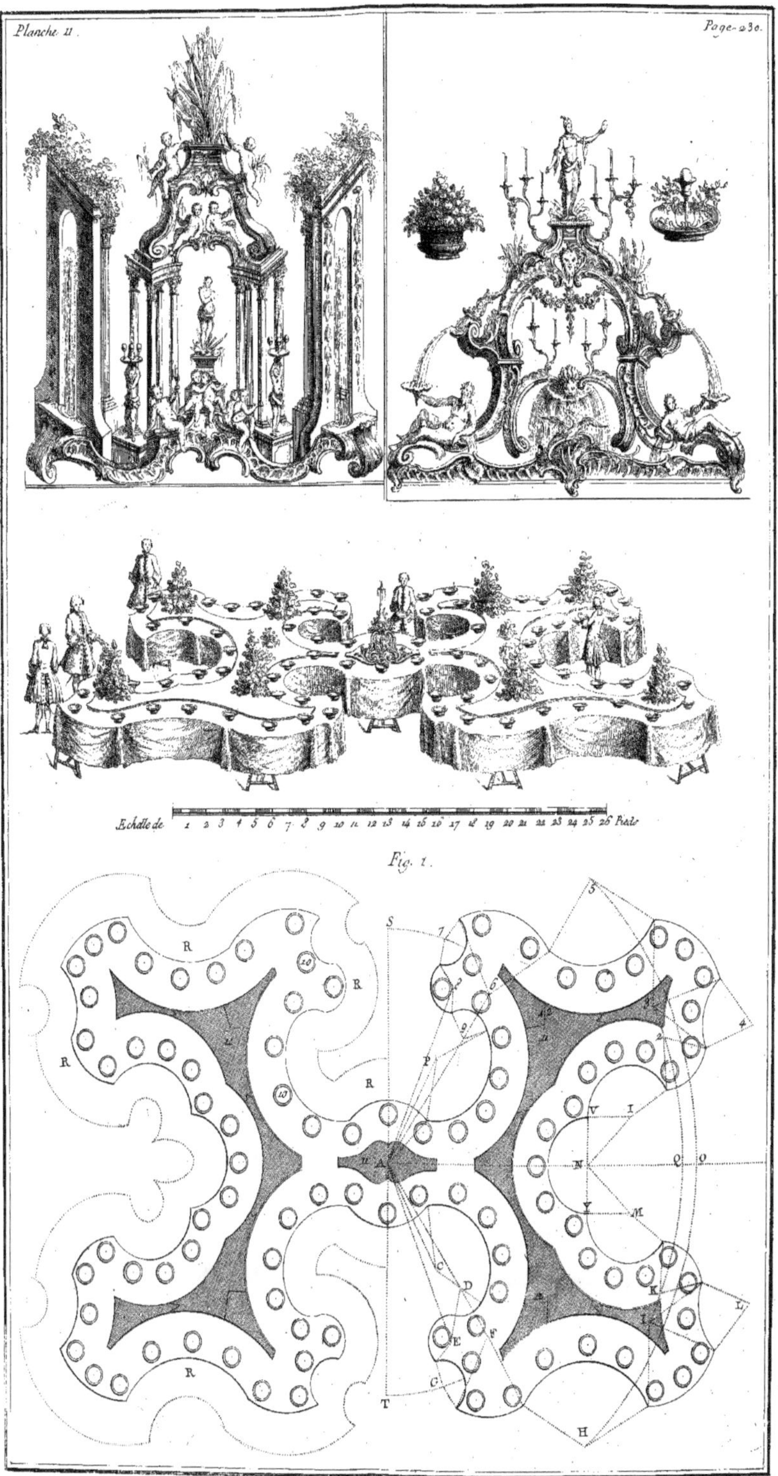
Echelle de 1 2 3 4 5 6 7 8 9 10 11 12 13 14 15 16 17 18 19 20 21 22 23 24 25 26 Pieds
Fig. 1.
R
R
R
R
R
S
T
A
P
C
D
E
F
G
H
I
K
L
M
N
O
Q
V
Y

des fruits d'odeur que l'on enleve, & que l'on coupe comme des lardons. On en fait des compotes. *Voyez* COMPOTES. On en met de citronade dans les noix blanches. *Voyez* NOIX.

THE', est une petite feüille qu'on nous aporte séche, & roulée, de la Chine, du Japon & de Siam. Elle croît à un petit Arbrisseau dont on la tire au Printems pendant qu'elle est encore petite & tendre; sa figure est oblongue, pointuë, mince, un peu dentelée en ses bords, de couleur verte.

Il faut choisir le thé recent en petites feüilles entiéres, vertes, d'une odeur & d'un goût de violette, doux & agréable.

Maniére de le faire.

Mettez infuser chaudement pendant un quart-d'heure deux pincées de thé dans une chopine d'eau boüillante. Le thé se prend avec du sucre en pain, & lorsqu'on le prend avec du sirop de capillaire, on apelle cette boisson, bavaroise.

Quelquefois l'on met infuser avec le thé deux tranches de citron que l'on nomme citronelle. On fait encore du thé au lait de la même maniére.

TIGE, est attribuée à la queuë d'une fleur artificielle, & aux pieds des gobelets qui sont d'une certaine hauteur; c'est ce qui fait qu'on les nomme gobelets à tige. *Voyez* Fig. Planch. 3. 4.

TIRAGE, est un sucre que l'on cuit à soufflé, pour tirer au sec toutes sortes de fruits qui sont bien en chair, comme tous les fruits d'odeur, les prunes, les noix, l'angelique, &c.

Les marrons glacés se tirent séparément de la même maniére.

Maniére de le faire.

Prenez tels fruits qu'il vous plaira, lorsqu'ils sont confits; égoutez-les bien de leur sirop, pour ne point perdre le sucre; jettez-les dans de l'eau chaude pour les laver; alors, égoutez-les. Faites cuire du ſucre clarifié à ſoufflé ; (*a*) mettez-y vos fruits, & leur donnez un ou deux boüillons couverts ; ôtez la poële du feu, & l'écumez bien. Attendez que votre ſucre ſoit froid de telle maniére que vous puiſſiez tenir la main contre les bords de la poële ; ayez des grilles toutes prêtes ſur des plats de même grandeur ; travaillez votre ſucre avec une cuillier, en le frottant contre le bord de la poële ſeulement d'un côté ; dès que vous verrez que votre ſucre ſera un peu blanc, ou louche, tirez vos fruits tout-de-ſuite un à un hors de votre ſucre avec des fourchettes, en le paſſant & le frottant légérement contre le ſucre qui eſt louche ; mettez-les fait-à-meſure ſur vos grilles pour les laiſſer égouter & refroidir. Le ſucre de tirage ſert pluſieurs fois pour la même choſe, & lorſqu'il n'eſt plus bon pour cela, il peut ſervir pour des compotes & des glaces.

TIRER, terme d'Office, ſe dit des fruits que l'on met au caramel.

TIRER, ſe dit encore du caramel qui a pris l'empreinte d'un moule.

TIRER, ſe dit également de la conſerve que l'on a coulé dans un moule de plomb pour en avoir l'empreinte. On dit tirer une Figure, c'eſt la faire ſoit de caramel, de conſerve, ou de pâte de paſtillage.

TIRER à l'étuve, eſt d'égouter des fruits confits, de les ranger ſur des feüilles de cuivre, & de les poudrer légérement de ſucre avec une poudrette pour les ſécher à l'étuve.

Maniére de tirer à l'étuve.

Mettez dans une poële le fruit que vous voulez tirer à l'étuve, avec ſon ſirop ; ajoutez-y un peu d'eau ; donnez un boüillon à votre fruit ; écumez-le bien, & le laiſſez tiédir ; égoutez-le alors ſur un égoutoire ou grille. Poudrez de ſucre des feuilles de cuivre, & le rangez deſſus proprement ; poudrez-le légérement de ſucre, & le

(*a*) Le tirage eſt ſujet à ſe grainer lorſqu'il eſt trop cuit, c'eſt-à-dire qu'il paſſe le ſoufflé.

mettez ſécher à l'étuve juſqu'à ce qu'il ne poiſſe plus ; alors, vous le tournerez de l'autre côté, en le mettant ſur des tamis pour le ſécher également.

TORREFIER, terme d'Office, c'eſt brûler du caffé pour le torrefier. *Voyez* CAFFE'.

TOURNER, ſe dit en fait des fruits rouges, &c. qui ſe gâtent.

TOURNER, ſe dit des citrons, des oranges, des bergamottes, & d'autres petits fruits d'odeur unis, que l'on tourne avec un couteau.

TOURNER, ſe dit de la crême, du lait qui ſe caille lorſqu'on l'employe.

TOURNER, ſe dit des amandes, piſtaches, avelines, leſquelles lorſqu'on les pile, ſe tournent en huile.

TOURNURE, c'eſt ce qui s'ôte des citrons, des oranges, des bergamottes, & d'autres petits fruits d'odeur unis, lorſqu'on les tourne.

Ces tournures ſe confiſent de même que leurs fruits : on en met au tirage, que l'on tourne au-tour du doigt en façon d'anneau, que l'on nomme galant. *Voyez* GALANT. On en met au candy. *Voyez* CANDY.

TOURON, eſt une eſpèce de four qui ſe fait de cette maniére. Prenez piſtaches & amandes coupées, que vous pralinerez au blanc ; faites une glace-royale qui ſoit forte, & ſur une livre de cette glace, mettez-y une livre & plus de piſtaches & d'amandes, une poignée de fleur d'orange pralinée ; mêlez le tout enſemble, pour que cela ſoit en bonne conſiſtence ; dreſſez-les avec la main ſur du papier de la groſſeur d'une petite noix, & les faites cuire de belle couleur à un four modéré : pour les lever, laiſſez-les refroidir.

TRAVAILLER, terme d'Office, ſe dit d'une conſerve,

ſoit pour la ſouffler, ou pour la blanchir ; & du ſucre de tirage, lorſqu'on les frotte avec une cuillier contre les bords de la poële.

TRAVAILLER, ſe dit des neiges. C'eſt lorſqu'on remuë bien la ſarbotiére, & que l'on détache & mêle bien la neige qui eſt dans la ſarbotiére, pour empêcher qu'il n'y ait point de glaçons.

TREYER, ſe dit du caffé, du cacao, des amandes, des piſtaches, &c. & des fruits que l'on veut choiſir.

TRIQUE-Madame, eſt une eſpèce de petite joubarbe, ou une plante qui pouſſe pluſieurs petites tiges, graſſes, charnuës, tendres, rampantes, revêtuës de beaucoup de petites feüilles épaiſſes, oblongues, pointuës, bleuâtres, ou rougeâtres, remplies de ſuc. On la cultive dans les jardins potagers : elle ſert de fourniture dans les ſalades.

VAN

VANETTE, eſt le nom d'un panier à petit rebord, & qui a la forme d'un carré oval. *Voyez* ſa Fig. Plan. 2. Let. V.

VANILLE, eſt une gouſſe longue d'environ un demi pied, groſſe comme le petit doigt d'un enfant, pointuë par les deux bouts, de couleur obſcure, d'un goût & d'une odeur balſamique & agréable ; un peu acre, contenant des ſemences fort menuës, noires, luiſantes. Cette gouſſe eſt le fruit d'une plante haute de quatorze ou quinze pieds, apellée par les Eſpagnols *Campeſche*.

Elle monte en rampant, & s'accroche aux arbres voiſins ; ſa tige eſt ronde, & diſpoſée en nœud comme la Canne à ſucre. Cette plante croît au Mexique en Amerique.

On doit choiſir la vanille en gouſſes longues, aſſez groſſes, peſantes, bien nourries, d'un bon goût, & d'une odeur agréable.

La vanille ſert dans les glaces, en la faiſant infuſer de la même maniére comme je l'ai marqué à l'article Infuſion : on en met en poudre dans les pastilles de chocolat. On peut encore en faire des conserves, & se met dans le chocolat d'odeur.

VENUE, se dit du caramel, de la conserve, du tirage, de la dragée, des compotes, &c. que l'on réïtere plusieurs fois.

VERJUS. C'est le nom qu'on donne au raisin qui n'est point meur. Il y a trois sortes de raisins à qui on donne le nom de verjus; sçavoir, le gouais, le farineau & le bourdelais : on en fait des pâtes, de la marmelade, & on le confit. *Voyez* l'un & l'autre.

Manière de les confire.

Prenez deux livres de gros verjus; fendez-les, & ôtez-en les pepins; faites boüillir de l'eau dans une poële, & y mettez votre verjus; donnez-lui un seul boüillon; ôtez la poële du feu, & la remettez sur de la cendre chaude pendant cinq à six heures; couvrez-la bien pour faire reverdir votre verjus; égoutez-le alors sur un tamis. Faites cuire deux livres de sucre à la petite plume; mettez-y votre verjus, & lui donnez deux ou trois boüillons; laissez-le ainsi reposer jusqu'au lendemain; alors, égoutez-le, & faites cuire votre sirop à soufflé; mettez-y votre verjus, & lui donnez deux boüillons couverts; écumez-le, & l'empotez. Vous pourrez également le mettre à oreilles comme les cerises. *Voyez* CERISES.

VERNIS pour le pastillage. Prenez trois quarterons de gomme-arabique, que vous ferez fondre dans une chopine d'eau tiéde; lorsqu'elle sera fonduë, foüettez six blancs d'œufs, que vous jetterez sur un tamis pour en recevoir l'huile; mêlez-la avec votre gomme-arabique; alors, faites cuire trois quarterons de sucre-royal à soufflé; ôtez-le du feu, & y jettez un verre d'esprit-de-vin; attendez qu'il soit un peu froid pour incorporer le tout ensemble : gardez le dans une bouteille.

Pour s'en servir, il faut l'étendre proprement sur votre pastillage avec un pinceau neuf, qui soit d'un poil un peu dur, & mettre votre pastillage un moment à l'étuve; il sera sec d'un moment à l'autre. Obſervez que ſi votre vernis eſt trop épais, il faut le délayer avec de l'eſprit-de-vin.

VERRES découpés. Ce ſont des verres ſur leſquels on met les confitures, lorſqu'ils ſont montés ſur les jattes ou carrés de glace. Le coup d'œil d'une jatte dépend ſouvent des verres découpés; c'eſt pourquoi je donne pluſieurs deſſeins pour les ſuivre, ſi on le juge à propos. *Voyez* Planche 5. Let. B.

VERRES à dormant, ſont des gobelets de cryſtal contournés de differentes figures, qui ſe mettent ſur les jattes ou plateaux, & qui ſervent pour dormant. *Voyez* Planche 2. & 3.

VIDELLE, eſt une petite cuillier, avec laquelle on vuide les fruits d'odeur que l'on a tourné, & blanchis. *Voyez* ſa Figure, Planche 1. Let. K.

VIN, eſt une liqueur qu'on a exprimée des raiſins, & qu'on a laiſſé fermenter pour la rendre potable. On ne ſe ſert dans l'Office que de vin fin, que l'on met dans les glaces, dans les compotes & dans les gauffres.

VIN BRULE'. Prenez une bouteille de fin vin de Bourgogne; mettez-le dans un poëlon; mettez avec, un morceau de canelle, deux ou trois cloux de girofle, un peu de macis, une poignée de coriandre, & un morceau de ſucre; faites boüillir le tout enſemble, juſqu'à ce que votre vin étant allumé, ne brûle plus; paſſez-le par une étamine, & le ſervez chaudement dans une jatte creuſe d'argent, ou de porcelaine, ou dans une caffetiére, avec un cabaret garni.

VINAIGRE, eſt une liqueur acide, qui eſt ordinairement faite avec du vin ſoit blanc ou rouge. On doit toujours choiſir le meilleur vinaigre blanc pour confire des cornichons, du bled de Turquie, de la criſte-marine, &c. Je donne ci-après la maniére de faire de très-bon vinaigre de pluſieurs maniéres.

Pour faire du vinaigre portatif.

Prenez des meures qui viennent dans les champs ſur les ronces, mais n'attendez pas qu'elles ayent leur maturité ; vous les ferez ſécher pour les mettre en poudre ; puis avec un peu de bon vinaigre, vous en ferez de petites pelotes que vous ſecherez au Soleil, & les garderez ainſi pour le beſoin.

Quand vous voudrez faire du vinaigre, il n'y aura qu'à prendre du vin, & le faire chauffer ; vous y mettrez enſuite de cette compoſition qui le fera auſſi-tôt tourner en vinaigre, comme il a été expérimenté.

On peut faire une pareille compoſition pour du vinaigre avec des ceriſes ſauvages, du gland & des fruits de cornoüilliers, le tout pris avant que d'être meurs.

Il s'en fait auſſi avec du verjus en grain ; & par ce moyen l'on peut dire que l'on a un vinaigre portatif en tout lieu, & avec toute la facilité qu'on peut ſouhaiter.

Pour faire du vinaigre roſat.

Pour faire du vinaigre roſat, on prend de bon vinaigre blanc, & l'on y met des roſes ſéches ou fraiches, les y laiſſant l'eſpace de quarante jours, au bout deſquels vous ôtez les roſes, & vous gardez le vinaigre qui en a attiré toute l'odeur, & le filtrez ſi vous voulez. Il faut le tenir en lieu froid pour le conſerver plus long-tems dans ſa force & ſa bonté. Le vinaigre d'eſtragon, & celui de fleur d'orange ſe font de même.

VIOLETTE, eſt une plante qui pouſſe de ſa racine des feüilles vertes, rondes, dentelées ſur les bords, larges comme celles de mauve, & attachées à de longues queuës. Ses fleurs ſont compoſées chacune de cinq feüilles, & d'une maniére de chaperon ; elles ſont petites, mais agréables à la vuë, d'une couleur purpurine tirant ſur le noir ; leur odeur eſt douce & réjoüiſſante. Cette plante croît dans les bois & dans les jardins. On en fait du ſirop, des conſerves des marmelades, des candys. *Voyez* l'un & l'autre.

ZES ZWE

ZESTE, est la superficie de la chair des fruits d'odeur, dans laquelle est renfermée toute leur odeur, & que l'on leve d'un bout à l'autre du fruit. Ils se confisent comme leurs fruits : lorsqu'ils sont confits, on les met au tirage, ou on les tire à l'étuve en forme de petits rochers.

ZESTE, se dit encore lorsqu'on les leve par petits zestes, comme pour la limonade. Ce qui s'apelle zester un citron, &c. pour faire des boissons.

ZWEIBACH. *Voyez* BISCUIT A L'ALLEMANDE.

FIN.

B 2.
A 1.
B Plan 2.
A Plan 1.
D Plan 4.
C Plan. 3.
D 4.
C 3.

TABLE

Des Matiéres contenuës dans ce Volume.

A.

B.

C

D

E.

F.

G.

N.

O.

P.

Fin de la Table.

Régistré sur le Régistre de la Communauté des Imprimeurs & Libraires de Nancy, conformément à l'Ordonnance du 8. May 1731. A Nancy ce 6. Septembre. 1750.

RENE' CHARLOT, *Syndic.*

www.ingramcontent.com/pod-product-compliance
Lightning Source LLC
LaVergne TN
LVHW011948220826
846092LV00001B/126

* 9 7 8 2 3 2 9 5 8 8 0 4 9 *